财务共享服务中心
与企业价值研究

Research on
Financial Shared Service Center and Enterprise Value

■ 李闻一 著

中国财经出版传媒集团
经济科学出版社
Economic Science Press
·北京·

图书在版编目（CIP）数据

财务共享服务中心与企业价值研究／李闻一著．--
北京：经济科学出版社，2024.2
ISBN 978 - 7 -5218 -5672 -9

Ⅰ．①财…　Ⅱ．①李…　Ⅲ．①企业集团 - 财务管理 -
影响 - 企业 - 价值论 - 研究　Ⅳ．①F276.4②F270

中国国家版本馆 CIP 数据核字（2024）第 052467 号

责任编辑：杜　鹏　武献杰　常家凤
责任校对：隗立娜
责任印制：邱　天

财务共享服务中心与企业价值研究
CAIWU GONGXIANG FUWU ZHONGXIN YU QIYE JIAZHI YANJIU

李闻一　著

经济科学出版社出版、发行　新华书店经销
社址：北京市海淀区阜成路甲 28 号　邮编：100142
编辑部电话：010 - 88191441　发行部电话：010 - 88191522
网址：www. esp. com. cn
电子邮箱：esp_bj@ 163. com
天猫网店：经济科学出版社旗舰店
网址：http：// jjkxcbs. tmall. com
固安华明印业有限公司印装
710 ×1000　16 开　19.25 印张　310000 字
2024 年 2 月第 1 版　2024 年 2 月第 1 次印刷
ISBN 978 - 7 - 5218 - 5672 - 9　定价：128. 00 元
（图书出现印装问题，本社负责调换。电话：010 - 88191545）
（版权所有　侵权必究　打击盗版　举报热线：010 - 88191661
QQ：2242791300　营销中心电话：010 - 88191537
电子邮箱：dbts@ esp. com. cn）

序

俄乌冲突、极端气候、中美贸易摩擦等不确定性事件频发，全球资本市场出现大幅度波动，国内失业率隐忧加剧，中国关联产业链的贸易壁垒升高，国民经济增速中枢缓慢下行，企业成本上升压力较大。这导致传统的经营模式危中求新，企业数字化转型变革迫在眉睫。企业数字化转型应以财务数字化为先导，推动企业生产、人事、研发等企业职能逐步数字化变革，从而提升企业整体的经营管理水平和支撑企业战略发展。为此，在大语言模型等新技术提供的可行条件下，财务共享服务中心建设得到更多企业推行，帮助企业提高财务管理效能，实现资源共享。财政部和国资委明确支持和鼓励财务共享服务中心建设，提出积极探索依托财务共享实现财务数字化转型的有效路径，建设财务共享服务中心成为企业数字化转型的起点。

尽管学界和业界通过调查报告和案例研究的方式发现财务共享服务中心对企业价值产生了广泛的影响，但是仍然存在着四个关键问题有待回答：财务共享服务对企业价值是否存在影响以及这种影响是否具有可推广的普遍意义？财务共享服务影响企业价值创造活动的机制是什么？如何在企业财务共享服务中心建设和企业价值提升中应用计量分析的实证结果？本书希望能为大家解答上述问题。

本书共分为十一个章节：第一章介绍了财务转型的经济背景、财务共享服务中心的发展历程和内涵；第二章阐述了财务共享服务理论、业务流程重组理论等基本理论以及相关研究现状；第三章主要研究了财务共享服务中心建设期选址决策这一影响财务共享服务中心成效的最关键因素和经济后果；第四、第五、第六、第七章分别探讨了财务共享服务中心其运营期对企业内部控制有效性、盈余管理、现金持有水平、商业信用融资四个单一价值的影响；第八章构建了财务共享服务中心服务质量差距模型，考察了客户对财务共享服务中心服务质量的认可程度；第九章在之前章节基础上，检验了财务共享服务中心对企业整体价值的影响；第十章分析在财务共享服务中心和数字化转型的不同组合下对企业研发投入的影响；第十一章为结论和建议，对已筹建或已建成财务共享服务中心的企业，在设计和优化其建设方案以及政府相关政策的完善方面提出了重要的建议和启示。在章节的结构上，力求层次分明、逻辑清晰、内容明了、段落有序。

本书构建了财务共享服务影响企业价值的理论框架。采用 Python、面板数据模型、PSM－DID 模型、工具变量法、Heckman 两阶段法、安慰剂检验、问卷调研、SERVQUAL 测评模型等一系列工具和方法，系统研究了财务共享服务中心建立期选址的关键因素，以及财务共享服务中心运营期对内部控制有效性、盈余管理、现金持有水平、商业信用融资的影响；构建了财务共享服务中心服务质量差距模型，考察了客户对财务共享服务中心服务质量的认可程度；检验了其对企业市场整体价值的影响；提出了财务共享服务中心的优化设计方案以及政策制定依据和制度安排。这些研究成果发现了财务共享服务中心促进企业价值提升的支持性证据，极大丰富和拓展了财务共享服务中心和企业价值的相关文献，具有开创性的理论意义。

在本书的编写过程中，一直坚持严谨认真的态度，力求使章节符合要求，做到内容准确。我们希望本书能够成为读者在该领域学习的重要参考资料，为读者提供全面、准确的知识；也能够对公司财务共享服务中心的建设选址、服务质量评估、数字化转型等一系列活动产生帮助，以及为相关的政策制定提供启示。

在此特别感谢我的研究生李栗、陈新巧、刘姣、兰君、曹菁的辛苦付出！正是她们的努力，才让本书如期面世。还要感谢华中师范大学经济与工商管理学院对本书的资助。虽然汇集了多人的智慧，但是难免会有一些疏漏和错误，恳请广大读者批评指正，提出宝贵意见。

李闻一

2024 年 1 月 29 日

前　　言

　　全球经济面临中美贸易摩擦、俄乌冲突、债务高企、资产泡沫等多重政治和经济风险，全球资本市场不确定性增强。在风险叠加的新发展格局下，中国企业纷纷寻求数字化转型，但是企业数字化转型应以财务数字化转型为先导。2022 年国资委发布《关于中央企业加快建设世界一流财务管理体系的指导意见》强调"积极探索依托财务共享实现财务数字化转型的有效路径"，强调建立战略财务、业务财务、共享财务三棱柱组织结构，以数据湖为基础，应用财务共享服务中心的数据中台、财务中台、技术中台支撑业务部门、管理层的财务预测、决策要求以及员工财务需求，可见财务共享服务中心是财务数字化转型的数据、人才和技术基础，通过发挥规模效应和经营协同，降低成本以及提高效率，改善决策支持水平，推动企业价值创造。

　　但是现有研究对财务共享服务中心是否提高了企业价值并未给出统一的结论。一些研究通过案例研究归纳出财务共享服务中心在降本增效、加强管控、信息共享等方面带来价值，也有案例证据表明其给企业带来了潜在的经营风险增加等负面影响，并且现有研究主要通过调查报告和案例研究的方式给出答案，其研究样本单一、研究方法存在局限。因此，本书基于爬虫和手工收集的财务共享服务中心建成时间和地址、CSMAR 和 Wind 数据库中上市公司财务状况等大样本数据，通过非平衡面板模型、PSM – DID、多时点 DID 等多种方法来研究财务共享服务中心对企业价值的影响；在财务共享服务中心建设期主要研究了选址决策这一影响财务共享服务中心成效的最关键因素和经济后果；在其运营期首先研究财务共享服务中心对企业内部控制有效性、盈余管理、现金持有水平、商业信用融资等多个单一价值的影响，还建立了财务共享服务中心服务质量差距模型；最后检验其对企业整体价值的影响，采用工具变量法、Heckman 两阶段法等多种方式进行稳健性检验，保证结果的科学性和可靠性。这拓展和连接了财务共享服务中心与企业价值理论，对已筹建或已建成财务共享服务中心的企业，在设计和优化其建设方案以及政府相关政策的完善方面提供了重要启示。

主要研究结论如下：第一，影响财务共享服务中心选址的关键因素包括人力资源、政府优惠政策、房地产价格和与总部的便捷沟通。第二，上市公司建立财务共享服务中心后，有效提升了内部控制的有效性，表现在降低企业调查情况、改善投资损益、提高总资产周转率和净利润率、促进竞争优势形成等方面。第三，财务共享服务中心的建立有助于提高上市公司的盈余质量，尤其对信息不对称程度高、内部控制薄弱、国有企业和受媒体监督程度低的企业影响更显著。第四，财务共享服务中心能够降低上市公司的现金持有水平，其中产品市场竞争和市场化水平分别具有负向和正向调节作用。第五，财务共享服务中心与客户期望的服务之间存在一致性，一线服务人员能够有效传递所承诺的服务水平。尽管在财务共享服务中心感知客户期望服务和服务质量标准之间，以及服务质量标准与一线服务人员实际传递的服务水平之间存在差距，但客户仍然认可财务共享服务中心的服务质量。第六，财务共享服务中心的建成显著提高了上市公司的商业信用融资规模，特别是在内部控制质量低、供应商集中度高等情况下。这种促进作用在非国有企业、机构投资者持股比例低、参控股公司家数较多、董事网络程度中心度较低、经济政策不确定性高时期及货币政策紧缩时期表现更为显著。第七，财务共享服务中心的建立促进了企业价值的增长，主要通过成本降低、运营效率提高和内部控制质量提升等方式实现。

主要建议如下：第一，财务共享服务中心的选址应综合考虑人才质量、政府优惠政策、房产价格和与总部沟通的便利，提升财务共享服务中心的综合效益。第二，上市公司可以建立财务共享服务中心，通过减少企业立案调查情况、改善投资损益、提高资产周转率和净利润率、促进竞争优势形成等方式，改善企业合法合规目标、资产安全目标和经营效率目标的实现程度，进而提高内部控制有效性。第三，上市公司尤其是国有企业和受媒体关注较多的企业可以建立财务共享服务中心，通过降低信息不对称程度和加强内部控制，进而改善企业盈余质量。第四，上市公司尤其是国有企业和高透明度的企业可以建立财务共享服务中心，通过整合和集中处理企业的资金流和信息流、优化内部资源配置效率等方式，降低代理成本和经营风险，从而降低现金持有水平。第五，上市公司尤其是债务融资能力较弱、银行贷款资源不充足的民营企业可以建立财务共享服务中心，通过提高企业内部控制质量和降低企业供应商集中度，提升企业商业信用融资规模，从而解决当前"融资难"的问题。第六，上市公司应通过改进服务质量管理、应用移动互联网技术、提升员工职业技能、改进服务质量考核内容和方式来持续改善财务共享服务中心的服务质量。第七，上市公司应积极尝试建立财务共享服务中心，并在建设过程中注重成本控制、资源整合和内部控制的优化，以提升企业的综合竞争力和价值创造能力。

从而得出启示：第一，相关部门应鼓励上市公司建立财务共享服务中心，并公开披露其建设和运营情况，以帮助利益相关者调整投资计划，从而促进政府监管的有效性。第二，地方政府可以通过财务共享服务中心获取更全面、准确的企业财务数据，从而创造更稳健的区域经济环境。第三，地方政府可以结合自身优势，出台优惠政策来吸引财务共享服务中心落户，以促进服务业的优化升级或提高服务业在数字经济中的比重。第四，财务共享服务中心的选址应科学合理，综合考虑其建立目的和关键要素。第五，对于初期建设或快速发展中的财务共享服务中心，企业应关注财务共享服务中心的内部流程优化、服务质量达标等重点工作，加快财务共享服务中心的建设步伐，助力其降低运营成本。第六，企业在考虑是否建立财务共享服务中心时，应根据其实际情况作出选择，并明确建立的侧重点。

李闻一

2024 年 1 月 29 日

目　　录

| 第一章 |

导　论

　　随着经济不确定增强，高效的财务管理和资本运营是所有企业十分重要且亟待解决的管理课题，财务共享服务就是基于此需求而衍生的新模式，目标就是尽力降低企业运营成本、提高服务质量、改善工作效率等从而达到提升企业价值的作用。尽管财务共享服务中心对企业价值产生了广泛的影响，但其实际对企业价值的正向影响以及具体的影响方式仍需进一步探讨和回答：财务共享服务对企业价值是否存在影响以及这种影响是否具有可推广的普遍意义？财务共享服务影响企业价值创造活动的机制是什么？如何在企业财务共享服务中心建设和企业价值提升中应用计量分析的实证结果？因此，洞悉财务共享服务中心对企业价值的影响及其机制，可以增强企业竞争力和长期成功的潜力。

第一节　研究背景

一、不确定性事件对全球经济秩序的冲击

　　俄乌冲突、极端气候等不确定性事件频发，对全球经济秩序造成严重冲击，首先，资本市场出现大幅度波动。比如 2022 年 2 月俄乌冲突爆发，原

油价格一度跳升至 107 美元/桶，黄金价格达到 2013 年 10 月以来的最高价位，欧美等全球主要资本市场股指普遍下跌 2%，俄罗斯 MOEX 指数更是连续两天最大跌幅接近 10%。

其次，我国外贸韧性持续显现。虽然疫情等不确定性事件对我国国际贸易以及旅游、文娱、餐饮、交通等第二、第三产业产生了较大影响，但是中国国际贸易在复苏和政策周期上领先于美欧（见图 1-1），2020 年和 2021 年中国进出口占全球份额较往年都有较为显著的上升，将逐步恢复或扩大对跨国贸易的开放和支持，如减税、优惠、便利等，这对中国经济发展是一个积极信号。

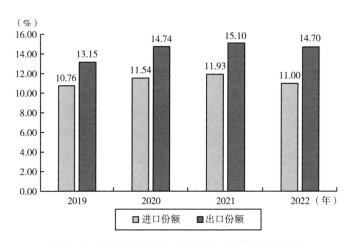

图 1-1 2019~2022 年中国进出口额占全球份额

资料来源：UN Comtrade Database. https://comtradeplus. un. org/.

最后，国内失业率隐忧不可忽视。2023 年第一季度，全国城镇调查失业率平均值为 5.5%，比上年第四季度下降 0.1 个百分点，并且已超出政府工作报告所提出的失业率控制目标。青年就业问题非常严峻，2023 年 3 月，全国 16~24 岁人口城镇调查失业率高达 19.6%，是调查失业率 2018 年统计以来 3 月的最高值[①]，综合来看，目前就业、消费数据的下行趋势较为明显。就业的下降必然导致居民消费需求降低、储蓄减少，进而影响企业经营，尤

---

① 资料来源：国家统计局一季度经济运行开局良好［EB/OL］．［2023-04-18］．https://www. stats. gov. cn/sj/zxfb/202304/t20230418_1938706. html.

其是实体经济企业，破产倒闭的风险增大。

二、产业链的脆弱对企业的冲击

近年来，中美贸易摩擦提高了中国关联产业链的贸易壁垒，抬高了全球产业链的贸易成本，加剧了地缘政治风险。2017 年以来，美国政府基于"美国第一"的经济战略方针，对内推行经济民族主义，对外实施贸易保护主义。一方面退出一系列国际协定，重新启动区域贸易协定谈判；另一方面针对特定产品或特定国家提高贸易壁垒。

一是关税壁垒。2018 年，美国对进口钢铁和铝产品加征关税，此后尤其针对中国不断挑起贸易摩擦，且向投资、科技等领域扩展。2020 年初，中美经多次会谈达成第一阶段协议，关税由升转降，贸易摩擦有所降温。但投资和技术摩擦仍在持续，中国对美国的直接投资连年大幅下降，被美国纳入"实体清单"的中国企业和机构数目不断增加。

二是中国全球产业链被阻击。美国制裁 1.3 万家中企、俄乌冲突等事件从上游推动原材料价格的上涨，关键性原材料限制出口，迫使中国产业链向发达国家或区域性低成本地区回流和转移，或是进一步分散，同时加大关键性技术环节控制手段，抬高中国企业参与全球产业链的成本和风险，筑高中国通过全球产业链整合实现产业升级的壁垒。

三是生产技术封锁。作为科技冲突的环节之一，美国对中国部分企业实施软件、设备和核心部件断供的行为导致部分生产环节中断，对一些中国企业主导的全球产业链造成重创，尤其是生产业务在中国，研发和市场在国外市场的企业。同时，还对关联产业链构成冲击。

当前形势及全球产业链调整动向对中国产业形成双重压力，一是美国恶意打压中国产业等不确定事件的直接影响，二是全球产业链调整新动向对国内产业链的冲击，由于中国产业链为短链非长链，导致中国产业参与全球产业链的贸易壁垒、绿色壁垒和供应链安全风险不断提高，利用全球产业链整合推进先进制造业发展变得越来越困难。因此，针对全球产业链知识密集度提高和发达国家加强对高技术环节垄断与封锁，必须补链、延链和强链，通过加大信息基础设施建设、提高生产性服务业效率，发展绿色经济，大力促进国内先进制造业的创新与发展，同时吸引知识密集度更高的全球产业链。

中美贸易摩擦显然提高了与此相关的全球产业链的贸易成本。由于重组全球供应链的成本较高，跨国企业提高供应链韧性的常规策略是加强风险管理。企业通常会采取增加库存、加强供应链监测、提高风险可预见性等强化供应链风险管理措施来应对。供应链重组主要有两个方向：一是回流本国、缩短跨境供应链，以降低过于依赖外部的脆弱性，由此降低因供应链过长而遭受外部冲击的可能性；二是向外分散，如靠近各个市场进行分散式生产，提高供应、经营和分销的多样性，以降低生产过于集中的脆弱性。因此，企业为提高供应链韧性而重组供应链的决策，可能推动全球产业链向发达国家回流，或向各终端市场分流。

三、财务数字化转型十分迫切

基于上述讨论，全球经济面临着较大的不确定性，我国经济由追求速度转为追求高质量发展，面临着较大的下行压力。消费和市值管理绩效方面出现了明显下滑，这促使中国企业积极寻求转型。2023 年 2 月中共中央、国务院印发的《质量强国建设纲要》中明确提出要增强企业质量和品牌发展能力。

国家统计局数据显示，2021 年以来，我国企业利润增速不断放缓，2022 年 5 月全国规模以上工业企业利润同比下降 6.5%，利润空间处于持续收窄情况（见图 1-2）。工业企业效益状况虽出现一些积极变化，但企业成本上升压力依然较大，生产经营仍面临诸多困难。国民经济增速中枢缓慢下行，制造业投资动力不足，加之生产原材料成本、财务成本、人力成本居高不下，环保成本上升，传统的经营模式难以形成企业竞争优势，企业转型升级格局整合迫在眉睫。

企业数字化转型应以财务数字化转型为先导，从而推动企业生产、人事、研发等企业全面数字化转型。总体而言，我国企业集团的财务数字化转型还处于探索推进阶段，越来越多的企业集团尤其是大型优秀企业正积极实践企业的财务数字化转型。财务部门需要积极参与企业的投资决策、经营管理、财会监督和其他服务,以此有效降低经营风险、提高投融资收益,并在业务团队和财务团队之间建立良好的合作关系。只有财务数字化转型,才能提升企业整体的经营管理水平和支撑企业战略发展。因此,在企业转型过程中,财务转型扮演着核心角色。为此,企业需要建立或改进财务共享服务中心。这一举措将有助于提高财务管理效能,实现资源共享,快速提升对集团主业、成员单位及产业链客户的财务和金融服务能力,不断升级信息系统,从满足传统信贷、结算、核算方面的业务需求,逐步转向通过数据的有效利用与合理呈现来支持企业的经营决策分析与精细化管理,并在经营管理的全过程中贯彻数字化思维,从而推动企业整体转型。

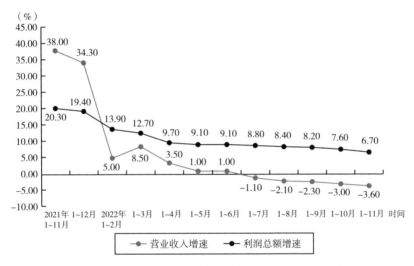

图 1 - 2　我国各月累计营业收入和利润总额同比增速

资料来源:国家统计局.2022 年全国规模以上工业企业利润下降 4.0% [EB/OL]. [2023 - 01 - 31]. https://www.stats.gov.cn/sj/zxfb/202302/t20230203_1901735.html.

四、大语言模型等新技术给财务数字化转型提供了可行条件

大数据、云计算、RPA 等技术的迅速发展和广泛应用为财务数字化转型提供了可行条件,以当前广受关注的大语言模型(Large Language Models,

LLMs）为例，其作为一种新型的、能够自动学习和预测自然语言处理任务的人工智能模型，通过其千亿级别数据预训练的涌现能力、文本与图像自动生成的幻觉能力、单一语言文本数据转化为多种语言数据的迁移能力以及逻辑性极强的自然语言处理能力，为企业进行财务数字化转型提供了以下可行条件。

（一）自动化处理

大语言模型可以通过学习历史数据，自动化地处理常见的财务任务，如账目记录、报表生成等。这大大减少了人为错误的可能性，并且节省了时间和成本。

（二）数据分析

大语言模型可以运用自然语言处理技术对海量的财务数据进行分析，发现意想不到的规律与趋势。这些信息可以帮助企业制定更加科学的财务决策，提高整体经营效率。

（三）风控管理

大语言模型可以识别潜在的风险，并及时发出警报。这有助于防范金融欺诈等不良事件的发生，保障企业资产的安全。

（四）提高客户满意度

大语言模型可以根据客户的需求和反馈，自动化地生成并调整合适的财务方案。这有助于提高客户满意度，增强品牌价值与竞争力。

因此，大语言模型为企业进行财务转型提供了可行条件，特别是在财务共享服务中心的应用变得越来越重要。这将在客户支持、运营分析、业务支持、文本信息处理、海外核算管理、档案管理等多个方面带来变革和影响。

五、财务共享服务中心是财务数字化转型的基础

国务院国资委在《关于加强中央企业财务信息化工作的通知》中提出，

具备条件的企业应在集团层面探索共享会计服务，财政部在《企业会计信息化工作规范》中明确支持和鼓励集团企业建立财务共享服务中心。当时财务共享模式尚处于研究和探索阶段，然而经过十年的发展，财务共享在国内得到了不断实践，财务共享服务中心的数量迅猛增加，进一步证明了它是推动财务数字化转型的有效途径。2022 年，国务院国资委发布了《关于中央企业加快建设世界一流财务管理体系的指导意见》（以下简称《意见》），明确提出"积极探索依托财务共享实现财务数字化转型的有效路径"，同时推动四大变革，其中财务管理理念变革是首要任务，还需要加快推进财务管理组织变革，完善面向未来的财务人才队伍建设体系，建立健全数据治理体系，包括数据的产生、采集、清洗、整合、分析和应用，建立健全财务内部控制体系，统一底层架构、流程体系和数据规范，实现全集团"一张网、一个库、一朵云"。

基于《意见》，从以下六个方面分析财务共享为企业财务数字化转型奠定的基础。

（一）财务共享为数字化转型提供了共享思维

财务共享模式会对原有的管理模式和财务人员的工作模式带来一定冲击，它不仅是简单的业务流程再造，而是更要重视理念、观念的再造，通过理念的变革助推财务转型。企业在建设财务共享服务中心时，需要获得高层领导的关注和支持，同时进行多轮宣传和培训，以推广共享思维。在每个建设阶段都需要关注变革带来的影响，并采取相应的措施进行应对。

（二）财务共享为数字化转型重塑了管理变革

财务共享服务模式通过重新规划传统财务管理职能，实现专业化分工和标准化作业，从而获得基础会计作业的规模化效益，因此需对原财务管理职能进行进一步划分，将重复性高、业务量大的业务流程分门别类，对其细分、拆解和标准化，推动了企业组织架构的优化，将形成"战略财务、业务财务、共享财务"三棱柱职能结构。战略财务主要完成集团总部决策和管理；业务财务嵌入业务环节并对业务单位提供各类支持；共享财务以核算职能为主，释放并整合财务核心能力，为战略财务和业务财务提供数据支撑服务。

（三）财务共享为数字化转型提供了人才来源

按照"专业化分工"原则，采用财务共享服务模式的企业集团将打破组织壁垒，通过设置专业岗位，标准化地处理各组织的财务会计工作，将以组织为单位的传统财务会计业务处理模式重塑。财务共享使更多的财务人员从繁杂的事务性工作中释放出来，进一步推动企业完善多层次财务人才培养培训体系，加强中高端财务人才队伍建设，提高中高级财务人才占比，推动财务人才结构从金字塔模型向纺锤模型转变。

（四）财务共享为数字化转型打通了数据基础

财务共享集合全域数据，包括业务专业数据、共享数据以及社会化数据，通过数据清理、构建算法和分析模型，实现不同管理视图的数据指标分析结果展示，通过应用神经网络或者机器学习等智能化技术进行数据挖掘和处理，实现预测与预警。财务共享打通业财数据通道，掌握及时、真实的全量数据，为今后的战略分析、管理决策及数字化转型提供重要数据基础。

在标准化、规范化业务流程基础上，通过财务共享系统建设做好系统间的对接，加强业财联动，最终提高财务信息系统业财一体化水平，实现财务业务流程的有效衔接和集成，打破组织间信息孤岛现状，形成管理闭环，助推企业实现业务、财务、资金、税务、档案一体化深度融合。财务共享建设对企业进行思维再造、组织再造、流程再造，打通了财务和业务之间的壁垒，收集了企业的全量数据并提高了数据质量，为数字化转型奠定良好的基础。

（五）财务共享为数字化转型强化了内部控制

财务共享通过加强系统内部控制，提高风险预警能力，通过推进业务系统建设，促进风险管控前移，最终提升财务业务流程合规化、标准化及自动化水平，提升对风险的识别和把控能力，在系统中预置了企业监督稽核规则，也可根据企业的自身管理要求进行个性化配置，对业务过程中的风险点通过系统全量、自动化检查，从而杜绝会计信息不合规的行为，提高财务数据质量，降低企业财务风险。

（六）财务共享为数字化转型提供了技术准备

财务共享服务中心的建立促使企业加大 IT 投资，整合更多 IT 资源，搭建强大的集成 IT 基础架构，将竖井式 IT 结构转为前中后台式结构，前台为企业业务生态平台，中台为财务共享服务平台，后台为大数据支撑平台，通过强健的中台实现管控向企业内外业务生态的延伸，基于后台大数据的不断抽取、转换、加载和深度学习，增进各层级之间信息传递效率，拓宽底层数据来源渠道，健全信息加工和传递机制，搭建数字化场景，高效承载业务管理。

第二节　财务共享服务中心的内涵和发展

一、财务共享服务中心的发展历程

起源阶段：20 世纪 80 年代，福特公司为解决运营机构臃肿，各事业部行为方式和规则难以统一的管理难题，建立了第一家财务共享服务中心，并让福特盈利 4.5 亿美元。随后杜邦、通用电气也在 80 年代后期建立共享中心，90 年代开始 IBM、HP、DOW 等相继引入该模式。

国际发展阶段：20 世纪 90 年代初，共享服务中心建设主要在东欧，同时更多的企业将目光投向亚洲。自此，共享服务中心以每年超过 10% 的比率迅猛发展。

国内启蒙阶段：2004～2008 年是我国财务共享服务中心的启蒙阶段。平安、华为、中兴、海尔、长虹等企业开始尝试建立财务共享服务中心，并以费用报销为最早阶段的主要共享内容。实现了国内财务共享服务从无到有的突破，技术上以费控系统改造结合影像系统实现对财务共享的支撑。

国内探索阶段：2009～2013 年是我国财务共享服务中心建设的探索期。在这个阶段，建立财务共享服务中心是各大集团企业实行财务转型的有效工具，成为企业管理层关注的重点，越来越多的中国企业开始探索，尤其是金融危机之后，企业更加积极寻求内部转型和改革，财务共享服务中心受到更多行业头部企业的关注。技术上，财务共享服务中心往往追求后发先进性，会进行全流程的建设，而不仅仅局限于费用管控。同时，一些具有前瞻性的企业在建设共享的同时都会同步进行从业务端到财务端的流程优化，实现深度的业财融合。

国内发展阶段：2014 年至今是我国财务共享服务中心建设的发展期。由于财政部和国务院国资委明确支持和鼓励财务共享服务建设，因此财务共享服务中心从外资、民企进入央企，市场上建设财务共享服务中心逐渐演变成一个热潮，截至目前，有超过 450 家企业在中国建立了财务共享服务中心。

此时，随着智能化技术的发展，财务共享服务中心开始注重内部的自动化和智能化变革，通过 OCR、RAP、AI、规则引擎等技术的应用，将共享中心从重人力模式向重技术、轻人力的智能 BPO 模式转变。

综上所述，财务共享服务中心的发展与信息技术的进步密切相关，随着数智化技术的不断发展，共享服务中心将由"技术"驱动演变成"智慧"驱动，在技术驱动中展现更多"人"的智慧。目前财务共享服务中心的发展已经完成了由技术替代人类进行标准化、规模化的工作，未来发展中的关键点是如何为内外部客户提供定制化服务，全面提升财务服务水平，加强企业应对内外部风险的能力，进而达到整体绩效的提高。

二、财务共享服务中心的内涵

（一）财务共享服务中心的基本概念

"共享服务"概念由罗伯特·冈恩等（Robert Gunn et al.）于 1993 年首次提出，是一种企业重新整合分散的层次结构，进而提高企业核心竞争力的管理理念。"财务共享服务"概念最早由唐尼·舒尔曼（Donniel S. Schulman）等提出，是指企业集中并重新分配内部资源，以更低成本和更高效率完成财务职能工作。

上述定义在表述上虽然不尽相同，但在内涵上有整合企业运营单元、信息技术支撑、优化服务的一致性。因此，笔者认为财务共享服务是以财务业务流程处理和信息技术为基础的管理模式（Jackson，1997）。其目的在于通过规范流程、优化组织结构、提升业务效率和降低运营成本（Lusk and Harmer，1999），或者创造企业价值（张瑞君等，2010），从市场的视角为企业内外部客户提供财务、税务和业务等专业化服务（陈虎，2014）。

该模式包含服务外包理论、服务质量理论、业务流程重组理论和绩效管理理论。服务外包是指企业将非核心的业务剥离出来，委托给外部专业服务提供商来完成的经济活动。通过外包，企业可以专注于核心业务，减少内部资源的投入，并利用外部专业团队的知识和经验来提高效率和降低成本；服务质量是指服务工作能够满足被服务者需求的程度。它涵盖了多个方面，包括服务的准确性、及时性、可靠性、个性化程度等。良好的服务质量能够提升客户满意度、增强品牌形象并促进业务增长；业务流程重组是指通过优化企业的组织和结构，以达到工作流程和生产力的最优化目标。它涉及重新设计和重新配置业务流程，以提高效率、降低成本、加强资源利用和提升客户满意度。通过业务流程重组，企业能够更加高效地执行任务、管理资源和交付价值，从而获得竞争优势；绩效管理是指组织成员通过制定计划、设定目标等环节，通过循环过程来达到个人、部门和组织绩效提升的目标。它包括绩效评估、反馈、激励和发展等活动，旨在衡量和提升员工和组织的工作表现和业绩。绩效管理有助于激发员工的动力、提高工作质量和效率，从而实现组织目标。

（二）财务共享服务中心的职能演进

随着财务共享服务中心的发展，共享服务的职能范围不仅在财务领域，而且还涉及人力资源、信息技术、客户服务、法务等。此外，也能通过流程再造实现职能范围的拓展，比如向海外提供业务服务或向外部组织提供服务，从而获得收益。

1. 从单一财务共享服务中心向跨职能中心演进

共享服务中心在横向上能够突破组织壁垒，成为覆盖财务、人事、IT、法务、客户支持等的多职能中心，扩大共享范围，使支持性职能进一步集约化；同时，共享服务中心在纵向上不再作为单一的后台交易处理的角色，能够提供更多的增值服务，尤其是基于丰富的数据和智能技术，为不同团队、不同层级的管理者提供数据服务和决策支持。

据 SSON 发布的 2019 年全球共享服务市场状况报告，全球范围内超过 30%企业已将 HR、IT、采购等职能纳入共享服务范围。近年来伴随着财务共享服务模式在中国逐渐走向成熟，许多中国企业也开始逐步突破部门壁垒，探索共享服务向其他价值链辅助活动拓展，推动财务共享服务中心向多职能大共享平台转化。例如顺丰集团已经建立财务共享和人资共享两大中心。

2. 从区域共享中心向全球共享中心演进

随着中国企业的走出去和建设世界一流企业的目标激励，企业实现价值创造，将财务共享服务中心转向更创新、更开拓、更多元的全球共享模式，不只服务于本企业或集团在中国大陆地区的业务，更多地开始建立全球服务中心，向海外分子企业提供服务，着力提升共享服务中心对海外业务的支持能力。许多大型中国企业正在进军全球市场、努力提升国际影响力和话语权，就必须建立更加有力的财务管控体系以应对加剧的风险，建立全球化的共享服务中心是企业强化管理协同和风险管控的不二选择。例如 TCL 集团已经建立美洲和欧洲两大海外财务共享服务中心。

三、财务共享服务中心的价值

从上述可以看出，财务共享服务中心的价值表现在如下四个方面。

（一）集团管控

企业宏观战略下各业务单元如何才能落实战略目标，并且与集团总部保持一致？面对众多业务单元如何管控，各业务单元如何同步？针对上述管控问题，财务共享服务中心应用数智化技术，将业务、财务、税务等流程进行重组和优化，减少人工操作，并将统一的制度和标准化流程固化在集成平台，抑制违法违规行为，成为集团管控的新工具。在《2017 中国共享服务领域调研报告》中早已发现，财务共享服务中心的建立目的之一是加强管控。

（二）信息质量

如何确保内部信息及时、准确、有效、完整地收集和传递？如何确保集团经营情况、业务和财务数据的信息质量？首先，通过建立财务共享服务中心，企业可以重新组织其财务部门和相关职能，并集中管理和执行财务活动。这种重组使得各部门之间的沟通更加直接和高效，避免了信息传递的滞后和误解，从而提升了沟通的及时性。其次，财务共享服务中心可以加强对财务活动的监督和控制。由于财务工作集中在一个中心进行管理，监督过程变得更加集中和规范化。这有助于减少潜在的错误和风险，并提高财务信息收集和传递的准确性和合规性。最后，通过业务流程的标准化，消除了原有流程的非标准性和孤立性，增强了信息的透明度，确保了内部信息的可靠性。例如中国石化依据集团企业统一的制度规范和内控要求，形成了集团企业统一的基于业务场景的共享服务业务标准体系，规范了业务流程和业务操作，建立了统一的数据标准，促进了信息系统的规范应用。

（三）资金配置

如何有效配置资金来应付外部不确定性，如何不断优化和提升资金的使用效率和效益？财务共享服务中心采用资金集中管理模式，支持调控和决策的资金预算系统、降本增效的资本管理系统、汇总信息的数据分析系统、行之有效的资金预警系统，实现所有成员单位的资金统一管理，达到资金资源的高度集约化，并对所有独立核算单位资金账户统一管理、实时全流程监控，合理安排资金收支预算、强化资金集中支付和预警分析，帮助其优化经营模式与资金决策，降低资金风险，防范财务困境。

（四）价值创造

面对日益复杂的外部环境，内部管理如何支撑企业实现价值创造的目标？同一集团下的财务共享服务中心建立的主要目的就是将各种非核心业务进行剥离合并和整合，发挥规模效应和经营协同，通过降低成本以及提高工作效率，改善决策支持水平，推动企业价值创造。例如，中交二航局的财务共享服务中心仅聘用 40 名财务人员，就能完成传统的财务管理模式下需 130 名及以上的财会人员负责的 65 家成员单位的会计核算工作及三个分子公司合并财务报表的编制工作，总人力成本下降近 430 万元。

四、财务共享服务中心的未来发展趋势

（一）由信息化向全面数智化发展

信息化在财务战略转型和财务共享服务中心建设中具有重要作用。信息化技术的应用可以使财务工作更加高效、准确和可靠。通过数字化和自动化的手段，可以实现财务数据的快速采集、处理和分析，提高工作效率和决策质量。信息化系统还可以提供实时的财务指标和报表，使管理层能够及时了解企业的财务状况，并作出相应的战略调整。在财务共享服务中心的建设中，信息化技术为共享和协同提供了基础平台。通过建立统一的财务管理系统和数据平台，不同部门和业务单元可以共享财务数据和资源，实现信息的流通和共享。这有助于消除信息孤岛，提高协同工作效率，并促进组织内部的协同决策和资源优化。此外，信息化还可以支持财务风险管理和内部控制的加强。通过建立完善的信息安全体系和数据保护措施，可以防范财务数据的泄露和滥用，保障财务活动的安全性和合规性。因此，通过合理利用信息化技术，企业可以实现财务工作的优化和转型，提高管理效能和决策水平，为业务发展和竞争力提供有力支持。

虽然财务共享服务中心已经运用了电子数据交换（EDI）、电子订货系统（Eos）、会计决策支持系统（ADSS）、企业资源计划（ERP）等信息技术，但是随着智能技术的发展，财会信息化已经向全面数字化迭代，以数

据建模和数据分析为基础，企业通过财务共享服务云平台获得诸如记账凭证、报表等结构化的财务数据和业务数据。此外，还可以利用物联网技术，例如企业外部传感器等，来获取相应的会计分析和决策等视频、音频等非结构化数据。

（二）由服务外包向人机交互发展

财务共享服务中心通过财务人员外包模式处理大量数据，可以降低建设和运营成本，提高劳动生产率。然而，这并没有改变传统财务的封闭、分散和手工本质。随着企业产生的业务和财务数据不断增多，财务共享服务中心规模不断扩大，大量数据的收集、处理和分析给财务人员带来巨大挑战。另外，随着 RPA 等技术的出现，一些基础的财务工作已逐渐被机器人取代，导致财务岗位逐步消失，财务人员面临巨大冲击。财务共享将聚焦于"脑力""创造力""感知力"为核心的工作。通过人机交互，用户指定交互需求，系统制定流程规则来管理整个交互逻辑，机器人通过学习准确理解用户意图，并通过目标识别和路径规划技术完成相应任务，并输出需要反馈的信息。机器人将逐步取代大部分基础性财务工作，并发挥其辅助决策和事前预测等功能。未来的财务工作者将专注于挖掘已有的半结构化和非结构化数据信息，为企业价值增长提供有力支持，基于此他们将成为具备战略创新、公司治理、宏观经济研究和技术趋势营销创新等综合能力的全能型人才。

（三）由财务数据处理中心向价值中心转型

财务共享服务中心旨在实现企业资源的集中管控和成本降低。为此，它通过数据标准化和业务流程化，将企业内部、子公司和第三方公司的业务和财务数据存储在财务共享数据中心。通过数据抽取、筛选、清洗和融合，将实时处理的数据加工集成后存储到数据仓库中。通过统一的数据处理中心，所有财务数据在输入、处理和输出过程中都能保持标准、规范和高效的财务流程。

然而，财务共享服务中心的目标不仅仅局限于数据集中管控和成本降低。它通过整合重复、同质和低附加值的业务活动，集中精力处理核心业务，优化核心业务流程。这使得财务共享服务中心成为一站式工作平台，包括审批汇报、会议场景、日常协作、移动报销等工作场景；业务经营、财务报表、职场学习、移动查询等数据赋能场景；内部社交、员工关怀、战略创新等文化升级场景；开发平台、企业应用、第三方服务等平台互联场景。同时，它建立了适应市场竞争的数字化管理模式，根据市场和客户需求向客户提供更专业化的服务。通过降低整体成本、提高业务管理水平和经营效率，财务共享服务中心旨在提高客户满意度，实现增值。

（四）由财务链向价值链发展

财务链由总账模块、应收应付模块、固定资产模块、薪资模块和报表模块五大模块组成。总账模块可以独立运行，也可以与其他模块如应收应付、固定资产、生产、人力资源与薪资、员工费用报销等进行接口交互。它接收其他系统传递的数据，自动生成凭证，并定期进行对账和结账。此外，它与报表模块进行接口传递，生成财务报表。财务链流程中的报表产出存在滞后性和局限性，与经营活动分离。

价值链包括基本增值活动和辅助增值活动。基本增值活动以业务财务为基础，涵盖研发设计、采购、销售、绩效评价等方面，全方位支持从业务信息采集、财务基础业务处理、管理控制到决策支持。辅助增值活动包括财务共享服务中心的建设、发展过程中的运维服务、咨询服务以及数字化转型的咨询服务等，提供持续深入的价值链业务支持，促使财务管理从核算型向价值创造型转变。价值链分析注重于结合企业内外部分析，实时采集、分析、处理和传递内部、外部数据，为财务管理和决策提供海量数据支持。外部价值链确定企业的管理目标，而内部价值链使企业流程更加优化。

（五）由管控型向管控服务型转型

管控型财务共享服务中心以财务为核心流程，并延伸到前后端流程。它结合了预算控制、成本控制、资金控制、审批控制、风险控制、绩效管理和信息系统实施等方面的要求，实现人员、资金、核算、业务和税收的统一，形成总分型财务共享服务中心的管控模式。管控型的优势在于账务处理流程的规范化、标准化、集中化和可视化等方面。然而，管控型的缺点在于将财务共享服务中心定位为自上而下监督核算的工具，可能过分强调管控而忽视客户需求。

服务型财务共享服务中心将客户的满意度作为主要考核指标，并将服务质量纳入考核范围，强化服务定位。它将大部分财务人员转移到财务管理和决策支持等高附加价值的工作岗位上。在提供会计记账和内部控制等基础服务的同时，它通过在业财融合、资本运营、资产保值增值等领域进行价值创造的工作来满足客户需求。如果服务定位和管控定位之间进行联动，那么财务共享服务中心在提供服务和加强管控方面并行发展更具优势。

管控服务型财务共享服务中心旨在实现精细管控和优化服务的互联互动。一方面，通过精细管控优化服务，统一会计科目、会计政策、流程标准、核算规范、信息系统和数据标准，提升业务处理效率和客户满意度；另一方面，通过优化服务加强管控，在运营成本、效率与质量、核心业务、标准化进程和扩张潜力等价值创造环节，提供多种交付式综合性服务，实现总部在任意时间、任意地点、任意设备上进行有效管控。

第三节　研究意义和研究框架

一、研究意义

（一）理论意义

财务共享服务中心虽然对企业价值多个方面施加广泛影响，但其是否能够提高企业价值仍有待检验。现有研究并未将财务共享服务和企业价值在理论上链接，原因在于存在四个关键问题有待回答：财务共享服务对企业价值是否存在影响以及这种影响是否具有可推广的普遍意义？财务共享服务影响企业价值创造活动的机制是什么？如何在企业财务共享服务中心建设和企业价值提升中应用计量分析的实证结果？

因此，从理论上研究并且从实证上检验财务共享服务对企业价值的影响，并进一步探索其相关影响体系以及实践中的优化设计，这对丰富和拓展财务共享服务和企业价值的相关研究有着重大的理论意义。第一，创新性将财务共享服务和企业价值在理论上进行连接。本书基于企业业务流程重组理论、委托代理理论、信号传递理论、信息不对称理论、资源配置理论等，发现财务共享服务中心建成后有利于企业价值的提升，将两者在理论上连接，具有重大的学术理论价值。第二，发现了财务共享服务中心促进企业价值提升的支持性证据。财务共享服务中心建成后对企业价值的影响程度仍未达成共识，因此基于大样本数据实证检验财务共享服务中心建成后对企业价值的影响程度，可能为其建成后促进企业价值的提升提供支持性证据，具有学术理论增量贡献。第三，补充和拓展了财务共享服务前期规划和经济后果的研究。现有文献主要采用案例分析法研究财务共享服务中心的规划设计以及对经济后果的影响，但缺乏跨案例的综合分析支持，且结论的说服力有待加强。因此，本书通过建立大数据样本分别对财务共享服务中心的选址以及财务共享服务中心建成后对内部控制有效性、盈余管理、现金持有水平、商业信用融资等经济后果的影响展开研究，并且考察了财务共享服务中心服务质量的提升路径。这项研究对于完善财务共享服务设计理论以及丰富财务共享服务中心经济后果的研究有积极作用，具有学术理论增量贡献。

（二）实际意义

本研究通过建立数理模型探索财务共享服务中心建成后对企业价值创造的影响，无论对于准备或已经建成财务共享服务中心的企业，还是对于政府相关政策的完善都有重要的实际应用价值。第一，相关政策制定者可以利用研究结论来制定支持性或限制性政策，以提升中国上市公司的企业价值创造水平，并规范和指导财务共享服务中心的健康发展。第二，在帮助筹建财务共享服务中心的企业设计和规划建设方案时，尤其在追求企业价值提升的情况下，为企业选择合适的财务共享服务中心的建设地址提供科学和合理的建议，在运营期时充分发挥财务共享服务中心在内部控制、盈余管理、现金持有、商业信用融资、服务质量等方面带来的有效作用，完成企业价值的增长。第三，帮助已经建成的财务共享服务中心评估其自身的服务质量，发现潜在的服务质量差距，从而完善服务质量标准和规范，提高财务共享服务中心的成熟度。第四，已经建成财务共享服务中心的企业依据结论，发现其企业价值创造存在的差距，从而改进企业价值创造的渠道，提升其企业价值创造能力。第五，帮助上市公司充分认识财务共享服务中心和数字化转型的协同作用，结合企业自身特征和所在行业的特征，推进财务共享服务中心与大数据、人工智能、云计算等数字技术深度结合。

二、研究框架

基于上述研究背景，使用大样本数据建立数理模型探讨财务共享服务中心对企业价值创造活动的影响及其机制，并据此提出财务共享服务中心的优化设计方案以及政策制定依据和制度安排。技术路线如图 1-3 所示。

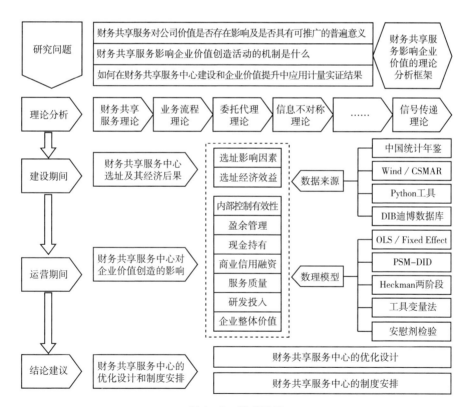

图 1-3 技术路线

| 第二章 |

理论基础和文献综述

第一节　理论基础

一、财务共享服务理论

18 世纪亚当·斯密（Adam Smith）在《国富论》中首次提出专业化分工能够提高效率，19 世纪弗雷德里克·温斯洛·泰勒（Frederick Winslow Taylor）提出达到最高工作效率的重要手段是用标准化管理代替经验管理，到 20 世纪威廉·爱德华兹·戴明（W. Edwards Deming）提出质量管理体系，戴明环正式形成，艾利·高德拉特（Eliyahu M. Goldratt，1984）提出 TOC 制约法，认为要提高一个系统的产出，必须要打破系统的约束。上述理论的发展为共享理念的提出奠定了基础，1993 年罗伯特·冈恩等（Rober Gunn et al.）首次提出了"共享服务理论"，共享服务将多个组织的共同职能进行整合，以减少信息过程的重复，减少管理层级，并进行集中、标准化管理，打破传统组织架构的约束，释放企业资源，使部门和组织能够专注于其核心活动和客户需求，从而提高效率和服务水平（Janssen and Joha，2009）。随着共享服务理论不断的应用和实践，吉尔伯特行为工程模型发现技术控制和人为控制都对企业绩效产生影响，其中技术控制的占比达到了 75%，这更加奠定大中型企业建立财务共享服务中心并应用大量技术的必要性，以及新技术在财务共享服务中心应用的理论基础。

财务共享服务中心是在这些理论基础上建立起来的，许多企业将财务流程作为共享服务工作的起点。财务共享服务中心集中配置分散资源，以降低成本为企业提供服务，提升整体价值（Schulman et al.，1999）。财务共享服务中心的概念已在第一章进行了讨论，其核心是以财务业务流程处理和信息技术为基础，规范流程、优化组织结构、提高业务效率、降低运营成本或创造企业价值，为内外部客户提供专业化服务。随着企业的不断实践、创新以及科技因素的驱动，财务共享理念和功能也在不断嬗变。财务共享服务中心1.0 时期主要是利用 ERP、SAP 等系统将基础性工作集中在一个特定的共享平台（杨有红，2021），在线完成会计核算等会计业务；财务共享服务中心2.0 时期的业务范围逐步扩大，向着财务管理的价值发展，例如信息化的规划与需求管理、税务和市场费用的风险管理、数据分析等业务，成为企业数字化转型的重要抓手；财务共享服务中心 3.0 时期主要作为数据支撑中心，为企业提供会计核算、会计报表、资金、税务、风险控制等价值链上全面、多维、实时的业财税融数据（Zhang and Feng，2022），用于决策、业务和营销（徐晨阳等，2017）。

二、业务流程重组理论

业务流程重组（BPR）最早由迈克尔·哈默（Michael Hammer）在 20世纪 90 年代提出，强调以业务流程为改造对象，利用信息技术对现有的业务流程进行根本的再思考和彻底的再设计，调整组织结构，实现在成本、质量、服务和速度等方面的显著改善，使企业最大限度地适应现代企业经营环境。

财务共享服务中心利用 IT 技术和流程改进工具，对企业财务流程和业务流程按专业化分工进行重组和优化（李闻一等，2020），将日常财务报销、审核、核算等重复性强、易于标准化、可集中处理的业务集中到财务共享服务中心（张瑞君等，2010），并运用信息技术，重新设计财务组织结构，利用信息系统建成集成网络财务系统，统一子公司的业务流程、数据口径，将企业制度和业务流程标准化（Yang et al.，2021；何瑛，2010），实现各系统的有机整合，服务于企业的财务、采购、营销和信息技术等活动（Petrisor et al.，2016）。企业数字化转型提高了财务信息的质量，改善了企业的内部控制环境（Yang et al.，2022），实现企业战略、企业业务和企业财务的融合，提供更相关、实时的共享信息，促进企业持续创造价值。

财务共享服务中心将财务标准、业务流程固化到统一信息平台，实现数据跨部门、跨地域、跨系统的有效整合（王德宇，2015），克服传统财务核算对于地域和时间上的限制，实现物流、信息流、资金流同步，为企业提供更高质量的财务分析和财务支持，提高企业的决策效率、风险管控水平，全面提升企业核心竞争力。

三、委托代理理论

迈克尔·詹森和威廉·麦克林（Michael Jensen and William Meckling）在1976年提出的委托代理理论是指在现代公司治理中，需要专业管理人才参与，才使企业更好地运转。因此，企业的所有者和管理者一般不会是同一个人，导致企业所有权和经营权相分离。从委托人的角度来看，他们追求的是企业价值最大化；从代理人的角度来看，他们追求的是自身效用的最大化，两者效用目标不一致，代理人可能凭借其专业优势，向委托方隐瞒事实，牟取私利，从而引发委托代理问题。

集团总部与各分公司的目标往往不一致，分公司经常从有利于实现自身利益的立场出发作出行为选择（刘国庆等，2012），总部更关注集团整体价值的实现，从而形成委托代理关系；企业内部上下级也存在着复杂的多级委托代理关系，企业实行分层管理，管理层需要通过员工分工协作达到目标，但管理者对员工的劳动过程难以监控，形成管理层与员工的委托代理关系。在没有良好的监督机制下，代理人的自利行为会降低企业价值。企业的价值创造需要经营者和员工共同履行受托责任才能最终实现企业价值（谢志华等，2022）。

财务共享服务中心将各分、子公司及项目部的财务数据即时反映到系统中，在集团总部各职能部门根据所负责业务，获取子公司相关财务数据，对遍布全国的子公司财务信息进行集中处理，自上而下地控制的一种联动模式（朱建明等，2019），做到实时监管与动态规划，解决不同地区子公司各自为政，没有统一的流程和制度进行约束，企业难以实现统一管理的问题，提高管理效率（Feng，2022）。一方面，财务共享服务中心有效地克服了地理距离的限制，利用信息系统集中处理各子公司和业务部门的业务活动（王雁，2018）。这样可以防止子公司操纵会计信息和业绩信息，真实反映子公司的经营状况和经营成果。另一方面，总部可以加强与子公司的沟通，更好地了解其下属机构的运营状况，提供更高的服务质量和处理效率（Jackson，1997；李闻一等，2017）。这降低了代理成本，并使管理重点更加集中于企业战略问题。

四、信息不对称理论

乔治·阿克尔洛夫（George Akerlof）在 1970 年提出的信息不对称理论是指在市场经济活动中，不同交易主体受限于现有认知能力和外部因素对有关信息的了解程度不同，从而导致各类人员掌握的信息相异的现象。信息不对称问题不仅存在于企业内部和外部投资者之间，而且也存在于企业内部（赵云辉等，2019）。在传统财务管理模式下，企业内部业务部门与财务部门由于无法实现信息的及时共享，存在信息不对称，让信息在部门间的传递过程中可能发生扭曲，导致会计信息失真（王凡林和郭宇航，2023）。

财务共享服务中心有助于企业内部财务信息的横向和纵向流通与共享，提高企业的信息透明度（Selden and Wooters，2011）。它提升了内部信息传输的效率，为实现企业价值提供了保障。从横向来看，财务和信息的融合实现真正意义上的信息共享，打破不同系统的数据障碍、模糊部门边界，解决部门间对接合作中信息不完整和遗漏问题（Wang，2021），打破部门间的数据壁垒，加强企业内部信息沟通（姜一涵，2022），有效提升信息处理效率，提高数据的真实性和完整性，可以对业务进行全局管控、监督，并进行合理预测（王道兵，2016），提高企业运营和决策效率。从纵向角度来看，财务共享服务中心使企业的组织结构趋于扁平化，加快了信息传递的速度（Zhu，2020）。通过减少中间层，企业的信息传递路径变得更短，降低了信息传递层次，减少了信息传递过程中的失真，提高了信息传递的时效性。这有助于避免因为信息时效和失真问题而导致的决策延误和错误（李闻一和刘东进，2015）。

财务共享服务中心作为一种新的财务平台，有效融合了业务数据与财务数据，使得各业务流程得到有效控制，为其有效运行提供了支撑。一方面，集团总部能够获得子公司更加真实完备的信息，降低信息不对称程度，有效配置人力、物力资源，实时管控流程节点，及时调整经营策略，解决财务可控性差、透明度低等问题（欧阳筱萌，2014）；另一方面，通过建立财务共享服务中心，企业实现了财务信息的一体化，促使企业财务工作与采购、生产、销售等业务工作之间实现信息共享。这种共享机制有效地减少了部门之间的信息不对称现象。

五、信号传递理论

迈克尔·斯宾塞（Michael Spence）于1973年首次提出了信号传递理论，认为在市场上存在着信息不对称，高能力者主动释放自身水平良好的信号，将自身与低能力者进行区分，避免逆向选择。罗斯（Ross，1976）将信号传递理论应用于财务领域，CEO可通过财务报表向潜在投资者传递其企业的积极信息（Zhang and Wiersema，2009），减少双方之间的信息不对称（Spence，2002）。管理者拥有企业真实的内部信息，可以通过公布重大事件，向市场传递有关未来发展前景的信号（李健等，2022）。

首先，财务共享服务中心有助于加强企业内部管控、提高会计信息质量，向供应商传递自身经营状况良好的信号，进而提高商业信用融资规模（李闻一和潘珺，2021）。其次，财务共享服务中心有利于实现规模效应，降低企业运营成本（Dollery et al.，2009），提高工作效率和管理水平。再次，财务共享服务中心有利于改善企业运营状况、增强资金管控效果、提高竞争优势，提高了企业的资金筹措能力、偿债能力、企业盈利能力，并增强企业应对风险的能力（马健和李连军，2020）。最后，财务共享服务中心能够使企业具有更强的创新意识，提高企业的创新绩效（Yang et al.，2022），改善内部控制质量，提高企业绩效（刘娅和干胜道，2021）。财务共享服务中心为企业带来的经营成果最终会集中反映在财务报表中，财务报表作为一种中介将企业的优势传递给潜在投资者，外部投资者通过企业管理者传递出来的信息来判断企业价值，避免逆向选择。

六、资源配置理论

亚当·斯密（Adam Smith，1776）在《国富论》中首次对资源配置进行了阐述，认为社会成员个体与社会整体之间的资源配置是通过市场来调节的。马克思（Marx，1865）认为资源是有限的，要通过资源配置来对资源的稀缺进行调节，资源的稀缺性决定了企业要对其拥有的资源（人员、资金、信息等）进行合理配置，合理分配到各个部门、业务中去，利用最少的资源达到最佳的效益。只有企业管理者能够做到有效利用、配置资源时，才能实现更高的业绩（Sirmon and Hitt，2009），为企业创造最大的价值。

财务共享服务中心通过将分散的资源集中配置，实现了对重复性的会计事务的集中处理，从而降低了成本、提高了服务水平，并实现了信息的共享和管理（刘俊勇等，2015），将有限的资源发挥最大的使用价值，以更低的成本为企业提供服务，帮助企业实现整体价值的提升（Schulman et al.，1999）。财务共享服务中心可以获得企业生产与管理流程中的海量数据资源，根据数据配以最优的人、财、物的比例结构到企业的经营活动中，合理配置资源，实现企业的规模效益。财务共享服务中心集成了合同管理系统、采购管理系统等功能模块，促进了内部和外部的财务运作和业务部门之间的协同效率提升（李闻一和潘珺，2021），实现对产品、资金的流转情况的跟踪，提高资金配置效率。财务共享服务中心使集团总部可获得连续、完整并及时的跨部门或跨地区的信息，为企业提供快速有效的服务和支持，拥有较强的资源整合能力，将资源配置达到最优状态，企业可以更专注于战略规划、管理等核心任务（Wang and Zhou，2016）。

七、服务质量理论

格朗鲁斯（Gronroos）于 1982 年提出的顾客感知服务质量模型认为，服务质量由顾客对服务的期望和实际服务绩效共同决定。在此基础上，帕拉休拉曼等（A. Parasuraman et al.）在 1985 年和 1988 年进一步发展了服务质量差距模型，强调服务质量的形成取决于顾客的期望、感知的过程质量和结果质量。服务质量的差距源自顾客期望服务和实际感知服务之间的差异，这种差异受到可靠性、响应性、关怀性、保证性和有形性五个因素的影响。这些因素影响着顾客对服务的感知，从而决定了最终的服务质量结果。其中，顾客感知的服务质量差距是服务质量差距模型的核心，它反映了顾客对实际服务质量与期望之间的差异。通过比较顾客的期望和实际感知，可以评估服务质量的满足程度，进而识别出需要改进的方面和提高服务质量的机会。

财务共享服务中心不仅服务于企业内部，还服务于供应商、客户、分销商等外部利益相关方。在企业内部，财务共享服务中心有利于横向和纵向的协调（Selden and Wooters，2011）以及整体资源的调配（Wang and Zhou，2016；李闻一等，2020），提供高质量的服务和高效的处理能力，从而提升企业的价值创造能力（王德宇，2015）。对于外部利益相关方，财务共享服务中心建立支持体系，响应客户的服务需求，并为其提供专业化的服务（王莹和董付堂，2019）。根据服务质量差距模型，财务共享服务中心的服务质量差距包括客户期望与财务共享服务中心管理层对客户期望的感知差距、管理层制定的服务标准与客户期望的感知差距、实际传递的服务与服务标准之间的差距、实际服务传递与沟通和承诺之间的差距，以及客户感知与期望服务质量之间的差距。财务共享服务中心的关键在于服务，通过强化服务定位，成为提升服务质量和价值的关键因素（李闻一等，2017）。

第二节　财务共享服务中心的文献综述

一、财务共享服务中心的相关研究

现有文献主要围绕财务共享服务中心建成后对企业产生的影响以及财务共享服务中心建成的关键因素等方面展开研究。

（一）财务共享服务中心的经济后果研究

一方面，部分学者认为财务共享服务能够带来一系列正面影响，包括降低成本、提高经营效率、加强管控和控制风险等。

财务共享服务中心的主要目标是在经营成本和效率方面取得改善，这一点得到了多份报告和研究的支持（Deloitte，2015；李闻一和潘珺，2021）。财务共享服务中心通过采用财务管控服务模式、依托 IT 技术和自动化系统，对集团企业内部的制度进行标准化、统一化和简化（陈虎，2016），以优化财务人员的匹配，降低人力成本和运营成本（Quinn，2006；潘泽清，2021），从而提高经营效率（刘梅玲等，2020）。在内部控制方面，财务共享服务中心通过统一集团内部的财务制度、流程和接口等，依托财务自动化平台，实现对财务、业务和税务数据的实时监控，实施业财融合（宗文娟和王伯伦，2020），加强对各分子公司和分支机构的管控力度，同时实时监控各项资本和费用支出，提高资金风险管理能力（李闻一和刘东进，2015）。在经营风险方面，财务共享服务中心通过对财务流程的标准化再造，使得企业内部信息更加透明（Selden and Wooters，2011；Lindvall and Iveroth，2011），加强对资金链的监管，降低企业财务风险（许汉友和韦希，2021）。总体而言，财务共享服务中心的建立旨在通过改进财务管理和控制手段，实现降低成本、提高效率、增强风险管理能力，并促进企业内部信息透明度的目标。

另一方面，也有案例证据表明财务共享服务中心给企业带来了组织内部不稳定、成本上升、经营效率降低等负面的影响。

在组织影响上，财务共享服务中心的引入和运作涉及复杂的内部调整和交叉关系，如内部流程重组、经营决策、协调交易及技术团队的变更（Gospel and Sako，2010；田高良等，2019），企业传统的内部文化与新型财务模式的摩擦也可能会导致员工接受程度低等，阻碍新型财务模式的推广与应用（Owens，2013）。在成本上，由于财务共享服务中心跨区域服务业务部门，时间成本、距离成本和沟通成本上升（Kennewell and Baker，2016；姚丹靖等，2014），同时，智能财务机器人如 RPA 等的应用将发生较多的维护成本（唐建荣，2020），导致潜在的经营风险增加（胡靖，2016）。在经营效率上，部分企业盲目跟风，未能根据行业特点及企业特征等充分应用财务共享服务中心，导致资源浪费，财务共享服务中心运营效率未升反降（许汉友等，2017）。此外，由于缺乏与客户之间有效沟通的工具，财务共享提供的服务与客户期望的服务质量之间存在显著差异（李闻一等，2017），不利于财务共享服务中心的有效运营。

（二）财务共享服务中心建立的影响因素研究

财务共享服务中心的建立受到多个关键因素的影响，这些因素已经在现有文献中得到了广泛的讨论。这些关键因素包括选址决策、战略定位和规划、业务流程再造设计和标准化、信息化水平以及管理层变革的决心。

1. 财务共享服务中心选址的影响因素研究

根据国内外学者、实务界和第三方组织的研究，财务共享服务中心的选址影响因素主要分为外部因素和内部因素两个方面。外部因素包括当地人力资源状况、基础设施状况和政治经济环境等。

人力资源主要是指所选地点平均教育水平、人力成本、人才可获得性等，当地的劳动力成本越低（张钦宇，2018）、劳动力质量越高（ACCA，2017）、劳动力资源越丰富、劳动力可获得性越高，越有利于培养综合性素质的人才，为财务共享服务中心的价值创造提供创新型视角；建立财务共享服务中心的地址离高校距离越近、当地培训机构越多，越有利于人才储备与培养（王运运和胡本源，2017）。基础设施主要是指通信基础设施和交通基础设施等，当地通信基础设施和交通基础设施覆盖面越广、建设越完善、办公地点购买价格或租金越低（Quinn et al.，2000），越有利于财务共享服务中心的日常财务运营与信息传递；具有越发达的数据处理分析与存储技术（何瑛，2010）、越成熟的财务管理模式（李闻一等，2020）与越先进的信息技术与系统，越有利于提高服务质量，从而吸引企业集团在当地建立财务共享服务中心。政治经济环境是一个重要的外部因素，包括经济环境的稳定性和发展前景，这包括当地经济、货币、政治等稳定性和开放程度，以及地区的自然灾害和安全风险、税收优惠政策（邓春梅和赵冲，2018）、就业监管政策（Golnik，2017）、地区竞争力（Accenture，2014）和文化环境（Deloitte，2015）等，是财务共享服务中心选址时需要考虑的因素；同时，自然环境也与财务共享服务中心的选址相关（袁广达和裘元震，2019）。

内部因素包括与总部沟通的便利性、成本、服务范围、服务质量等。

一是与总部沟通的便利性。根据英国特许公认会计师公会（ACCA，2017）和德勤（Deloitte，2015）的调查结果，选址地点与总部之间的沟通便利性是一个重要的考虑因素。财务共享服务中心需要与总部频繁地进行沟通和协调，因此选址地点应具备便捷的通信和交通条件。二是成本。选址时需要考虑各种成本，包括迁移成本、运营成本和服务成本等。迁移成本包括人员迁移所带来的成本增加（李立成等，2020），运营成本包括租赁和运输等费用，服务成本涉及为客户提供服务所需的成本。三是服务范围。选址地点所能覆盖的客户数量对于财务共享服务中心的选址至关重要。通常情况下，选址地点所涵盖的客户数量越多，建立财务共享服务中心的可能性就越大（李闻一等，2018；翟慎瀛，2020）。四是服务质量。财务共享服务中心的选址也需要考虑服务质量，包括及时性和当前财务运作水平等（唐勇，2016；何瑛，2010）。选址地点应具备良好的服务环境和资源，以确保财务共享服务的高质量运作。此外，现有员工对选址地点的态度和抵触情绪也可能影响财务共享服务中心的选址决策（Quinn et al.，2000）。在选址过程中，应充分考虑员工的意见和反馈。综上所述，财务共享服务中心的选址受到与总部沟通的便利性、成本、服务范围和服务质量等多个因素的影响。此外，现有员工对选址地点的态度和抵触情绪也需加以考虑。

2. 财务共享服务中心建立的其他影响因素研究

除了前述影响因素，财务共享服务中心的建立还受到其他因素的影响，包括战略定位和规划、业务流程再造设计和信息化水平、管理层变革决心等。

首先，战略定位和规划是财务共享服务中心建立过程中的关键步骤。战略规划对于财务共享服务中心的长期目标和定位起着决定性作用，对财务共享服务中心的运营和创造价值具有重要影响（杨寅和刘勤，2020）。其次，财务共享服务中心建设的目标之一是优化业务流程并降低成本。这意味着需要对财务和业务流程进行重新设计和优化，实现标准化流程和完善的考核体系。这些因素对于财务共享服务中心发挥价值至关重要（张瑞君等，2010）。此外，完善的信息系统和数字化技术也是成功构建和实施财务共享服务中心的关键因素（Janssen and Joha，2008；李闻一等，2020）。这些系统和技术支持标准化操作流程，并承载着财务共享服务中心的各项功能。最后，管理者的变革决心对于企业成功实施财务共享服务中心至关重要。财务共享服务中心的推行需要企业具备良好的变革管理能力，并培养支持变革的企业文化（Martin，2011；邓春梅和赵冲，2018）。

总而言之，战略定位和规划、业务流程再造设计和信息化水平、管理层变革决心等因素也是财务共享服务中心建立过程中需要考虑的重要因素。

（三）文献述评

综上所述，现有文献通常使用案例或实地调查等方法，研究财务共享服务中心的经济后果。研究结果表明，财务共享服务中心有助于降低经营成本、提高运营效率、增强管理控制和降低风险等价值。同时，现有文献认为财务共享服务中心建立的影响因素包括战略定位和规划、业务流程再造设计和信息化水平、管理层变革决心等。然而，现有研究主要依赖于案例或咨询报告等定性方法，难以进行跨行业、跨区域的比较，存在一定的主观偏见。

为弥补以上不足，选择选址作为案例，运用计量方法来确定财务共享服务中心选址的关键影响因素，并对不同类型的企业进行异质性分析，进而对财务共享服务中心的选址及其建立后的经济后果进行实证检验。通过这种方法，可以为财务共享服务中心建立提供系统性的研究探索。

二、财务共享服务中心对内部控制有效性的影响研究

影响内部控制有效性的因素可以归结为企业内部环境因素和外部环境因素两个方面。

（一）影响内部控制有效性的内外部环境因素研究

内部环境主要包括企业特征、公司治理、发展战略、企业文化、信息技术、人力资源政策等。企业特征上，规模更小、业务更复杂、财务状况更差、成长更快或经历过重组的企业，内部控制更容易存在缺陷（Doyle et al.，2007），处于成熟期阶段的企业管理成熟度越高，越有利于对企业风险的把控（张继德等，2013）；公司治理上，董事会和监事会规模、董事长和总经理兼任情况（Cheng et al.，2013；李清和闫世刚，2020）、内审机构的配置和集权化（张国清和马威伟，2020）、党委参与公司治理情况（崔九九，2021）等直接影响内部控制体系的构建与优化；发展战略上，采取进攻型战略的企业组织结构稳定性较低、业务复杂程度较高，为了降低股价崩盘风险以及诉讼风险，进攻型战略企业将倾向于披露内部控制缺陷，提高内部控制水平（张霁若和杨金凤，2020）；企业文化上，积极向上的企业文化提高员工的工作参与意识，从而显著提高企业内部控制的有效性（吴秋生和刘沛，2015）；信息技术上，信息技术的运用不仅提高企业生产效率，还提高企业内部沟通效率与信息透明度，优化内部控制流程（李瑞敬等，2022）；人力资源政策上，股权激励力度有利于提高高管改善企业内部控制有效性的动力（马桂芬，2020）。

外部环境主要包括政治经济发展状况、制度环境、政府审计、媒体监督等。企业在政治经济发展不稳定的情况下，难以对生产经营管理活动进行精准计划与预期，降低内部控制有效性（彭涛，2021）；良好的外部制度环境有利于企业内部控制体系的建设，市场化程度的提高有利于企业内部控制质

量的完善（刘启亮等，2012），资本市场开放如"沪港通"交易制度的实施能够显著提高内部控制质量（田雪丰等，2021）；政府审计具有权威性、强制性和独立性的特征，对国有企业财务活动的合规性进行监督（刘西国等，2020），审计约谈同样也会给企业带来内部控制调整的压力（林钟高和邱悦旻，2019），从而提高内部控制水平；媒体监督将使管理者面对更多的监督压力，抑制管理层自利动机和行为，防止管理者损害企业利益（Dyck and Zingales，2005；于波等，2021）。

（二）财务共享服务中心影响内部控制有效性的研究

部分学者通过案例研究和问卷调查，认为财务共享服务中心影响企业内部组织、流程管理和资源配置等。

在组织方面，财务共享服务中心引入了实体财务共享服务中心、虚拟财务共享服务中心和混合财务共享服务中心三种组织模式，这打破了传统企业财务组织的布局，对现有的组织架构产生了冲击，并带来了组织规划和机制的变革（Lindvall and Iveroth，2011）。在流程管理方面，财务共享服务中心的建立使得企业财务处理形成了统一的政策、标准和流程（段培阳，2009；侯锐等，2010）。共享平台的建立也使得企业内不同子公司或机构的财务和业务数据更容易整合（李闻一和刘东进，2015）。然而，财务的高度集中化也可能导致业务和财务之间的分离程度加大（Kennewell and Baker，2016），这可能对企业财务的管控作用产生不利影响。在资源配置方面，财务共享服务中心对成员单位的资金账号进行统一管理和实时监控（张瑞君等，2008；柯明，2008），实现了资金审批和收付的分离，并对资金池进行统一管理（李闻一和刘东进，2015）。

（三）文献述评

综上所述，现有研究关于财务共享服务中心对企业内部控制有效性的影响主要集中在企业特征、公司治理、信息技术、宏观环境和内外部监管机制等方面。然而，这些研究多采用定性方法，如调研报告和案例研究，得出的结论受到单一（小）样本的限制，并缺乏直接关联理论和实证分析的研究。

内部控制是为了实现企业目标而存在的，与企业的经营和管理紧密相关。内部控制的有效性是指其为实现相关目标提供的保证程度或水平（陈汉文和张宜霞，2008）。因此，财务共享服务中心对上市公司内部控制有效性的影响，需要进行大样本数据的检验。可以选择反映目标实现程度的内部控制指标作为衡量内部控制有效性的代理变量，并通过理论和实证分析来验证财务共享服务中心对内部控制有效性的作用。这样的研究方法可以克服定性研究和案例研究可能存在的偏差，有效地验证财务共享服务中心对内部控制有效性的影响。

三、财务共享服务中心对盈余质量的影响研究

（一）盈余质量的影响因素研究

在现有文献中，对企业盈余质量的影响因素主要集中在内部治理、企业特性和外部监管三个方面。

1. 内部治理

在内部治理方面，现有研究主要集中在公司治理机制、治理层特征和股权结构等对盈余质量的影响。首先，有效的公司治理机制和内部控制被认为能够改善企业的盈余质量。研究表明，有效的公司治理机制可以抑制管理层实施盈余管理的动机和空间（Kent et al.，2014），从而提高盈余质量并降低代理成本（Jensen and Meckling，1976）。同时，强大的公司治理机制有助于企业感知风险、降低内外部信息不对称程度（Skaife et al.，2006；Chen et al.，2010），从而抑制盈余管理行为。其次，治理层特征对盈余质量也有影响。高级管理层的话语权越大，越有可能利用权力为自己牟取利益，从而导致较差的盈余质量（Demerjian et al.，2013；Francis et al.，2008）。而董事会独立性越高，对企业的监督效果越好，越有利于改善企业的盈余质量（Kontesa et al.，2020；罗栋心等，2020）。最后，股权结构在内部治理中也扮演重要角色。关于股权结构对盈余质量的影响，现有研究并没有得出统一的结论。一些学者认为，私营企业、外国企业和社会公众所有企业的盈余质

量优于国有企业（Xu et al.，2012；Brahmana et al.，2019）。然而，另一些学者认为，股权集中程度越高，盈余质量越好（Zhong et al.，2007）。

综上所述，公司治理机制、治理层特征和股权结构等因素对企业盈余质量具有一定的影响。然而，关于股权结构对盈余质量的影响仍存在争议，需要进一步研究探讨。

2. 企业特性

在企业特性方面，现有研究主要集中在企业经营业绩、融资和扩张、债务压力、企业规模等对企业盈余管理的影响。首先，企业业绩对盈余管理具有重要影响。研究表明，当企业的经营业绩较差或出现亏损时，高级管理层可能因为业绩压力而更容易进行盈余管理行为，从而导致较差的盈余质量（Keating and Zimmerman，1999；Doyle et al.，2007；谢德仁等，2018；何威风等，2019）。此外，企业陷入财务困境也是引发较差盈余质量的因素（Li et al.，2020）。其次，融资和扩张对盈余管理也产生影响。当企业面临较大的融资需求或融资困境时，为获取融资，企业可能更有动机进行盈余操纵，以美化财务报表（Teoh et al.，1998；翟胜宝等，2015）。相比于融资约束，融资需求更容易引发企业的盈余操纵行为（卢太平和张东旭，2014）。再次，债务压力对盈余管理的影响也值得关注。根据债务契约理论，靠近债务契约到期日且资产负债率较高的企业管理者可能会采取行动来增加收入或操纵财务报表，以避免违约，从而导致较差的盈余质量（Elzahaby，2021）。最后，企业规模也会对盈余管理产生影响。小企业更容易存在内部控制缺陷，因此更有可能进行盈余操纵（Doyle et al.，2007），从而导致较差的盈余质量。

综上所述，企业特性如经营业绩、融资和扩张、债务压力、企业规模等对企业盈余管理具有显著的影响。这些研究结果对于理解企业盈余质量的形成机制和内部控制有效性提供了重要参考。

3. 外部监管

在外部监管方面，现有文献主要关注媒体监督、法律监管、金融发展和政策不确定性等对盈余质量的影响。首先，媒体监督对盈余质量具有重要影响。研究表明,当管理层面临权威和专业媒体的监督时,他们更关注企业的长期业绩,减少了盈余操纵行为,从而改善了盈余质量(陈克兢,2017;马壮等,2018)。其次,法律监管对盈余质量也存在影响。在普通法体系下,法律执行力较强的地区,外部投资者的权力较大,企业的盈余质量可能较高(Francis et al.,2016)。例如,英美法系国家的股东公司治理制度倾向于通过公开披露来缓解信息不对称,而法典法国家的利益相关者公司治理制度可能依赖于私人沟通来缓解信息不对称(Ball et al.,2000)。最后,金融发展水平和政策不确定性对盈余质量也产生影响。较高的金融发展水平意味着投资者对会计信息的要求更高,分析师对企业的跟踪范围更广,这有助于提高盈余质量(Degeorge et al.,2013)。然而,政策不确定性越大,盈余质量可能较差(Yung and Root,2019;古朴和翟士运,2020)。

综上所述,外部监管因素如媒体监督、法律监管、金融发展水平和政策不确定性对企业的盈余质量产生显著影响。这些研究结果为理解外部环境对企业盈余质量的影响机制提供了重要线索,对监管部门和企业管理者制定有效监管政策和管理措施具有重要意义。

(二)文献述评

综上所述,现有研究已经从内部治理、企业特性、外部监管等方面探究了盈余质量的影响因素。此外,前面也提到了财务共享服务中心的经济后果。然而,目前的文献还未深入探讨财务共享服务中心对公司治理产生的一系列效果是否会进一步影响企业的盈余质量。因此,本书旨在探索财务共享服务中心对企业盈余质量的影响机制以及相关的经济后果,具有较高的学术和实践价值。

通过深入研究财务共享服务中心对盈余质量的影响机制,可以更好地理解财务共享服务中心在提高企业盈余质量方面的作用。同时,通过揭示财务共享服务中心对企业盈余质量的影响机制,能够为企业和管理者制定有效的策略和措施,进一步提升盈余质量,增强企业的竞争力和长期可持续发展能力。

四、财务共享服务中心对企业现金持有的影响研究

(一) 现金持有的影响因素研究

现有文献主要从宏观经济环境以及微观企业环境的角度对企业现金持有的影响因素展开了研究。

1. 宏观环境

宏观经济环境方面，社会整体经济水平、经济政策不确定性、产品市场竞争程度、政企关系、媒体报道等显著影响企业现金持有。

对于社会整体经济水平，在整体经济水平处于下行状态时，企业具有较高的融资困难，因此倾向于持有较多的现金以保证资金正常运转（Almeida et al.，2004；Baum et al.，2006），防范风险；而国家推进"宽带中国"战略的数字化经济建设优化企业资源配置，降低企业持有现金的动机与行为（王莹等，2022）；利率市场化在一定程度上有利于降低企业融资成本，缓解了企业融资约束，从而降低企业现金持有（叶永卫和云锋，2021）。对于经济政策不确定性，企业所受到的外部经济政策不确定性越高，为了降低部分风险，企业的现金持有会处于较高的水平（王红建等，2014；祝继高和陆正飞，2009）；在货币政策较为宽松时，企业受到的融资约束较小，倾向于降低现金持有（赵卫斌，2022；钟凯等，2021）。对于产品市场竞争程度，市场竞争程度越高，企业越倾向于留存现金以预防经营风险（Haushalter et al.，2007；吉瑞和陈震，2020）。对于政企关系，企业与政府关系越好，越能得到政府的关照，无须担心融资约束问题，削弱预防性动机（陈德球等，2011）。对于媒体报道，媒体报道语调越积极，给企业带来越大的经营压力，导致企业持有较高的现金以应对风险（支晓强和周艳坤，2021）。

2. 微观环境

微观企业环境方面，现金持有水平的影响因素主要包括企业特征、公司治理、经营战略、股权结构等。对于企业特征，企业的规模和股利支付水平

与其内部现金持有水平呈正相关关系，即规模较大且支付较高股利的企业往往持有更多的现金；然而，企业的财务杠杆和现金流变异性与其内部现金持有水平呈负相关关系，在一定程度上会降低现金持有量（John，1993；肖作平，2008）；企业集团化程度越高，企业内部的信息传递效率得到改善，现金持有水平则越低，并且在国有企业中这一关系更加明显（黎文靖和严嘉怡，2021）。对于公司治理，当企业的内部治理制度更加完善、董事会规模越大时，现金会处于一个更加平衡的状态，较少出现现金持有过量或现金短缺的情况（Harford et al.，2012）；连锁股东可以抑制管理者过度投资和在职消费行为，使无效耗散的现金流回企业，优化资金配置，提高现金持有（杨兴全和赵锐，2022）。对于企业经营战略，企业选择多元化经营战略给企业发展带来更多机遇和选择，充分利用内部资源，企业将降低预防性动机，从而减少现金持有量（Tong，2011；南晓莉和杨智伟，2016）；企业进行产融结合战略，降低融资约束，使企业现金持有水平更低（曾春华和闫明，2021）；企业战略越激进，越需要更多的现金防范经营风险，提高现金持有水平（翟淑萍等，2019；楚为为，2019）。对于股权结构，国有股权参股在股权结构中起着重要的作用，尤其对民营企业而言。引入国有股权能够带来声誉和政治关联的优势，为企业提供经营资源上的支持，从而减少对现金持有的需求（曾敏等，2022；韦浪和宋浩，2020）。

（二）文献述评

综上所述，已有研究从宏观环境和微观环境两个方面探讨了影响企业现金持有水平的因素。宏观环境方面涉及整体经济状况、经济政策、市场竞争、政企关系和媒体监督等因素；微观环境方面包括企业特征、企业治理、经营战略和股权结构等因素。财务共享服务中心的建立是一种组织变革，它促使财务处理过程的统一化、标准化和流程化（侯锐等，2010），提高了财务信息的透明度，降低了代理成本。同时，共享平台有助于优化资源配置，降低经营风险，对公司治理起到优化作用。

然而，现有文献尚未揭示财务共享服务中心建立后对企业现金持有水平的影响。因此，本书旨在探讨财务共享服务中心对企业现金持有水平的影响机制以及相关的经济后果，以填补这一研究空白。这项研究对于深入理解财务共享服务中心对企业的影响，对于实现企业现金管理的优化具有学术和实践上的双重价值。

五、财务共享服务中心对企业商业信用融资的影响研究

相关的研究主要集中在企业自身特征和外部环境对商业信用融资的影响因素上。企业自身特征方面涉及企业规模、内部控制、供应商——客户关系、财务状况、股权性质、管理层特征和会计信息等因素（郑军等，2013）。外部环境方面包括货币政策、金融环境、社会信任和外部监管等因素（马黎珺等，2016）。然而，关于财务共享服务中心对商业信用融资的影响研究较少。

从企业信用角度来看，财务共享服务中心的建立具有双重影响。一方面，它使供应商能够更清楚地了解企业的实际财务状况，加强了企业与供应商之间的信任关系，有利于企业开展商业信用融资。另一方面，财务共享服务中心的建立使企业能够快速响应供应商的交易需求，减少对供应商的过度依赖，使企业在进行商业信用融资时处于更有利的地位，更容易获得商业信用融资（李闻一和潘珺，2021）。从管理模式角度来看，财务共享服务中心丰富了授信管理模式的种类，使集团能够统一管理，充分发挥整体优势，通过分子公司自行贷款、集团整体借贷和整体授信分别贷款等方式降低融资成本，从而扩大商业信用融资规模（孙建秀，2021）。

因此，财务共享服务中心对商业信用融资具有重要影响。然而，这方面的研究仍相对较少，需要进一步深入探讨。

六、财务共享服务中心服务质量的相关研究

目前，关于财务共享服务中心的研究主要集中在共享服务的模式、关键要素、流程再造和成本效益等方面，对服务质量的研究相对较少。然而，服务质量是企业在实施或运营财务共享服务项目时最受关注的挑战，财务共享

服务中心必须专注于向多个用户提供高效的服务（Marijn et al.，2013）。姜亚琳等的研究发现，财务共享服务中心普遍面临信息沟通渠道受限、责任不明确、员工身份认同感不强等问题，业务端与财务端的分离是影响服务质量提升的根源。

为提升财务共享服务中心的服务质量，可以从内部和外部两个方面着手。内部方面，财务共享服务中心应从内部满意度出发，即关注财务服务的过程、结果和质量，而不仅仅是从财务专业角度来确定财务服务水平协议（陈小鹏等，2016）；同时，理解客户期望并保持与客户的顺畅沟通（李闻一等，2017），从而提高服务质量。外部方面，财务共享服务中心有助于消除上下游合作伙伴之间的信息壁垒，降低沟通成本，建立数据链条（Liu et al.，2022）。根据客户和供应商的特点和需求，创新服务内容和方式，为客户提供增值服务，实现线上线下服务的整合，提升员工的沟通和职业技能，改善客户的接触体验（李闻一等，2018）。通过客户服务质量评估、实时评估和在线评估等方式激励员工，并根据客户反馈调查实现精准传递服务（李闻一等，2018），以提高客户满意度。

七、财务共享服务中心对企业整体价值的影响研究

（一）企业整体价值的影响因素研究

学术界关于企业价值影响因素的研究主要包括公司治理因素、企业战略、财务因素和企业外部因素等。

1. 公司治理

公司治理方面，内部控制、盈余管理、股权结构、两职兼任、党组织治理等因素影响企业价值高低。对于内部控制，完善的内部控制是内部监督控制有效的基础（陈汉文和黄轩昊，2019），内部控制较好的企业其信息披露及时性与真实性较高，降低企业内外信息不对称性，缓解融资约束（Easley and O'Hara，2010；陈汉文和周中胜，2014），显著提升企业价值。对于盈余管理，管理层为了自身利益最大化及短期盈余目标，利用真实盈余管理、应

计盈余管理等行为扰乱投资者判断，传递错误信号，最终损害企业价值（Gunny，2010；王雅和刘希成，2010）。对于股权结构，部分学者认为集中的股权能够监督管理层机会主义行为，降低代理成本，进而提升企业价值（La porta et al.，1998；张海燕和朱文静，2018），而吴红军和吴世农（2009）却发现股权集中为大股东实施"掏空"行为提供了条件，并损害了企业价值；管理层持股比例对企业价值具有"管理层防御"和"利益协同"两种作用（Finkelstein，1992；张纯和曾爱民，2014）；交叉持股机构投资者能够成为更加积极的监督者，同时促进同行业企业间产品市场协作，改善企业的产品市场表现，进而提升企业价值（周泰云等，2021）。两职兼任会降低董事会对管理层的监督，不利于企业价值的提升（Claessens et al.，2002），然而也有学者认为两职兼任能对管理者产生激励效应，有利于企业价值的提升（Donaldson and Davis，1991；孙雪娇等，2021）。对于党组织治理，党组织成员在董事会中所占比例越高，其发挥的监督与治理作用越大，企业 ESG 表现越好（柳学信等，2022）。

2. 企业战略

战略方面，数字化战略、创新战略和差异化战略等影响企业价值高低。对于数字化战略，企业进行数字化转型，实现有效的数据挖掘与数据共享，有效缓解企业内外部信息不对称水平（Goldfarb and Tucker，2019），提高企业资源配置效率与投资效率（韦庄禹，2022）；数字化转型推动信用体系的建设和发展，缓解企业融资约束（李闻一和潘珺，2021），提高风险承担水平（黄大禹等，2022；王守海等，2022），有利于企业价值创造。对于创新战略，企业进行探索性创新有助于企业创新成果的增加（乔朋华等，2022），采用差异化战略有利于形成竞争优势（翟胜宝等，2021），从而提高生产效率、降低成本、提高投资回报率和可持续增长率，增加企业价值。

3. 财务因素

财务因素方面，现金持有水平、资产配置、资本结构、财务柔性、会计信息等直接影响企业价值的高低。对于现金持有，企业持有较多的现金为经营、投资活动提供支持（Nikolov and Whited，2011；温倩和余林昕，2020），提高企业价值，但也可能导致管理层过度投资或关联方占用等（Dittmar and Mahrt，2003），不利于企业价值提高。对于资产配置，企业金融资产将降低研发投入和资本投资，抑制企业经营业务全要素生产率的提升（戚聿东和张任之，2018）；商誉减值不利于股票流动，导致企业股价下跌、股价崩盘风险加大，不利于企业价值增长（Henning，2000；林爱梅和杨丹，2022）。对于资本结构，资本结构与企业价值之间具有负向关系（Booth et al.，2001；连玉君和程健，2006），即企业负债占总资产的比例越大，企业价值呈现一种越低的状态。对于财务柔性，财务柔性有利于企业在面对不确定性风险时，利用较强的资金筹措能力满足突然的资金需求，保证企业可持续运转，提升企业价值（ALVAREZ，2014；熊正德和顾晓青，2022）。对于会计信息，会计信息透明度和会计稳健性（Danielsen et al.，2014；Dhaliwal et al.，2014）缓解企业内外部信息不对称水平、优化企业资源配置，促进企业价值创造（谢获宝和黄大禹，2021）。

4. 外部因素

外部因素方面，媒体关注、政府审计、政企关系、经济政策等可以发挥治理机制，提升企业价值。对于媒体关注，媒体关注带来的市场压力会改变管理者的行为（于忠泊，2011），有助于降低企业权益资本的成本（卢文彬等，2014），吸引更多的消费者（Schuler and Cording，2006），有利于企业利润的提升，对企业绩效产生显著的正面影响（李慧云等，2016）。对于政府审计，政府审计有利于促进国有企业内控制度更加完善（池国华等，2019）、增加管理层的政治成本和契约成本，从而有效降低盈余管理程度（陈宋生等，2013）、提升风险承担水平（王美英等，2019）、减少过度投资（王兵等，2017）、提高创新投入和创新产出（褚剑等，2018），最终提升企业价值。对于政企关系，学术界关于政企关系对企业价值的影响暂未形成一致的意见。一方面，政治关联有利于企业价值提升，拥有政治关联性的企业受到较少的融资约束，相对于一般企业获得税收减免、政府补贴等优惠可能性更大，具有更高的风险承担能力，有利于企业价值创造（Faccio et al.，2006；

刘建秋和盛梦雅，2017）。另一方面，政治关联抑制企业价值创造。企业需要不断付出各种成本以维持政治关联性（张天舒等，2018），不利于企业价值创造。对于经济政策，减税降费政策降低企业的资金压力，抑制企业金融化行为，从而有利于企业价值创造（张瑞琛等，2022）；经济政策不确定性将直接影响企业投融资决策，从而影响企业价值创造（冯明，2022）；柔性税收征管正向影响企业研发投入（杜剑等，2021）。此外，文化和宗教等社会规范（Sultz and Williamson，2003）也会约束企业生产经营活动，对企业价值产生显著影响。

（二）财务共享服务中心对企业整体价值的影响研究

根据案例研究和调研报告，财务共享服务中心建成后对企业价值的提升既有促进作用，也有抑制作用。

一方面，财务共享服务中心的建立对企业具有促进作用，包括成本降低、经营效率提高和集团管控加强，从而提升整体企业价值。首先，选择适当的地理位置和采用规模化作业有助于成本降低。财务共享服务中心可以充分利用人力成本和办公成本相对较低的欠发达地区，以获取明显的成本优势（张庆龙，2017），从而提高企业的竞争力，实现最大化的企业价值。此外，财务共享服务中心可以对业务、财务和税务等流程进行资源的重新组合和优化，集中处理大量同质性和日常性的资源和业务（何瑛，2010），实现规模效应下的成本降低（McDowell and Jim，2011）。其次，数据共享、一体化平台和高效利用人才等因素有助于提高经营效率。在财务共享服务中心的模式下，不同子公司或机构的财务和业务数据更容易整合（陈虎，2011；李闻一和刘东进，2015），实现高质量供应链信息的实时传递（郭茜等，2013）。同时，财务共享服务中心将形成战略财务、业务财务和共享财务的三棱柱模型，财务组织呈现平台化和扁平化，提供更高的服务质量和处理效率（Jackson，1997；李闻一等，2017）。这使得管理层能够更多地专注于战略性和经营性问题，从整体上提高经营效率。最后，财务共享服务中心的建立提高了信息透明度，并增强了企业内部的管控能力。财务共享服务中心实现了信息流、资金流和物流的一体化（张瑞君和张永冀，2008），加强了对财务信息的监管，解决了分散组织结构导致的低财务透明度问题（Lindvall and Iveroth，2011）。这有助于减少人为差错，并加强整个集团的管控力度。

另一方面，一些学者认为财务共享服务中心的建立可能会带来一些抑制作用，包括短期成本上升、组织变革困难以及业财分离等问题。首先，财务共享服务中心的建设和运营需要投入场地、资金和人才资源。许多企业的信息技术水平仍停留在数据存储于不同系统的阶段，与财务共享服务中心的要求存在较大差距（黄庆华等，2014）。因此，企业需要增加信息技术投入，这将导致较高的运营和维护成本（王德宇，2015）。其次，财务共享服务中心的建设过程将引起内部组织结构的变革。原本负责财务工作的员工将面临人员调动、岗位职责调整、管理职能变化、工作量变动等多方面的挑战。这容易引起员工的不满和抵触情绪，对财务共享服务中心的建设和正常运营不利。最后，财务共享服务中心将财务职能集中起来，使财务工作与一线业务工作相分离。这可能导致业务与财务之间的分离，会计控制与经济业务执行之间的脱节。这增加了潜在的经营风险和系统性错误风险，对企业原有的内部控制体系构成挑战（姚丹靖等，2014）。这种内部环境的不确定性可能对企业的价值产生负面影响（王桂花，2015）。

（三）文献述评

综上所述，财务共享服务中心建成后对企业价值的影响依然是一个探索性的话题，现有文献并未将两者进行理论连接，主要通过调查报告和案例研究的方式归纳出财务共享服务中心通过成本、经营效率和内部控制质量等主要因素影响企业价值创造，但关于财务共享服务中心给企业带来的影响是促进还是抑制仍存在争论，冲突性结论不利于财务共享服务中心健康有序的发展。并且，现有研究结论都是通过调查报告和案例研究的方式得出，样本单一和研究方法存在局限，财务共享服务中心影响企业价值的正反结论令人存疑。只有建立数理模型，基于大样本数据进行实证检验，才能验证财务共享服务中心对企业价值的影响，以及其影响的机理渠道。

第三章

财务共享服务中心选址和经济后果

第一节　问题引入

　　随着企业规模的扩大、业务分布的广泛和子公司数量的增加，越来越多的企业选择建立财务共享服务中心，以提高财务管理水平并探索新的财务管理模式。其中，选址是财务共享服务中心规划设计中至关重要的环节，对业务效率、资源配置和组织架构设计等方面有直接影响。如果选址决策与企业发展不相适应，那么可能会面临招聘困难、高运营成本和难以提升效率等问题。

　　学者们一直在探讨影响选址的关键因素，如运营成本、人力资源、交通和通信基础设施、房地产价格或租金、经济环境（Golnik，2017）、与总部沟通便利与否（Deloitte，2011）、市场规模、政府税收优惠政策和法律制度等。实践界和第三方组织也对财务共享服务中心选址的影响因素进行了研究，如人力成本、办公成本、人才质量和地区竞争力等（Accenture，2014）。在财务共享服务中心的建设中，降低成本一直被视为重要的选址因素。然而，在不断变化的全球经济政治环境和税收法规的影响下，仅以成本为主要选址因素可能缺乏长远考虑（Deloitte，2017）。不同的选址影响因素会影响选址决策，例如强生公司由于选址地人才供应不足，面临人员招聘困难的问题。为了获得人才优势并降低成本，康明斯公司将其财务共享服务中心从北京迁移到武汉。因此，财务共享服务中心的选址决策会对企业的经济结果产生影响。如果选址决策与企业自身战略不符，可能会导致高运营成本等问题，影响企业的效率（陈新巧，2019）。

目前，财务共享服务中心选址的影响因素研究主要采用定性方法，其说服力有所不足。同时，选址对企业经济后果的研究也仅限于归纳性的结论。许多国内外文献通过经验总结和案例分析的方法发现，财务共享服务中心能够降低成本（Dollery et al.，2009）、改善服务质量、提高工作效率（Raudla and Tammel，2015）、加强集团管控（李闻一和刘东进，2015）、降低风险（Lindvall and Iveroth，2011）以及强化核心业务（Lindvall and Iveroth，2011）等。虽然只有少数学者采用实证方法进行研究，但他们的研究结果具有重要意义。例如李闻一和潘珺（2021）的研究发现，建立财务共享服务中心可以改善企业内部控制质量，并提高企业的商业融资规模；刘娅和干胜道（2021）的研究表明，企业集团建立财务共享服务中心可以显著提升企业的绩效。虽然财务共享服务中心选址的影响因素已经得到了定性方法的一定探讨，但关于选址的经济后果仅仅提到了选址不当可能会影响企业的运营成本和效率。因此，采用定量方法对财务共享服务中心选址的关键影响因素和经济后果进行研究具有重要的理论回答和现实价值。

第二节　研究假设和研究设计

一、研究设计

基于大样本数据研究财务共享服务中心选址的关键影响因素，并对不同企业财务共享服务中心选址的关键影响因素进行异质性分析。

通过从百度、谷歌等网站获取与"财务共享服务中心选址"和"共享服务中心选址"相关的信息，并利用知网和 EBSCO 数据库检索相关文献。通过词频统计法，总结出以下 23 个因素，具体如表 3 - 1 所示。

表 3 –1　　　　　　　　财务共享服务中心选址的影响因素

影响因素	次数
人力成本	89
人力资源	82
政府优惠政策	56
通信基础设施	37
交通基础设施	22
房产价格	38
与总部沟通的便利	37
人才质量	26
经济发展水平	11
文化环境	9
自然环境	8
地区竞争力	7
市场规模	7
时差	7
财务共享服务中心的业务规模	6
财务共享服务中心的定位	5
财务共享服务中心的运营模式	4
财务共享服务中心的长期战略	4
财务共享服务中心的服务范围	4
财务共享服务中心的服务质量	4
财务共享服务中心的服务成本	3
经济和货币稳定	3
政治稳定和开放	3

　　针对中国境内的财务共享服务中心进行选址，显然时差不是一个重要因素。此外，定位、业务规模、运营模式、长期战略、服务范围和服务质量等因素数据难以获取，因此不被考虑。服务成本主要包括人工成本，因此无须考虑服务成本因素。经济和货币稳定、政治稳定和开放性这两个因素在中国的各个省份之间差异不大。最终，选取了人力成本、人力资源、政府优惠政策、通信基础设施、交通基础设施、房产价格、与总部沟通的便利、人才质量、经济发展水平、文化环境、自然环境、地区竞争力和市场规模等 13 个

关注度较高且具有普遍性的因素作为解释变量。具体变量设计如表 3 - 2
所示。

表 3 - 2　　　　　　　　　　解释变量设计说明

变量	简称	衡量指标	来源
人力成本	HC	各省份职工年平均工资（元）	蒋含明（2015）
人力资源	HR	各省份普通高等学校学生数（万人）	宋美丽（2010）
政府优惠政策	GP	各省份政府发布了引进投资、税收等优惠政策的取1，否则为0	吴联生（2009）
通信基础设施	CI	各省份人均邮电业务总量（万元）	边志强（2014）
交通基础设施	TI	各省份（公路＋铁路总里程）/各省的国土面积（万公里/万平方千米）	
房产价格	HP	各省份办公楼商品房平均销售价格（元/平方米）	朱大鹏和陈鑫（2017）
与总部沟通的便利	CH	各省份财务共享服务中心在总部城市的个数占全国的比重（%）	黄肖琦和柴敏（2006）
人才质量	TQ	各省份普通高等学校学生数/总人口（%）	田素华和杨烨超（2012）
经济发展水平	GDP	各省份人均 GDP（元/人）	刘瑞明和赵仁杰（2015）
文化环境	CE	各省份文明城市的个数（个）	吴海民等（2015）
自然环境	NE	各省份自然灾害的直接经济损失（亿元），该值越大，自然环境越差	殷杰（2009）
地区竞争力	PC	各省份综合竞争力所属区，下游区为1，中游区为2，上游区为3，3 表示地区竞争力最强，2 表示居中，1 表示最弱	江海潮和张彬（2008）
市场规模	MZ	各省份人均国内生产总值/全国平均水平（%）	郝翠红（2014）

注：解释变量中人力成本、人力资源、通信基础设施、交通基础设施、房产价格、人才质量、经济发展水平、自然环境和市场规模的数据来自国家统计局网站（http：//www.stats.gov.cn/），政府优惠政策数据来源于各省份招商网站，与总部沟通的便利数据来源于《2018 中国共享服务领域调研报告》智联招聘网站、百度、谷歌以及学术论文，文化环境数据来源于中国文明网（http：//www.wenming.cn/），地区竞争力数据来源于2007~2018 年《中国省域竞争力蓝皮书》，西藏、吉林、宁夏和青海 4 个地区数据缺失已被剔除。

由于样本数据在时间上没有连续性，如海南省在 2017 年才有企业开始建立财务共享服务中心，而其他省份早已有企业建成了财务共享服务中心。因此，借鉴吴勇和林悦（2013）的研究建立非平衡面板模型如下：

$$Y_{it} = \alpha + \beta_1 HC_{it} + \beta_2 HR_{it} + \beta_3 GP_{it} + \beta_4 CI_{it} + \beta_5 TI_{it} + \beta_6 HP_{it} + \beta_7 CH_{it}$$
$$+ \beta_8 TQ_{it} + \beta_9 GDP_{it} + \beta_{10} CE_{it} + \beta_{11} NE_{it} + \beta_{12} PC_{it} + \beta_{13} MZ_{it} + \varepsilon_{it} \qquad (3.1)$$

被解释变量 Y 为各省份财务共享服务中心的个数占全国的比重，α 为常数，ε 为随机扰动项。本部分选取 1995～2020 年建成了财务共享服务中心的企业作为样本（包括中国企业和外资企业建立的财务共享服务中心），财务共享服务中心建成的时间和所处的省份信息来源于中国共享服务领域调研报告、智联招聘网站、百度、谷歌以及学术论文。

二、实证结果及分析

（一）描述性统计

样本描述性统计如表 3 – 3 所示，各省份财务共享服务中心的个数占全国的比重 Y 的标准差为 0.125，那么可以得出结论，表明财务共享服务中心在各省份之间的分布存在不均衡性，并且各省份之间存在差异。

表 3 – 3　　　　　　　　　各变量描述性统计

变量	N	mean	sd	min	max
Y	161	0.130	0.125	0.0182	1
HC	161	61 000	31 000	7 800	180 000
HR	161	100.4	52.16	11.91	240.0
GP	161	0.379	0.487	0	1
CI	161	0.333	0.334	0.0206	1.951
TI	161	1.149	0.462	0.113	2.223
HP	161	12 000	7 400	2 200	38 000
CH	161	0.117	0.166	0	1

变量	N	mean	sd	min	max
TQ	161	0.0207	0.00630	0.00220	0.0353
GDP	161	60 000	32 000	5 400	160 000
CE	161	1.143	0.987	0	4
NE	161	76.56	126.1	0	837.7
PC	161	1.081	1.346	0	3
MZ	161	1.458	0.728	0.485	3.736

注：由于 Y 变量定义为各省份财务共享服务中心的个数占全国的比重，进行异质性分析时出现观测值不一致的情况属于正常，例：同一省份建立财务共享服务中心的企业可能既有在国有企业也有民营企业。

（二）实证结果及分析

首先进行多重共线性检验，人力成本（HC）和经济发展水平（GDP）的 vif 值超过 10，因此将其剔除，保留 vif 值在 10 以下变量。采用 Swamy - Arora 的方差分解估计法对上述模型进行参数估计，回归结果如表 3 - 4 所示，人力资源（HR）、房产价格（HP）的系数分别在 1% 的水平上显著为正，这说明人力资源越丰富、房产价格高的地区，财务共享服务中心越多。财务共享服务中心建设成本并不是考虑的首要因素，现在更注重建设地区的人力资源的质量，在房产价格高的城市也会有更多的人才聚集，财务共享服务中心需要高质量、高素质的人才才能提供更好的服务。政府优惠政策（GP）是吸引企业选址的重要因素，政府部门的支持能帮助企业更顺利地建立起财务共享服务中心。与总部沟通的便利（CH）在 1% 的显著水平上呈正相关。这表明与总部沟通的便利是财务共享服务中心选址时的关键因素之一。许多企业选择在总部城市设立财务共享服务中心，以充分利用总部的后勤资源，实现与总部的便捷沟通和顺畅的工作交流。与此同时，其他变量的系数并不显著，这意味着人力资源、政府优惠政策、房产价格和与总部沟通的便利是财务共享服务中心选址时的关键影响因素。这表明企业在选址决策时更加关注这些因素，并在这些方面进行权衡和考虑。

表 3-4　　　　　　　　　　　全部样本的回归结果

变量	系数	T 值
HR	0.000280 ***	2.92
GP	0.030188 ***	3.56
CI	0.027218	0.74
TI	-0.005001	-0.42
HP	0.000003 ***	3.03
CH	0.113100 ***	3.74
TQ	-0.627628	-0.68
CE	-0.001078	-0.23
NE	0.000011	0.30
PC	0.006795	0.68
MZ	0.005041	0.44
C	0.030918	1.38

注：*** 表示在1%水平上统计量显著。

标准回归系数（Beta 值）绝对值的大小直接反映了关键因素对财务共享服务中心选址的影响程度。上述四个因素的标准回归系数（Beta 值）如表 3-5 所示，四大关键影响因素对财务共享服务中心选址的影响程度大小排序为：房产价格（HP）>与总部的沟通便利（CH）>政府优惠政策（GP）>人力资源（HR）。这表明，房产价格被认为是最重要的因素，其次是与总部的沟通便利和政府优惠政策，而人力资源的影响程度相对较小。

表 3-5　　　　　　　　　　　标准化回归系数

变量	HR	GP	HP	CH
Beta 绝对值	0.139	0.141	0.205	0.180

（三）异质性分析

最新研究发现，大规模企业更倾向于建立财务共享服务中心。同时，跨国企业、国有企业和私营企业在财务共享服务中心选址策略上也存在较大差异（李闻一等，2018）。此外，财务共享服务中心在行业和地域上的分布也呈现不均衡性。因此从所有制性质、行业、规模和地区四个方面进行异质性分析。

1. 所有制性质异质性检验

将样本根据国有企业、民营企业和外资企业进行划分，检验不同所有制性质的企业在财务共享服务中心选址的考虑因素上是否有显著差异，结果如表 3-6 所示。

表 3-6　　　　　　　　　　　所有制异质性检验

变量	(1) 国有	(2) 民营	(3) 外资
HR	0.000201 (1.28)	0.000525 *** (3.05)	−0.000217 (−0.43)
GP	0.000063 (0.00)	0.038969 * (1.94)	0.034569 (1.01)
CI	0.032586 (0.40)	0.190505 ** (2.14)	−0.074133 (−0.36)
TI	−0.026853 (−1.15)	−0.024170 (−1.06)	0.046273 (0.78)
HP	−0.000000 (−0.20)	−0.000000 (−0.17)	0.000003 (0.70)
CH	0.201658 *** (4.13)	0.079670 (1.64)	0.087028 (1.45)
TQ	0.828520 (0.43)	−1.311529 (−0.46)	−1.472522 (−0.39)
CE	−0.001347 (−0.18)	−0.030705 *** (−3.44)	−0.012532 (−0.58)
NE	0.000067 (1.29)	−0.000042 (−0.48)	−0.000032 (−0.16)
PC	0.017408 (1.01)	0.004276 (0.27)	0.020587 (0.55)
MZ	0.035519 (1.09)	0.022481 (0.74)	−0.009860 (−0.28)
Constant	0.054322 (1.11)	0.146689 ** (2.75)	0.243978 *** (2.86)
Observations	82	54	65
R^2	0.9098	0.9660	0.8427

注：***、**、*分别表示在1%、5%和10%水平上统计量显著。

由表 3 - 6 可知，列（1）所示的国有企业样本中，CH 的系数在 1% 的水平上显著为正，这个结果表明国有企业在财务共享服务中心选址时更注重与总部的沟通便利性，可能是因为与总部保持紧密联系对于国有企业的决策和管理更为重要。然而，人力资源、房产价格和政府优惠政策等因素对国有企业的财务共享服务中心选址没有显著影响，说明国有企业更倾向于在靠近总部的地区设立财务共享服务中心，这可能是因为国有企业在这些方面有较为稳定和有利的资源和政策支持。

民营企业样本中，HR、CI、GP 的系数在 1%、5%、10% 的水平上显著为正，说明对于民营企业来说，财务共享服务中心选址的最关键因素是人力资源，其次是通信基础设施建设，最后是政府优惠政策。这表明民营企业并不要求财务共享服务中心建设在总部所在城市，而更注重选址城市的人力资源、通信基础设施建设和政府优惠政策。通信基础设施建设对财务共享服务中心的运营起着重要的信息技术支持作用，通信设施的好坏与否直接影响着财务共享服务中心的运行。CE 的系数在 1% 水平上显著为负，这说明民营企业不太愿意在文明程度高的城市建立财务共享服务中心，可能是因为人民素质高、文化环境好的地方会给企业带来较高的成本压力。

对于外资企业样本，各变量系数均不显著。这可能与样本量有关，并且也说明企业性质的不同可能导致财务共享服务中心选址的影响因素不同。

总之，国有企业在财务共享服务中心选址时更注重与总部的沟通便利性，而不太关注人力资源、房产价格和政府优惠政策等因素；民营企业在财务共享服务中心选址时更注重人力资源、通信基础设施建设和政府优惠政策这三个因素，而不太关注财务共享服务中心与总部所在城市的关系；而外资企业样本的检验结果可能受到样本量的影响，并且企业性质的不同可能会导致选址的影响因素有所差异。

2. 行业异质性检验

由于样本规模有限，因此应该重点关注制造业企业和非制造业企业在财务共享服务中心选址影响因素方面的差异。尽管样本规模有限，但仍可以通过初步的比较分析来探索两个行业之间的差异。检验结果如表 3 - 7 所示。

表 3 - 7　　　　　　　　　　行业异质性检验

变量	（1） 制造业	（2） 非制造业
HR	− 0.000049 （− 0.19）	0.000414 * （1.99）
GP	0.043395 ** （2.35）	0.048429 *** （2.78）
CI	− 0.020794 （− 0.28）	− 0.036260 （− 0.39）
TI	0.067811 ** （2.44）	− 0.036849 （− 1.19）
HP	0.000000 （0.20）	0.000003 * （1.69）
CH	− 0.031137 （− 0.68）	0.079610 （1.24）
TQ	− 1.104395 （− 0.53）	− 2.780912 （− 1.43）
CE	− 0.016128 （− 1.49）	− 0.010358 （− 1.10）
NE	0.000011 （0.09）	0.000018 （0.29）
PC	0.007138 （0.29）	0.001655 （0.08）
MZ	− 0.014581 （− 0.55）	0.038198 （1.21）
Constant	0.167176 *** （3.50）	0.138132 ** （2.60）
Observations	91	102
R^2	0.9207	0.9133

注：*** 、** 、* 分别表示在 1%、5% 和 10% 水平上统计量显著。

由表 3 - 7 可知，在制造业样本中，政府优惠政策（GP）和交通基础设施（TI）的系数在 5% 的显著水平上为正。从标准回归系数来看，交通基础设施（TI）的系数（0.165）大于政府优惠政策（GP）的系数（0.105）。这说明制造业企业在财务共享服务中心选址时首先考虑交通基础设施，其次是政府优惠政策。这可能是因为对于制造业企业的生产特点和产品特性而言，交通运输的便利性非常重要，对其发展具有重要作用。因此，制造业企业更加重视财务共享服务中心选址城市的交通基础设施。此外，制造业对于人才质量和人力资源等因素的需求可能较低，因为对一线工人的需求相对较大。

在非制造业样本中，政府优惠政策（GP）、人力资源（HR）和房产价格（HP）的系数分别在1%、10%、10%的显著水平上为正。从标准回归系数来看，房产价格（HP）的系数（0.139）大于政府优惠政策（GP）的系数（0.123），而政府优惠政策（GP）的系数又大于人力资源（HR）的系数（0.109）。这说明非制造业企业在选择财务共享服务中心的地址时更加关注地区的房产价格，其次是政府优惠政策和人力资源。与制造业不同，非制造业企业在选址时对交通设施的要求不高，更看重地区房产价格和地区人力资源的丰富度。这可能是因为非制造业企业的经营特点和服务性质导致其对房产价格和人力资源的关注程度较高。

总之，制造业和非制造业企业在财务共享服务中心选址影响因素上存在一定差异。制造业更加注重交通基础设施和政府优惠政策，而非制造业更注重房产价格和人力资源。这种差异可能与两个行业的生产特点和经营需求有关。

3. 规模异质性检验

由于外资企业财务共享服务中心的业务包含亚太其他地区，且规模较大，因此只将总部在中国的企业进行规模分类，样本中营业收入在500亿元以上的企业占了将近一半，考虑到实证的可行性，将样本分为营业收入在500亿元以上和500亿元以下。实证结果如表3-8所示。

表3-8　　　　　　　　　　规模异质性检验

变量	（1） 500亿元以上	（2） 500亿元以下
HR	0.000757 ** （2.66）	0.000467 （1.61）

变量	（1） 500 亿元以上	（2） 500 亿元以下
GP	0.027059 （0.97）	−0.009803 （−0.34）
CI	0.146084 （0.90）	0.081568 （0.72）
TI	−0.027761 （−0.80）	−0.044055 （−1.09）
HP	0.000003 （1.00）	0.000002 （0.59）
CH	0.203469* （1.82）	0.278690* （1.98）
TQ	1.613446 （0.55）	6.448604* （1.77）
CE	−0.014133 （−1.05）	0.011894 （0.79）
NE	−0.000129 （−1.31）	−0.000002 （−0.02）
PC	0.008514 （0.15）	0.001455 （0.12）
MZ	−0.032481 （−0.78）	−0.053980 （−1.03）
Constant	0.065978 （0.78）	−0.019937 （−0.22）
Observations	56	93
R^2	0.7873	0.6548

注：**、*分别表示在5%和10%水平上统计量显著。

由表3−8可知，营业收入在500亿元以上的企业在进行财务共享服务中心选址时，最关键的因素是人力资源和与总部沟通的便利。这可能是因为规模较大的企业往往拥有更多的子公司、更复杂的组织结构和更多样的业务分布，因此更需要财务共享服务中心选址在与总部沟通便利的地方，以提高集团总部的管理和控制能力，以及业务运作效率。而营业收入在 500 亿元以下的企业，最关注的因素是人力资源和人才质量。这可能是因为规模较小的企业在选址时更加注重人力资源的稳定性和能力，以支持财务共享服务中心的运营和业务发展。

总的来说，规模越大的企业对财务共享服务中心选址在与总部沟通便利的地方更为关注，以提高管理和控制效能，而规模较小的企业更注重人力资源的稳定性和能力。这一差异可能是由于企业规模的不同带来的管理和运营需求的差异。

4. 地区异质性检验

将样本划分为东部、中西部进行异质性检验，结果如表 3 - 9 所示。

表 3 - 9   地区异质性检验

变量	（1） 东部	（2） 中西部
HR	0.000220 （1.63）	0.000438 ** （2.66）
GP	0.027639 ** （2.04）	0.008888 （0.83）
CI	− 0.018527 （− 0.37）	0.023956 （0.20）
TI	− 0.016647 （− 0.77）	− 0.015836 （− 1.39）
P	0.000002 （1.52）	− 0.000001 （− 0.34）
CH	0.236884 *** （4.90）	− 0.195363 * （− 1.90）
TQ	− 3.750104 ** （− 2.43）	0.141498 （0.11）
CE	− 0.006657 （− 0.88）	0.001355 （0.28）
NE	0.000046 （0.68）	0.000006 （0.17）

续表

变量	（1） 东部	（2） 中西部
PC	0.037961 (0.72)	0.002800 (0.27)
MZ	0.051598 ** (2.58)	0.013285 (0.63)
Constant	0.016024 (0.24)	0.064393 ** (2.03)
Observations	87	72
R^2	0.8978	0.9756

注：***、**、*分别表示在1%、5%和10%水平上统计量显著。

由表3－9可知，东部地区样本 CH、GP、MZ 分别在1%、5%、5%的水平上显著为正，TQ 在5%的水平上显著为负，结合标准回归系数的绝对值：CH（0.424）＞MZ（0.312）＞TQ（0.223）＞GP（0.118），东部地区财务共享服务中心选址时最为关键的影响因素为与总部沟通的便利，其次是人才质量、市场规模，最后是政府优惠政策。对于东部地区而言，与总部沟通的便利性对财务共享服务中心的选址影响最为显著。这可能是因为东部地区企业较多，总部所在城市与其他地区之间的沟通交流更加频繁，因此在选址时更看重与总部沟通的便利性。此外，人才质量和市场规模也是重要的考虑因素，因为高人才质量地区的建设成本较高，市场规模较大的地区能够为财务共享服务中心带来更多的商机。

在中西部地区样本中，人力资源和与总部沟通的便利性两个变量显著。人力资源丰富度对财务共享服务中心的选址有正向影响，而与总部沟通的便利性对其有负向影响。与东部地区相比，中西部地区在财务共享服务中心选址时不太重视与总部沟通的便利性，更注重选择人力资源丰富的地区进行建设。

总的来说，东部地区财务共享服务中心选址的关键影响因素是与总部沟通的便利性、人才质量和市场规模。而中西部地区更注重人力资源丰富度和与总部沟通的便利性。这种差异可能是由于不同地区的发展情况、企业规模和资源分布等因素引起的。需要注意的是，这些结论仅基于提供的数据，并需要进一步的研究来验证和深入分析。

第三节　进一步研究

强化总部管控力度、提高工作效率和成本节约是财务共享服务中心实施后的显著成效，财务共享服务中心选址的差异必定会对企业的发展产生影响。在中国，大多数财务共享服务中心选址在大城市，特别是一线城市。一些国有企业将财务共享服务中心设立在集团总部所在的一线城市，如北京、上海、广州和深圳等。然而，这种选址策略可能面临一些挑战，比如无法辞退会计核算人员，导致人员数量过多，管理难度增加，成本居高不下。一线城市的人工成本、办公楼占用成本、交通成本和物价相对较高，这是否会导致一线城市和非一线城市的财务共享服务中心在成本方面存在差异？因此，将财务共享服务中心的选址分为一线城市和非一线城市，并研究不同选址方式对企业成本和效率的影响。这样的研究将帮助企业更好地理解不同选址策略的优劣，并为企业在财务共享服务中心选址方面提供有益的参考。

一、研究设计

考虑到2005年国内第一家财务共享服务中心建成，以下选取2005～2020年建成财务共享服务中心的沪深上市公司为研究样本，剔除其中金融业公司和ST公司，其中26家建立在一线城市，采用倾向得分匹配法（PSM），根据行业和规模为其1∶1匹配了建立在非一线城市的26家企业，匹配后两组样本数据的匹配变量不存在显著性差异，匹配效果良好。

财务共享服务中心选址在一线城市的企业赋值为1，即FSSC1＝1，否则为0，即FSSC1＝0，选取营业成本率和管理费用率两个指标比较成本因素。

二、实证结果及分析

配对后行业和规模的标准偏差的绝对值为 3.2% 和 3.7%，远小于 10%，匹配效果较好，平衡性检验结果如表 3 - 10 所示。

表 3 - 10 平衡性检验

变量	Unmatched Matched	Mean		% bias	% reduct | bias |	t - test		V(T)/V(C)
		Treated	Control			T	p > | t |	
Ind	U	5.1154	4.1481	40.4	92.0	1.76	0.082	1.52
	M	5.1154	5.0385	3.2		0.11	0.912	1.24
Size	U	24.835	24.77	4.3	13.0	0.19	0.852	1.68
	M	24.835	24.892	-3.7		-0.13	0.898	1.40

注：表中"U"代表匹配之前的样本，"M"代表匹配之后的样本。

财务共享服务中心选址在一线城市和非一线城市的企业进行 Wilcoxon 秩和检验，检验结果如表 3 - 11 所示。

表 3 - 11 Wilcoxon 秩和检验结果

财务指标	Wilcoxon 秩和检验值
营业成本率	0.0276 ** (-2.202)
管理费用率	0.0364 ** (-2.092)

注：** 表示在 5% 水平上统计量显著。

由表 3 - 11 可知，财务共享服务中心选址在一线城市的企业与非一线城市的企业营业成本率和管理费用率的 Wilcoxon 秩和检验的 P 值分别为 0.0276 和 0.0364，说明选址在一线城市的企业与非一线城市的企业的营业成本率和管理费用率均存在显著差异。从 z 值的计算基准看，表明选址在非一线城市的企业的营业成本率低于一线城市的企业。

第四节 小 结

本章在研究财务共享服务中心选址因素时，选取1995～2020年建成了财务共享服务中心的企业（包括中国企业和外资企业）为样本，实证检验了财务共享服务中心选址的关键影响因素，并对不同企业财务共享服务中心选址的关键影响因素进行异质性分析，研究发现：第一，财务共享服务中心选址的关键影响因素为人力资源、政府优惠政策、房产价格、与总部沟通的便利四个因素；第二，从所有制性质来看，与总部沟通的便利因素影响国有企业对财务共享服务中心的选址，民营企业对财务共享服务中心选址受人力资源、通信设施建设、政府优惠政策、文化环境四个因素的影响；第三，从行业性质来看，制造业企业更加重视选址城市的交通基础设施和政府优惠政策，而非制造业企业更加关注房产价格、政府优惠政策、人力资源三个因素；第四，从规模来看，规模较小的企业发展需要人才，选址时考虑人力资源、人才质量两个因素，规模较大的企业更需要对加强对各地区分公司的管控，将地区人力资源的丰富度以及与总部沟通的便利作为选址的影响因素；第五，从地区来看，东部地区企业选址的影响因素包括与总部沟通的便利、人才质量、市场规模、政府优惠政策，中西部地区企业不要求与总部沟通的便利，更重视选址地区的人力资源情况；第六，选取2005～2020年建成了财务共享服务中心的沪深上市公司为研究样本，检验不同的选址方式对企业成本的影响，研究发现选址在非一线城市的企业管理费用率、营业成本率低于一线城市的企业。

| 第四章 |

财务共享服务中心和内部控制有效性

第一节　问题引入

　　财务共享服务中心借助先进的数字化技术和业务流程再造，实现财务流程化和规模化，企业期望这种以信息化和财务业务流程处理为基础的财务共享服务模式推动企业财务转型和集团管控能力上升（ACCA，2017；北京会计学院，2015），在事前和事中发现及控制问题，提高内部控制有效性。

　　到底财务共享服务中心建成后是否提升了内部控制有效性，迄今为止仍没有清晰的结论。持肯定态度的学者们认为，财务共享服务中心的建立对企业的内部组织资源、流程管理、信息化平台和考核监督机制等方面产生直接影响，进一步加强了集团企业的管控能力（张高峰等，2003；Janssen and Jo-ha，2008；何瑛，2010；ACCA，2017）。同时，财务共享服务中心能够优化内部控制流程，促进信息的传递和沟通，从而形成内部监管机制，实现对企业业务和财务流程的统一内部控制（刘娅和干胜道，2021）。而持否定态度的学者们认为，共享中心的集中化处理导致各分子公司管理层失去对下属财务部支配权产生不满情绪（McIvor et al.，2011；Borman and Janssen，2013），形成变革阻力，导致企业经营处于不稳定的状态，增加管控难度；共享财务、业务财务和战略财务分离，业务流转过程的控制力度被减弱，并且跨区域、跨业务的服务方式可能会引发问题责任不明的情况（Kennewell and Baker，2016），潜在的经营风险增加（姚丹靖等，2014；胡靖，2016），企业整体的风险管理效果较差（许汉友等，2019）不利于内部控制经营效率目标的实现，可能会对企业内部控制有效性产生不利影响。

基于此，本研究以中国 2004～2017 年沪深两市 A 股上市公司为样本，运用倾向得分匹配－双重差分（PSM－DID）模型，检验财务共享服务中心建成后是否提升了内部控制有效性，并进一步识别财务共享服务中心建成后影响内部控制的渠道机制。

第二节　研究假设和研究设计

一、假设提出

《企业内部控制配套指引》指出内部控制包含五个目标：经营管理的合法合规目标、资产安全目标、财务报告可靠目标、经营效率目标、发展战略目标。内部控制有效性就是指企业建立与实施内部控制对实现以上五个控制目标提供合理保证的程度（财政部会计司，2010），显然财务共享服务中心的建立，加强了内部控制，提升了内部控制五个目标的实现程度，对企业内部控制有效性提升有促进作用。

具体而言：第一，根据财务共享服务理论，通过将不同国家、区域的实体会计业务纳入财务共享服务中心统一处理，可以实现会计记录和报告的规范和结构的统一，其必然对现有组织架构产生冲击。财务共享服务中心建设完成后，会计业务如原始单据审核、报表编制、资金收付等全部集中于财务共享服务中心统一处理，分子公司和职能部门只需要负责原始单据的扫描和寄送，发票验真、合并报表编制和资金结算等由内部系统和外部生态链系统自动完成，这拦截掉大部分违反财经法纪的行为（张庆龙，2012）；财务共享服务中心的建立会带来组织规划和机制的改变（Lusk and Harmer，1999；Lindvall and Iveroth，2011），将组织构造分割成排除个人情感而相互独立的部分，对权力加以细致的界定，合理分配来自权力配置的收益，减少人为操作的可能，抑制违法违规行为，从而使企业经营业务更加合法合规。

第二，根据财务共享服务理论，财务共享服务中心对现有组织架构、业务流程和 ERP 系统等进行再设计、优化、集成和协同。财务共享服务中心的建立将人员、技术和流程等资源整合和重新配置，精细梳理集团内部控制点，挖掘流程中内部控制的关键点，内置系统控制点，将人为控制和系统控制有机结合，废除冗余步骤，实现跨部门跨职能控制，保证企业资产安全。比如，GE 等跨国企业财务共享服务中心采用标准化会计科目表和统一的财务系统，显著减少财务错误（Davis，2005），防止资产损失；财务共享服务中心在成员单位之间实施资金账号统一管理和实时监控（张瑞君等，2008；柯明，2008），甚至可以将资金统一为一个账号，以实现资金审批与资金收付的分离，从而确保资金的安全性。这种统一管理方式可以有效监控和控制资金流动，防止资金被滥用或挪用，提高整个集团内部的资金管理效率和风险控制能力。同时，财务共享服务中心通过对资金池的统一管理，在保障成员单位一定资金支配灵活性的前提下，有效减少了成员单位的融资成本，提高了资金的利用效率，降低了资产缩水的风险（李闻一和刘东进，2015）。通过集中管理资金，可以更好地利用闲置资金、降低资金成本，并实现更灵活、高效的资金运作，从而为企业创造更大的价值和竞争优势。

第三，财务共享服务中心的建立符合财务共享服务理论的标准化和规范流程目标，对企业的财务业务具有统一的政策、标准和流程（段培阳，2009）。它通过建立端对端传输机制，减少信息传递过程中的中间环节和管理层次，实现实时传递高质量的供应链信息（郭茜等，2013）。这样的机制有助于提升企业的信息透明度（Selden and Wooters，2011），降低信息不对称，并保证会计信息的可靠性。财务共享服务中心通过集成的共享系统服务平台，为整个集团的成员单位和个人提供会计服务，确保整个集团的会计信息一致、准确和有效。这种统一的平台和流程可以确保财务数据的一致性，为上市公司的财务报告提供可靠的数据基础，从而实现上市公司财务报告的可靠目标。通过实施财务共享服务中心，企业可以更好地管理和处理会计信息，提高企业的内部控制和管理水平，进一步增强企业的竞争力和可持续发展能力。

第四，根据财务共享服务理论的目标，财务共享服务中心致力于提升流程效率和降低成本。通过将大量同质性、日常性的资源和业务集中进行专业化处理，财务共享服务中心能够实现财务业务的规模化，从而降低企业的运营成本、提高财务服务质量和财务处理效率（Jackson，1997；李闻一等，2017）；同时，改善管理层疲于应付管理问题的情景，聚焦于战略性和经营性问题，从而提高经营效率；此外，财务共享模式使企业内不同子公司或机构的财务、业务数据更容易整合（李闻一和刘东进，2015），财务共享服务中心通过数据整合和跨职能共享，提供更高质量的财务分析和财务支持，提升企业经营预测、决策水平，为企业价值链的增值提供支持，进而提升经营效率。

第五，根据财务共享服务理论的目标，财务共享服务中心的建立是创造价值并支持企业战略转型。首先，通过减少辅助性职能的花费，财务共享服务中心可以释放资源，增加战略性投入和开拓性业务投入，从而促使财务从事务处理型向价值创造型转变。这有助于支持企业的全球化战略（张瑞君等，2010），并为企业提供战略决策所需的高质量、实时的财务信息和经营情况。其次，财务共享服务中心监督和掌握各成员单位的实时财务信息和经营情况，支持成员单位的业务价值评价。这有助于促使一线成员单位和职能部门服务于企业的战略目标和规划，实际推进战略目标的实现。此外，财务共享服务中心还行使参谋中枢的职能，为集团总部层面、各成员单位以及职能部门提供高价值的数据和信息。这支持集团内部各层面的战略决策，并提供有力的支持和指导。通过以上方式，财务共享服务中心实现了为企业创造价值，推动战略转型和实现战略目标的重要作用。

基于上述分析，提出如下假设：

H4 - 1：财务共享服务中心建成后对上市公司的内部控制有效性有提升作用。

二、研究设计

（一）样本选择与数据来源

考虑到选用 PSM - DID 模型，采用财务共享服务中心建成年度的前两年进行样本匹配；同时考虑到 2005 年 8 月中兴通讯开展财务共享服务试点，2006 年 2 月其财务共享服务中心作为国内首家财务共享服务中心正式成立的情况，因此，本研究选取了 2004～2017 年在沪深两市上市的 A 股公司作为研究样本。针对每个上市公司，研究采用了多种数据收集方法。首先，利用 Python 工具和手工收集的方式，从公开媒体、网页或公司网站等渠道获取了上市公司公开报道中关于财务共享服务中心建成年份的数据。例如，通过查阅相关网络信息，获得了中国铁建公司财务共享服务中心于 2013 年正式挂牌成立的信息。其次，研究依托湖北省财务共享服务学会，对样本单位进行了电访和实地访谈，以补充缺失或不确定的财务共享服务中心建成年份数据。

本书使用的上市公司内部控制质量数据来源于深圳迪博发布的"迪博·中国上市公司内部控制指数"。该指数综合考虑了合法合规、资产安全、财务报告可靠、经营效率、发展战略五个方面的指标，并根据内部控制的重大缺陷进行了补充和修正，以全面反映上市公司的内部控制质量。

为确保研究结果的准确性，本部分在样本选择过程中剔除了 ST 公司，并排除了内部控制有效性相关数据缺失的公司。最终，研究样本包括 2 932 家上市公司的 25 578 个年度观测值，其中，82 家公司在研究期间建立了财务共享服务中心，而 2 850 家公司未建立，其他财务数据来源于 Wind 资讯数据库和 CSMAR 数据库，以确保数据的全面性和准确性。

（二）模型设计及相关变量说明

为了缓解上市公司建成财务共享服务中心对内部控制有效性的潜在内生性问题，本部分借鉴了方和田（Fang and Tian，2014）以及余明桂等（2016）的研究方法，采用了倾向得分匹配法。在该方法中，将样本期间建立了财务共享服务中心的企业（实验组）与在样本期间未建立财务共享服务中心的企业（对照组）进行匹配（李栗，2020）。通过倾向得分匹配，确保实验组和对照组在可观察到的企业特征上具有相似性。构建 Probit 模型如下：

$$
\begin{aligned}
FSSC_{i,t} = {} & \alpha + \beta_1 \times IND_{i,t} + \beta_2 \times Soe_{i,t} + \beta_3 \times ROA_{i,t} + \beta_4 \times Age_{i,t} \\
& + \beta_5 \times Grow_{i,t} + \beta_6 \times Lev_{i,t} + \beta_7 \times Dual_{i,t} + \beta_8 \times Size\_G_{i,t} \\
& + \eta_t + \xi_i + \varepsilon_{i,t}
\end{aligned}
\tag{4.1}
$$

模型（4.1）中，FSSC 为虚拟变量，若为企业当年建成了财务共享服务中心取 1，否则取 0；选取影响企业建成财务共享服务中心的因素进行样本筛选和匹配，以保证匹配过程的合理性和准确性，具体匹配变量选取如表 4 - 1 所示。

表 4 - 1　　　　　　　　　　　匹配变量选取情况

变量名称	理论依据	参考来源
企业规模增长率（Size_G）	报告显示规模快速扩张的企业十分关注流程标准化问题，依赖财务共享服务中心复制标准化的运作模式，配合兼并和收购行动，支撑企业快速增长。因此选取企业规模增长率（Size_G）作为匹配变量	ACCA and Deloitte（2011）（《中国企业财务共享服务现状与展望》）
两职合一（Dual）	"管理层的支持"是财务共享服务中心取得成功的首要因素，其建设需要企业高层管理人员，尤其是一把手的坚决推行，如果上市公司董事长和总经理由同一人担任，财务共享服务中心的推行将更加有利，因此选取两职合一（Dual）作为匹配变量	安永 2015 年度报告（《技术变革驱动共享升级——2015 安永财务共享服务调查报告》）
行业（IND）	报告显示建成财务共享服务中心的企业中制造业占比较大，制造业产品分类和财务流程繁杂，更倾向于建立，因此选取行业（IND）作为匹配变量	
盈利能力（ROA）	报告显示建成财务共享服务中心的企业中，年销售收入较高的企业占比较大，经营销售业绩较好的企业更能满足建成财务共享服务中心所需的成本资源投入，因此选取盈利能力（ROA）、资产负债率（Lev）作为匹配变量	
资产负债率（Lev）		李闻一等（2017）调研报告（《国有、跨国、私营企业财务共享服务对标调查评析》）
企业性质（Soe）	报告发现国有企业财务共享服务中心的建成可能与国家政策相关，鉴于政府正在不断加大力度支持财务共享服务中心的建设，因此选取企业性质（Soe）作为匹配变量	
上市年限（Age）	财务共享服务中心的建成遵循企业战略规划的需求（李闻一等，2017），上市年限越久、成长速度越快的企业，更加需要进行财务转型，以支持企业发展战略，因此选取上市年限（Age）、经营业务成长性（Grow）作为匹配变量	
经营业务成长性（Grow）		

以模型（4.1）的回归结果作为每个企业建成财务共享服务中心的倾向得分（此得分为企业建成财务共享服务中心的概率），根据得分进行匹配，产生实验组和对照组。

另外，使用双重差分法来分析在实验组和对照组企业中建成财务共享服务中心对内部控制有效性的影响。本研究设置财务共享服务中心建成年度的前两年为建成前期间，对应的对照组企业也采用和实验组企业相同的观测期间，包括建成前期间和建成后期间。构建的双重差分模型如下：

$$\text{ICindex}_{i,t} = \alpha + \beta_1 \times \text{FSSC}_{i,t} \times \text{After} + \beta_2 \times \text{FSSC}_{i,t} + \beta_3 \times \text{After} +$$
$$\gamma \times \text{Controls}_{i,t} + \eta_t + \xi_i + \varepsilon_{i,t} \qquad (4.2)$$

模型（4.2）中，被解释变量为内部控制有效性（ICindex）。由于 FSSC 建成后，还需要一定时间适应调整，因此分别采用当期、未来一期和未来两期上市公司的内部控制有效性作为代理变量。本研究选用"迪博·中国上市公司内部控制指数"反映内部控制有效性的程度，该指数越大，表明内部控制有效性越高。解释变量 FSSC 设置为虚拟变量，若企业当年建成财务共享服务中心则为1，否则为0，After 为虚拟变量，若为建成财务共享服务中心后的年份取1，否则取0。

Controls 为控制变量。首先，盈利能力越好、规模越大的企业会有更多的资源和动力来建设内部控制（Doyle et al.，2007），因此，本部分借鉴了逯东等（2014）的做法，控制了盈利能力（ROA）、当年是否亏损（Loss）、资产负债率（Lev）和企业规模（Size）变量；同时，企业经营业务成长越快，越需要内部控制来发挥治理作用（Gong et al.，2010），因此借鉴多伊尔等（Doyle et al.，2007）的做法，控制了经营业务成长性（Grow）变量。

另外，公司治理结构（例如董事会特征和股权结构等）是影响内部控制实施的主要内部环境（张先治和戴文涛，2010）。成立时间越长的企业其组织结构和运行模式更为完善，更有利于内部控制的实施（张先美等，2013）。良好的外部审计质量有助于约束管理层的机会主义行为，影响企业内部控制（Chen et al.，2011）。因此借鉴了逯东等（2014）、胡明霞和干胜道（2018）

的做法，控制了董事会规模（LarS）、股权集中度（Shr1）、两职合一（Dual）、上市年限（Age）和是否为四大审计（Big4）变量。

再次，国有企业（李志斌，2013）内部控制质量较好，跨境交叉上市的公司会受到更为严格的法律监管和市场机制约束，企业并购重组行为会引起组织结构的变化，可能会影响内部控制的发展（Ashbaugh–Skaife et al.，2008），因此借鉴刘桂春等（2013）的做法，控制了公司性质（Soe）、是否交叉上市（Cross）、当年是否并购重组（MA）变量。

最后，考虑到在市场化水平更高的地区，政府干预更少，有序的市场竞争促使企业更加重视内部经营效率，通过提高内部控制质量优化资源配置，而非通过非市场手段来获取利润。因此，上市公司内部控制有效性会受到外部市场环境的影响。借鉴刘启亮等（2012）、逯东等（2014）的做法，引入市场化指数作为控制变量，该变量采用王小鲁、樊纲和余静编制的《中国分省份市场化指数报告（2016）》中所提供的2008～2014年市场化总指数评分。对于2004～2007年的指数计算，用2008年的指数减去2008～2014年这五年相对于前一年指数增加值的平均数，以此类推；对于2015～2017年的指数计算，用2014年的指数加上2008～2014年这五年相对于前一年指数增加值的平均数，以此类推。同时，控制了年度（Year）和行业（IND）因素。各变量的具体定义如表4-2所示。

表4-2　　　　　　　　　　　　　　主要变量定义

变量	变量符号	变量名称	计算方式
被解释变量	ICindex	内部控制有效性	迪博内部控制指数的自然对数
	F. ICindex	未来一期内部控制有效性	未来一期迪博内部控制指数的自然对数
	F2. ICindex	未来两期内部控制有效性	未来两期迪博内部控制指数的自然对数
解释变量	FSSC	是否建成财务共享服务中心	虚拟变量，若上市公司当年建成了财务共享服务中心则为1，否则为0

续表

变量	变量符号	变量名称	计算方式
控制变量	Soe	企业性质	虚拟变量，若上市公司为国企则为 1，否则为 0
	LarS	董事会规模	董事会人数的自然对数
	ROA	盈利能力	总资产净利率＝净利润/年末总资产
	Lev	资产负债率	资产负债率＝年末负债总额/年末总资产
	Size	企业规模	总资产的自然对数
	Age	上市年限	企业上市年限
	Grow	经营业务成长性	经营业务成长性＝税后净利润/总资产
	Loss	是否亏损	虚拟变量，若当年净利润小于 0 则为 1，否则为 0
	Cross	是否交叉上市	虚拟变量，若上市公司当年同时发行 A 股和 H 股则为 1，否则为 0
	MA	是否并购重组	虚拟变量，若当年发生并购重组则为 1，否则为 0
	Mar	市场化程度	由王小鲁等（2016）构建的分省份市场化指数评分计算而来
	Shr1	股权集中度	第一大股东持股比例
	Big4	是否四大审计	虚拟变量，若四大审计则为 1，否则为 0
	Dual	两职合一	虚拟变量，董事长兼任 CEO 则为 1，否则为 0
	IND	行业	行业虚拟变量
	Year	年度	年度虚拟变量

三、实证结果及分析

（一）描述性统计

表 4 - 3 提供了各主要变量的描述性统计，为消除极端值的影响，已对

所有连续变量进行上下 1% 的 Winsorize 处理。

表4－3 主要变量描述性统计

变量	N	mean	sd	min	p25	p50	p75	max
ICindex	25 578	6.494	0.146	5.818	6.441	6.518	6.567	6.833
FSSC	25 578	0.016	0.127	0.000	0.000	0.000	0.000	1.000
Soe	25 578	0.492	0.500	0.000	0.000	0.000	1.000	1.000
LarS	25 578	2.177	0.209	1.386	2.079	2.197	2.197	2.708
ROA	25 578	4.099	5.996	−18.806	1.322	3.580	6.718	34.105
Lev	25 578	46.596	21.608	5.556	30.010	46.685	62.373	100.466
Size	25 578	21.962	1.377	18.329	21.009	21.769	22.681	26.501
Age	25 578	9.409	5.960	1.000	4.000	9.000	14.000	22.000
Grow	25 578	0.037	0.057	−0.203	0.013	0.033	0.062	0.297
Loss	25 578	0.091	0.288	0.000	0.000	0.000	0.000	1.000
Cross	25 578	0.032	0.177	0.000	0.000	0.000	0.000	1.000
MA	25 578	0.777	0.417	0.000	1.000	1.000	1.000	1.000
Mar	25 578	7.492	1.923	2.840	6.200	7.482	9.180	10.650
Shrl	25 578	35.926	15.397	8.860	23.680	33.740	46.950	79.270
Big4	25 578	0.068	0.252	0.000	0.000	0.000	0.000	1.000

（二）回归结果分析

1. 匹配结果

根据模型（4.1）的回归结果，本研究选用"最近邻匹配法"。根据倾向得分值对全部样本上市公司进行 1∶3 匹配，为建成财务共享服务中心的上市公司匹配建成前两年倾向得分值最相近的对照样本上市公司。由于部分样本在建成前后的数据不连续，删除了在建成财务共享服务中心之前数据缺失的样本企业，最终为 63 家建成了财务共享服务中心的上市公司匹配了 189 家未建成财务共享服务中心的上市公司，共得到 252 家样本企业。由于上市公司财务共享服务中心的建成时间难以精确到具体月份，因此借鉴了姜付秀等（2019）的做法，剔除了其建成当年数据。表4－4 为匹配后的样本各主要变量的描述性统计。

表 4 - 4   匹配后各主要变量描述性统计

变量	N	mean	sd	min	p25	p50	p75	max
ICindex	1 444	6. 521	0. 167	5. 818	6. 466	6. 537	6. 595	6. 833
FSSC	1 444	0. 077	0. 266	0. 000	0. 000	0. 000	0. 000	1. 000
Soe	1 444	0. 566	0. 496	0. 000	0. 000	1. 000	1. 000	1. 000
LarS	1 444	2. 201	0. 208	1. 609	2. 079	2. 197	2. 303	2. 708
ROA	1 444	4. 639	6. 033	− 18. 806	1. 598	3. 822	7. 232	34. 105
Lev	1 444	53. 777	20. 594	5. 556	39. 213	53. 657	67. 746	100. 466
Size	1 444	22. 527	1. 624	18. 662	21. 422	22. 291	23. 443	26. 501
Age	1 444	12. 017	5. 472	1. 000	8. 000	12. 000	16. 000	22. 000
Grow	1 444	0. 042	0. 058	− 0. 203	0. 015	0. 036	0. 066	0. 297
Loss	1 444	0. 069	0. 253	0. 000	0. 000	0. 000	0. 000	1. 000
Cross	1 444	0. 085	0. 279	0. 000	0. 000	0. 000	0. 000	1. 000
MA	1 444	0. 773	0. 419	0. 000	1. 000	1. 000	1. 000	1. 000
Mar	1 444	7. 409	1. 803	2. 840	6. 200	7. 340	8. 700	10. 650
Shr1	1 444	37. 218	16. 468	8. 860	24. 405	35. 350	49. 375	79. 270
Big4	1 444	0. 159	0. 366	0. 000	0. 000	0. 000	0. 000	1. 000
Dual	1 444	0. 141	0. 348	0. 000	0. 000	0. 000	0. 000	1. 000

2. T 检验和平行趋势

表 4 - 5 为匹配后样本在建成财务共享服务中心前的 T 检验结果，从中可以看出实验组和对照组在建成财务共享服务中心之前，影响企业选择是否建成财务共享服务中心的因素如企业性质（Soe）、上市年限（Age）、盈利能力（ROA）、经营业务成长性（Grow）、资产负债率（Lev）、企业规模增长率（Size_G）、两职合一（Dual）等均无显著差异，表示匹配结果有效。

表 4 - 5   匹配后样本 T 检验结果

变量	G1 (0)	Mean1	G2 (1)	Mean2	MeanDiff
Soe	663	0. 569	241	0. 568	0. 000
Age	663	10. 813	241	10. 564	0. 249
ROA	663	4. 492	241	5. 116	− 0. 624
Grow	663	0. 041	241	0. 046	− 0. 005

续表

变量	G1 (0)	Mean1	G2 (1)	Mean2	MeanDiff
Lev	663	54.685	241	53.923	0.762
Size_G	663	0.006	241	0.008	− 0.001
Dual	663	0.134	241	0.116	0.018

图 4-1 为倾向得分匹配后的样本数据所作平行趋势图。从图 4-1 可以看出，筛选出的样本的内部控制有效性在建成财务共享服务中心前基本是平行的，表明倾向得分匹配的结果有效，可以进行双重差分。同时在建成后未来一期实验组和对照组内部控制有效性呈现相反的趋势，说明在建成财务共享服务中心之后，实验组的内部控制有效性发生了显著变化。

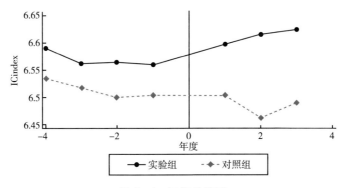

图 4-1 平行趋势图

3. 回归分析

表 4-6 为模型 (4.2) 的回归结果，可以看出在当期的情况下，$FSSC_{i,t} \times After$ 的系数在 5% 的水平上显著为正，未来一期和未来两期的 $FSSC_{i,t} \times After$ 的系数在 1% 的水平上显著为正，表示财务共享服务中心建成后，实验组当期的内部控制有效性的确得到提升，在经过一年和两年的建设运营之后，实验组的内部控制有效性提升效果更为显著。因此，H4-1 得到有效验证，表明上市公司财务共享服务中心的建成提升了内部控制有效性。同时，当期、未来一期和未来两期的 Size 的系数均在 1% 的水平上显著为正，而 Loss 均在 1% 水平上显著为负，表明规模更大的上市公司，内部控制有效性更好；财

务状况差的企业，内部控制有效性更差。这与葛伟力·萨拉和麦克·维恩
（Ge and Mc Vay，2005）、朱荣恩等（2004）研究结果相同。

表 4 - 6　　　　　　　　　模型（4.2）的回归结果

变量	当期 ICindex	未来一期 F. ICindex	未来两期 F2. ICindex
FSSC$_{i,t}$ × After	0. 043 ** （2. 19）	0. 082 *** （3. 17）	0. 080 *** （2. 99）
FSSC$_{i,t}$	- 0. 010 （- 0. 53）	- 0. 012 （- 0. 54）	0. 005 （0. 24）
After	- 0. 008 （- 0. 69）	- 0. 024 （- 1. 47）	- 0. 027 * （- 1. 82）
Soe	0. 006 （0. 55）	0. 007 （0. 57）	0. 015 （1. 12）
LarS	- 0. 028 （- 1. 06）	- 0. 027 （- 0. 69）	- 0. 014 （- 0. 38）
ROA	0. 004 （0. 84）	0. 005 （0. 61）	0. 007 （1. 05）
Lev	- 0. 001 *** （- 3. 35）	- 0. 002 *** （- 3. 19）	- 0. 002 *** （- 3. 47）
Size	0. 049 *** （8. 85）	0. 045 *** （7. 14）	0. 034 *** （5. 36）
Age	0. 00008 （0. 07）	0. 000005 （0. 00）	0. 001 （0. 41）
Grow	- 0. 005 （- 0. 01）	- 0. 265 （- 0. 28）	- 0. 824 （- 1. 10）
Loss	- 0. 206 *** （- 9. 54）	- 0. 089 *** （- 2. 61）	- 0. 100 ** （- 2. 49）
Cross	- 0. 010 （- 0. 24）	- 0. 035 （- 0. 71）	- 0. 030 （- 0. 64）
MA	- 0. 005 （- 0. 59）	- 0. 012 （- 1. 09）	- 0. 010 （- 0. 88）
Mar	0. 007 * （1. 85）	0. 011 ** （2. 15）	0. 011 ** （2. 38）

变量	当期	未来一期	未来两期
	ICindex	F. ICindex	F2. ICindex
Shr1	0.0004	0.001	0.001
	(1.36)	(1.47)	(1.38)
Big4	0.009	0.014	0.033
	(0.42)	(0.57)	(1.48)
Dual	0.005	0.013	0.007
	(0.38)	(0.82)	(0.42)
_cons	5.529 ***	5.603 ***	5.825 ***
	(47.47)	(38.14)	(38.98)
Year	YES	YES	YES
IND	YES	YES	YES
N	1 444	958	767
R^2	0.491	0.335	0.287

注：***、**、*分别表示在1%、5%和10%水平上统计量显著。

（三）影响渠道检验

上述主要讨论了财务共享服务中心建成后对内部控制有效性的提升作用，那么财务共享服务中心通过何种渠道影响内部控制有效性？基于上述的理论分析，财务共享服务中心的建成对内部控制五项目标的实现程度都产生了重要影响，结合深圳迪博企业构建的内部控制有效性下的三级指标：合法合规（包括违法违规和诉讼事项等）、资产安全（包括资产减值和投资损益等）、财务报告可靠（包括审计意见和报表重述等）、经营效率（包括总资产周转率和净利润率等）、发展战略（包括经营计划和风险系数降低等），构建如下模型进行检验：

$$IC\_Channel_{i,t} = \alpha + \beta_1 \times FSSC_{i,t} \times After + \beta_2 \times FSSC_{i,t} + \beta_3 \times After$$
$$+ \gamma \times Controls_{i,t} + \eta_t + \xi_i + \varepsilon_{i,t} \quad\quad (4.3)$$

模型（4.3）中，被解释变量 IC_Channel 具体包括：违法违规（Leg_Illegal）、立案调查（Leg_Filing）、企业诉讼（Leg_Lawsuit）、资产减值（Sec_Impairment）、投资损益（Sec_Investment）、营业外支出（Sec_Expenses）、审

计意见（Rep_Audit）、报表重述（Rep_Restatement）、盈余质量（Rep_Earnings）、总资产周转率（Ope_Turnover）、人均销售收入（Ope_Revenue）、净利润率（Ope_Profit）、经营计划（Str_Plan）、竞争优势形成（Str_Competition）、系统风险降低（Str_Risk），各项指标越大，表明企业相关目标的实现程度越好①。解释变量 FSSC 设置为虚拟变量，若企业当年建成财务共享服务中心则为 1，否则为 0，After 为虚拟变量，若为建成财务共享服务中心后的年份取 1，否则取 0。Controls 为控制变量，具体变量及其定义同表 4 - 1。由于迪博数据库只有 2013 年以后的三级指标数据，因此此部分的样本年度区间为 2013 ~ 2017 年，实证结果如表 4 - 7 ~ 表 4 - 11 所示。

表 4 - 7　　　　　　　　　影响渠道检验：合法合规目标

变量	合法合规目标					
	当期			未来一期		
	Leg_Illegal	Leg_Filing	Leg_Lawsuit	Leg_Illegal	Leg_Filing	Leg_Lawsuit
$FSSC_{i,t} \times After$	0. 502 (1. 40)	0. 449 * (1. 76)	0. 197 (0. 62)	0. 365 (1. 02)	0. 596 ** (2. 00)	0. 332 (0. 82)
$FSSC_{i,t}$	- 0. 294 (- 1. 12)	- 0. 316 (- 1. 61)	- 0. 250 (- 1. 05)	- 0. 221 (- 0. 94)	- 0. 504 ** (- 2. 46)	- 0. 311 (- 1. 26)
After	0. 048 (0. 25)	0. 165 (1. 39)	- 0. 048 (- 0. 26)	0. 114 (0. 49)	0. 060 (0. 36)	- 0. 160 (- 0. 57)
Soe	- 0. 156 (- 0. 78)	- 0. 004 (- 0. 06)	- 0. 105 (- 0. 80)	- 0. 043 (- 0. 19)	- 0. 136 (- 0. 94)	0. 132 (0. 57)
LarS	0. 014 (0. 03)	- 0. 199 (- 1. 14)	0. 092 (0. 35)	0. 194 (0. 39)	- 0. 290 (- 1. 21)	0. 571 (1. 62)
ROA	- 0. 039 (- 0. 26)	0. 092 (1. 64)	0. 033 (0. 42)	- 0. 012 (- 0. 10)	- 0. 110 (- 0. 52)	0. 014 (0. 24)
Lev	- 0. 004 (- 0. 69)	- 0. 003 (- 1. 45)	- 0. 006 (- 1. 02)	- 0. 001 (- 0. 20)	- 0. 002 (- 0. 69)	0. 002 (0. 24)
Size	0. 075 (0. 90)	0. 002 (0. 06)	0. 077 (1. 03)	0. 093 (1. 19)	0. 062 (1. 01)	- 0. 047 (- 0. 51)

---

① 此 15 个变量由深圳迪博公司构建的内部控制有效性下的三级指标加 1 后取对数计算得出。

变量	合法合规目标					
	当期			未来一期		
	Leg_Illegal	Leg_Filing	Leg_Lawsuit	Leg_Illegal	Leg_Filing	Leg_Lawsuit
Age	0.007 (0.43)	−0.003 (−0.44)	−0.011 (−1.06)	−0.007 (−0.40)	−0.007 (−0.66)	−0.021 (−1.01)
Grow	3.880 (0.24)	−9.104 (−1.55)	−1.260 (−0.13)	3.888 (0.32)	11.706 (0.53)	3.477 (0.49)
Loss	−0.032 (−0.08)	−0.076 (−0.37)	−0.048 (−0.13)	0.318 (0.71)	0.261 ** (2.08)	0.025 (0.05)
Cross	0.209 (0.69)	−0.053 (−0.26)	0.159 (0.49)	0.240 (0.76)	−0.369 (−1.23)	0.192 (0.45)
MA	−0.348 ** (−2.42)	−0.043 (−0.37)	−0.142 (−1.00)	0.001 (0.01)	−0.112 (−0.97)	−0.004 (−0.02)
Mar	0.046 (1.01)	−0.028 (−1.31)	0.032 (0.73)	0.038 (0.79)	−0.026 (−0.84)	0.040 (0.70)
Shr1	0.010 * (1.78)	−0.005 ** (−2.03)	0.0002 (0.06)	0.005 (0.75)	−0.005 (−1.06)	0.002 (0.39)
Big4	−0.289 (−1.04)	−0.141 (−1.08)	−0.226 (−0.92)	−0.504 * (−1.77)	0.036 (0.27)	−0.299 (−0.93)
Dual	−0.434 * (−1.81)	−0.023 (−0.30)	0.045 (0.30)	−0.333 (−1.01)	−0.006 (−0.05)	0.142 (0.69)
_cons	4.575 ** (2.04)	7.447 *** (6.89)	4.545 *** (2.74)	3.566 (1.61)	6.673 *** (3.60)	5.441 ** (2.34)
Year	YES	YES	YES	YES	YES	YES
IND	YES	YES	YES	YES	YES	YES
N	670	670	670	358	358	358
R^2	0.080	0.099	0.094	0.058	0.111	0.109

注：*** 、** 、* 分别表示在 1%、5% 和 10% 水平上统计量显著。

从表 4 - 7 的结果可以看出，当期和未来一期 Leg_Filing 的系数分别在 10% 和 5% 的水平上显著为正，说明财务共享服务中心的建成有效减少企业立案调查情况，有利于企业合法合规目标的实现，从而提高企业内部控制有效性。

表 4 - 8　　　　　　　　　　　　影响渠道检验二：资产安全目标

变量	资产安全目标					
	当期			未来一期		
	Sec_Impairment	Sec_Investment	Sec_Expenses	Sec_Impairment	Sec_Investment	Sec_Expenses
$FSSC_{i,t} \times After$	-0.186 (-0.45)	0.133* (1.91)	-0.468 (-1.12)	-0.003 (-0.01)	0.146* (1.73)	-0.749 (-1.43)
$FSSC_{i,t}$	0.009 (0.03)	-0.064 (-1.30)	0.281 (1.02)	-0.006 (-0.02)	-0.056 (-1.00)	0.297 (0.87)
After	-0.180 (-0.96)	0.016 (0.62)	-0.048 (-0.33)	-0.206 (-0.70)	0.035 (1.01)	-0.039 (-0.20)
Soe	-0.090 (-0.48)	-0.003 (-0.09)	-0.155 (-1.01)	-0.180 (-0.78)	0.011 (0.29)	-0.095 (-0.52)
LarS	-0.104 (-0.24)	0.023 (0.34)	0.635 (1.53)	-0.384 (-0.65)	-0.010 (-0.14)	0.523 (1.30)
ROA	0.158** (2.59)	-0.014 (-1.52)	0.116* (1.70)	-0.009 (-0.12)	-0.009 (-0.66)	0.136 (1.61)
Lev	0.004 (0.87)	-0.002*** (-2.89)	0.004 (0.97)	0.004 (0.76)	-0.002** (-2.59)	0.006 (1.32)
Size	-0.395*** (-4.31)	0.050*** (3.73)	-0.313*** (-4.04)	-0.414*** (-3.63)	0.058*** (4.19)	-0.348*** (-3.88)
Age	0.003 (0.19)	0.005* (1.69)	0.006 (0.48)	-0.0003 (-0.01)	0.004 (1.11)	0.003 (0.19)
Grow	-15.476** (-2.39)	1.828** (1.99)	-13.876* (-1.85)	1.767 (0.21)	1.458 (1.09)	-14.987 (-1.57)
Loss	-0.364 (-1.35)	0.026 (0.55)	-0.491 (-1.62)	-0.185 (-0.38)	0.061 (1.02)	-0.527 (-1.08)
Cross	-1.610*** (-2.79)	-0.003 (-0.03)	-0.242 (-0.57)	-1.876*** (-2.75)	-0.0005 (-0.00)	-0.199 (-0.44)
MA	-0.204 (-1.39)	0.028 (1.19)	0.078 (0.52)	-0.136 (-0.68)	0.011 (0.34)	-0.171 (-0.90)
Mar	-0.067 (-1.57)	0.014* (1.74)	-0.049 (-1.44)	-0.071 (-1.28)	0.015* (1.79)	-0.073* (-1.68)

变量	资产安全目标					
	当期			未来一期		
	Sec_Impairment	Sec_Investment	Sec_Expenses	Sec_Impairment	Sec_Investment	Sec_Expenses
Shr1	−0.007 (−1.35)	−0.0004 (−0.43)	−0.004 (−0.91)	−0.007 (−1.08)	−0.001 (−0.75)	−0.006 (−1.12)
Big4	0.022 (0.08)	0.053 (0.88)	−0.448* (−1.66)	−0.025 (−0.07)	0.046 (0.78)	−0.458 (−1.50)
Dual	−0.117 (−1.15)	−0.002 (−0.10)	−0.211 (−1.19)	−0.180 (−1.24)	0.016 (0.64)	−0.209 (−1.12)
_cons	15.515*** (6.51)	5.073*** (14.50)	11.496*** (6.77)	17.053*** (5.42)	4.848*** (12.57)	13.196*** (6.08)
Year	YES	YES	YES	YES	YES	YES
IND	YES	YES	YES	YES	YES	YES
N	670	670	670	358	358	358
R^2	0.389	0.227	0.240	0.449	0.275	0.285

注：***、**、*分别表示在1%、5%和10%水平上统计量显著。

从表4-8的结果可以看出，当期和未来一期Sec_Investment的系数都在10%的水平上显著为正，说明财务共享服务中心通过改善企业投资损益情况，有利于企业资产安全目标的实现，从而提高企业内部控制有效性。

表4-9　　　　　　　　影响渠道检验三：财务报告可靠目标

变量	财务报告可靠目标					
	当期			未来一期		
	Rep_Audit	Rep_Restatement	Rep_Earnings	Rep_Audit	Rep_Restatement	Rep_Earnings
$FSSC_{i,t} \times After$	0.021 (1.32)	−0.015 (−0.05)	0.156 (0.83)	0.010 (0.54)	0.010 (0.03)	0.069 (0.28)
$FSSC_{i,t}$	−0.015 (−1.04)	0.061 (0.30)	−0.079 (−0.60)	−0.009 (−0.66)	0.185 (0.57)	0.0003 (0.00)
After	0.017 (1.45)	−0.174 (−0.92)	0.052 (0.55)	0.025 (1.41)	0.113 (0.50)	0.066 (0.48)

变量	财务报告可靠目标					
	当期			未来一期		
	Rep_Audit	Rep_Restatement	Rep_Earnings	Rep_Audit	Rep_Restatement	Rep_Earnings
Soe	0.007 (0.70)	0.099 (0.56)	0.172 (1.62)	0.008 (0.62)	0.069 (0.32)	0.092 (0.59)
LarS	−0.017 (−0.55)	−0.325 (−1.01)	−0.080 (−0.42)	−0.037 (−1.34)	−0.077 (−0.17)	0.296 (0.94)
ROA	0.002 (0.46)	0.059 (1.28)	−0.026 (−0.30)	0.004 (0.60)	−0.255 (−1.31)	−0.110 (−1.52)
Lev	−0.001 (−1.14)	−0.002 (−0.45)	0.001 (0.36)	−0.001 (−1.41)	−0.0004 (−0.07)	0.005 (1.26)
Size	0.006 (0.79)	−0.042 (−0.78)	−0.028 (−0.64)	0.012 (1.30)	−0.039 (−0.56)	−0.073 (−1.36)
Age	−0.000 (−0.49)	−0.005 (−0.47)	−0.005 (−0.64)	−0.000 (−0.15)	−0.015 (−0.84)	−0.001 (−0.10)
Grow	−0.354 (−0.57)	−5.455 (−1.09)	3.425 (0.37)	−0.493 (−0.58)	29.726 (1.48)	13.074 * (1.75)
Loss	−0.057 (−1.52)	−0.030 (−0.09)	0.203 (1.18)	−0.047 (−0.92)	0.221 (0.53)	0.155 (0.64)
Cross	−0.015 (−0.55)	0.283 (1.12)	0.035 (0.25)	−0.020 (−0.82)	0.265 (0.62)	−0.066 (−0.42)
MA	−0.002 (−0.23)	0.147 (0.94)	−0.197 * (−1.82)	−0.019 ** (−2.01)	0.169 (0.66)	0.023 (0.19)
Mar	−0.0002 (−0.05)	0.017 (0.49)	0.071 *** (3.01)	−0.001 (−0.13)	0.070 (1.15)	0.106 *** (3.45)
Shr1	−0.0003 (−0.95)	0.003 (0.56)	−0.003 (−1.14)	−0.001 * (−1.85)	−0.001 (−0.16)	−0.003 (−0.79)
Big4	−0.017 (−0.94)	0.059 (0.27)	0.021 (0.16)	−0.015 (−0.96)	−0.124 (−0.36)	0.044 (0.28)
Dual	−0.005 (−0.35)	−0.235 (−1.20)	0.101 (0.98)	0.004 (0.27)	−0.090 (−0.47)	0.166 (1.09)

续表

变量	财务报告可靠目标					
	当期			未来一期		
	Rep_ Audit	Rep_ Restatement	Rep_ Earnings	Rep_ Audit	Rep_ Restatement	Rep_ Earnings
_cons	6.877 ***	7.962 ***	6.537 ***	6.788 ***	7.322 ***	5.862 ***
	(56.92)	(5.66)	(6.96)	(43.54)	(4.57)	(5.31)
Year	YES	YES	YES	YES	YES	YES
IND	YES	YES	YES	YES	YES	YES
N	670	670	670	358	358	358
R^2	0.104	0.044	0.065	0.161	0.091	0.098

注：***、**、*分别表示在1%、5%和10%水平上统计量显著。

从表4-9的结果可以看出，各类指标系数均不显著，结果表示财务共享服务中心对财务报告可靠目标实现没有显著影响。

表4-10　　　　　　　　影响渠道检验四：经营效率目标

变量	经营效率目标					
	当期			未来一期		
	Ope_ Turnover	Ope_ Revenue	Ope_ Profit	Ope_ Turnover	Ope_ Revenue	Ope_ Profit
$FSSC_{i,t} \times After$	0.135 *	0.017	0.333	0.186 **	0.058	0.377 *
	(1.90)	(0.28)	(1.43)	(2.57)	(0.88)	(1.79)
$FSSC_{i,t}$	-0.015	0.0003	-0.021	-0.006	-0.019	-0.059
	(-0.24)	(0.01)	(-0.14)	(-0.10)	(-0.45)	(-0.36)
After	0.051	0.002	0.077	0.049	-0.001	0.240 *
	(1.51)	(0.05)	(0.78)	(1.08)	(-0.03)	(1.74)
Soe	0.076 *	0.026	0.025	0.072 *	0.025	-0.001
	(1.82)	(0.64)	(0.27)	(1.72)	(0.66)	(-0.01)
LarS	-0.089	-0.064	-0.237	-0.105	-0.079	-0.351
	(-0.97)	(-0.87)	(-0.71)	(-1.10)	(-1.05)	(-0.99)
ROA	-0.006	-0.025 **	0.034	-0.017	-0.013	0.043
	(-0.38)	(-2.36)	(0.83)	(-0.82)	(-0.99)	(0.66)

续表

变量	经营效率目标					
	当期			未来一期		
	Ope_ Turnover	Ope_ Revenue	Ope_ Profit	Ope_ Turnover	Ope_ Revenue	Ope_ Profit
Lev	0.002 * (1.84)	0.002 ** (2.33)	0.002 (0.68)	0.001 (0.74)	0.002 * (1.94)	−0.005 (−1.25)
Size	0.041 ** (2.22)	0.062 *** (4.31)	−0.055 (−1.40)	0.074 *** (4.34)	0.075 *** (5.19)	0.066 (1.54)
Age	−0.001 (−0.38)	−0.0005 (−0.20)	−0.005 (−0.58)	0.001 (0.19)	−0.001 (−0.24)	0.003 (0.26)
Grow	1.356 (0.81)	2.935 ** (2.55)	1.471 (0.33)	2.238 (1.05)	1.685 (1.18)	−1.362 (−0.20)
Loss	−0.111 * (−1.88)	−0.123 ** (−2.58)	−1.065 ** (−2.55)	−0.011 (−0.14)	−0.066 (−1.00)	0.431 ** (2.01)
Cross	0.099 (1.02)	0.149 * (1.97)	0.315 (1.01)	0.083 (0.90)	0.204 *** (2.95)	0.031 (0.08)
MA	−0.007 (−0.23)	−0.007 (−0.34)	−0.006 (−0.06)	−0.003 (−0.07)	−0.017 (−0.70)	0.0005 (0.00)
Mar	0.042 *** (3.99)	0.007 (0.83)	0.030 (0.98)	0.039 *** (3.53)	0.009 (1.08)	0.077 * (1.66)
Shr1	0.001 (0.57)	0.001 (0.88)	0.001 (0.37)	0.001 (0.64)	0.001 (1.26)	0.002 (0.52)
Big4	0.080 (1.20)	0.025 (0.48)	−0.126 (−0.58)	0.022 (0.34)	−0.015 (−0.31)	−0.031 (−0.13)
Dual	0.014 (0.40)	0.019 (0.70)	−0.161 (−1.43)	0.013 (0.22)	0.028 (0.77)	−0.068 (−0.33)
_cons	5.140 *** (10.55)	4.794 *** (13.47)	7.353 *** (6.18)	4.290 *** (9.26)	4.342 *** (11.87)	3.921 *** (2.77)
Year	YES	YES	YES	YES	YES	YES
IND	YES	YES	YES	YES	YES	YES
N	670	670	670	358	358	358
R^2	0.300	0.369	0.208	0.375	0.460	0.128

注：***、**、*分别表示在1%、5%和10%水平上统计量显著。

从表4-10的结果可以看出，当期和未来一期 Ope_Turnover 的系数分别在10%和5%的水平上显著为正，未来一期 Ope_Profit 的系数在10%的水平上显著为正，说明财务共享服务中心提高了总资产周转率，并在未来一期提高了企业净利润率，有利于企业经营效率目标的实现，进而提高企业内部控制有效性。

表4-11　　　　　　　　影响渠道检验五：发展战略目标

变量	发展战略目标					
	当期			未来一期		
	Str_Plan	Str_Competition	Str_Risk	Str_Plan	Str_Competition	Str_Risk
$FSSC_{i,t} \times After$	-0.068 (-0.13)	0.152 ** (2.35)	-0.441 (-1.16)	0.454 (0.67)	0.164 * (1.73)	-1.129 ** (-2.15)
$FSSC_{i,t}$	-0.257 (-0.64)	-0.020 (-0.32)	0.217 (0.95)	-0.838 (-1.53)	-0.048 (-0.65)	-0.199 (-0.61)
After	-0.085 (-0.27)	-0.039 (-0.88)	0.225 (0.95)	-0.177 (-0.37)	-0.036 (-0.55)	0.471 (1.41)
Soe	-0.129 (-0.47)	-0.027 (-0.48)	0.364 * (1.94)	-0.301 (-0.78)	-0.010 (-0.15)	-0.091 (-0.31)
LarS	1.094 * (1.96)	-0.039 (-0.36)	0.072 (0.19)	0.537 (0.72)	-0.083 (-0.70)	-0.355 (-0.64)
ROA	0.273 ** (2.09)	-0.011 (-0.55)	-0.100 (-0.90)	-0.153 (-0.60)	-0.047 * (-1.89)	-0.390 (-1.47)
Lev	0.011 (1.64)	-0.000 (-0.11)	0.008 (1.50)	-0.010 (-1.02)	-0.0003 (-0.20)	-0.002 (-0.29)
Size	-0.003 (-0.03)	0.163 *** (8.45)	-0.128 * (-1.77)	0.276 * (1.79)	0.173 *** (7.70)	0.151 (1.26)
Age	-0.017 (-0.75)	-0.007 (-1.54)	-0.008 (-0.60)	-0.040 (-1.19)	-0.005 (-1.06)	-0.021 (-0.99)
Grow	-20.320 (-1.39)	1.674 (0.82)	12.506 (1.01)	20.881 (0.80)	5.392 ** (2.03)	44.122 (1.59)
Loss	-2.901 *** (-4.96)	-0.088 (-1.44)	0.045 (0.11)	-0.468 (-0.50)	-0.041 (-0.49)	0.997 (1.50)

续表

变量	发展战略目标					
	当期			未来一期		
	Str_Plan	Str_Competition	Str_Risk	Str_Plan	Str_Competition	Str_Risk
Cross	0.195 (0.49)	0.244 *** (2.95)	0.395 (1.10)	-0.022 (-0.04)	0.265 *** (2.93)	0.326 (0.75)
MA	0.112 (0.44)	0.026 (0.72)	0.015 (0.07)	0.314 (0.73)	0.001 (0.02)	0.616 * (1.92)
Mar	-0.035 (-0.53)	0.006 (0.46)	0.017 (0.43)	-0.104 (-1.06)	0.011 (0.80)	0.100 (1.60)
Shr1	0.009 (1.34)	-0.001 (-0.38)	-0.003 (-0.60)	0.011 (1.15)	-0.0004 (-0.29)	-0.005 (-0.76)
Big4	0.722 ** (2.38)	0.009 (0.12)	-0.065 (-0.27)	1.058 ** (2.31)	-0.031 (-0.38)	-0.378 (-1.06)
Dual	0.026 (0.08)	-0.012 (-0.25)	0.702 *** (3.47)	-0.011 (-0.02)	0.011 (0.21)	0.313 (1.14)
_cons	1.698 (0.62)	2.402 *** (5.05)	7.284 *** (4.12)	-1.251 (-0.31)	2.038 *** (3.84)	1.032 (0.35)
Year	YES	YES	YES	YES	YES	YES
IND	YES	YES	YES	YES	YES	YES
N	670	670	670	358	358	358
R^2	0.172	0.530	0.068	0.114	0.553	0.141

注：*** 、** 、* 分别表示在1%、5%和10%水平上统计量显著。

从表4-11的结果可以看出，当期和未来一期 Str_Competition 的系数分别在5%和10%的水平上显著为正，说明财务共享服务中心建成后有助于上市公司竞争优势的形成，促进其发展战略目标的实现。但是未来一期 Str_Risk 的系数在5%的水平上显著为负，说明财务共享服务中心建成后未来一期企业系统风险上升，这可能由于财务共享服务中心的建成带来人、财、物的重新配置，形成人为变革阻力，导致系统风险上升，财务共享服务中心如何有效配合企业战略还有一定的磨合期。

整体而言，财务共享服务中心的建成主要通过减少立案调查情况、改善企业投资损益、提高总资产周转率和净利润率以及促进企业竞争优势的形成，提升了内部控制有效性。

（四）稳健性检验

为保证上述结果的可靠性，需要进行稳健性检验。这里主要采用分时间样本、控制地区效应并更换控制变量、剔除当年数据这三种方式进行检验。

1. 按重要政策发布时间点分样本检验

考虑到国务院国资委《关于加强中央企业财务信息化工作的通知》和财政部发布的《企业会计信息化工作规范》明确表示支持和鼓励我国集团企业建成财务共享服务中心，因此将样本按照重要政策发布时间点，分为 2004～2010 年样本、2011～2017 年样本和 2013～2017 年样本，分别进行匹配并回归，检验不同时期财务共享服务中心提升上市公司内部控制有效性的作用是否存在，具体结果如表 4 - 12 所示。

表 4 - 12　　　　　　　　　重要政策时间点分样本检验

变量	2004～2010 年分样本			2011～2017 年分样本			2013～2017 年分样本		
	当期	未来一期	未来两期	当期	未来一期	未来两期	当期	未来一期	未来两期
	ICindex	F. ICindex	F2. ICindex	ICindex	F. ICindex	F2. ICindex	ICindex	F. ICindex	F2. ICindex
$FSSC_{i,t} \times After$	0.057 * (1.75)	0.095 * (1.67)	0.058 (0.76)	0.046 ** (2.13)	0.067 ** (2.41)	0.051 (1.36)	0.052 ** (2.00)	0.100 ** (2.57)	0.115 *** (2.64)
$FSSC_{i,t}$	-0.008 (-0.24)	-0.008 (-0.19)	0.020 (0.49)	0.001 (0.07)	-0.003 (-0.17)	0.009 (0.43)	-0.005 (-0.26)	-0.027 (-1.01)	0.026 (0.96)
After	-0.045 * (-1.93)	-0.065 ** (-2.14)	-0.071 * (-1.73)	-0.003 (-0.28)	-0.013 (-0.84)	-0.029 (-1.45)	0.013 (0.76)	-0.006 (-0.21)	-0.038 * (-1.73)
Soe	0.012 (0.48)	0.041 (1.56)	0.075 ** (2.17)	0.014 (1.33)	0.003 (0.24)	0.013 (0.73)	0.009 (0.66)	0.0005 (0.02)	0.009 (0.41)
LarS	-0.046 (-0.81)	-0.050 (-0.58)	-0.076 (-0.82)	-0.028 (-0.77)	-0.045 (-0.89)	-0.043 (-0.84)	-0.005 (-0.14)	0.004 (0.07)	0.032 (0.50)
ROA	0.009 (1.22)	0.021 (1.52)	0.018 (1.46)	0.003 (0.64)	0.004 (0.62)	0.005 (0.79)	0.010 (1.33)	0.008 (0.41)	-0.005 (-0.50)
Lev	-0.003 *** (-4.42)	-0.003 *** (-4.25)	-0.003 *** (-4.03)	-0.0002 (-0.50)	-0.001 * (-1.70)	-0.0005 (-0.84)	0.0003 (0.74)	-0.0003 (-0.43)	0.0002 (0.27)

续表

变量	2004~2010 年分样本			2011~2017 年分样本			2013~2017 年分样本		
	当期	未来一期	未来两期	当期	未来一期	未来两期	当期	未来一期	未来两期
	ICindex	F. ICindex	F2. ICindex	ICindex	F. ICindex	F2. ICindex	ICindex	F. ICindex	F2. ICindex
Size	0.079 ***	0.072 ***	0.070 ***	0.033 ***	0.038 ***	0.028 ***	0.012 **	0.007	-0.007
	(8.63)	(5.99)	(4.89)	(6.35)	(5.44)	(3.59)	(2.01)	(0.67)	(-0.89)
Age	0.002	-0.001	-0.003	-0.001	-0.001	-0.0004	-0.001	-0.0003	0.003
	(0.61)	(-0.29)	(-0.73)	(-0.95)	(-0.59)	(-0.18)	(-0.71)	(-0.15)	(1.45)
Grow	-0.478	-1.908	-2.030	0.225	-0.219	-0.631	-0.503	-0.416	0.729
	(-0.62)	(-1.32)	(-1.59)	(0.44)	(-0.29)	(-0.78)	(-0.64)	(-0.19)	(0.71)
Loss	-0.218 ***	-0.135 **	-0.201 **	-0.083 ***	0.052 *	-0.033	-0.133 ***	0.024	-0.00003
	(-7.84)	(-2.21)	(-2.47)	(-3.79)	(1.81)	(-1.03)	(-4.20)	(0.59)	(-0.00)
Cross	-0.106	-0.168	-0.244	0.049 *	0.064	0.058	0.040	0.033	0.043
	(-0.85)	(-1.02)	(-1.57)	(1.70)	(1.38)	(1.21)	(1.07)	(0.50)	(0.69)
MA	0.024	0.028	0.035	0.009	0.029 **	-0.006	-0.010	-0.008	-0.043 **
	(1.58)	(1.28)	(1.46)	(0.96)	(1.98)	(-0.40)	(-0.79)	(-0.41)	(-2.46)
Mar	0.001	0.009	0.007	0.005 *	0.007 *	0.008 *	0.009 *	0.013 *	0.016 **
	(0.12)	(0.93)	(0.60)	(1.81)	(1.96)	(1.84)	(1.88)	(1.69)	(2.18)
Shr1	0.001	0.001 *	0.0003	-0.00003	0.000004	0.0002	0.0003	0.0005	0.001
	(1.38)	(1.83)	(0.44)	(-0.08)	(0.01)	(0.35)	(0.81)	(0.78)	(1.37)
Big4	0.023	0.003	0.072	-0.023	-0.040	-0.024	-0.006	0.006	0.005
	(0.73)	(0.08)	(1.57)	(-1.03)	(-1.16)	(-0.65)	(-0.23)	(0.15)	(0.10)
Dual	-0.005	0.012	0.042	0.001	-0.006	0.002	-0.007	-0.007	0.0002
	(-0.21)	(0.35)	(1.24)	(0.04)	(-0.31)	(0.10)	(-0.41)	(-0.27)	(0.01)
_cons	5.100 ***	5.274 ***	5.403 ***	5.800 ***	5.728 ***	5.910 ***	6.154 ***	6.220 ***	6.387 ***
	(22.63)	(15.78)	(15.42)	(46.77)	(32.82)	(30.25)	(42.23)	(27.18)	(24.77)
Year	YES	YES	YES	YES	YES	YES	YES	YES	YES
IND	YES	YES	YES	YES	YES	YES	YES	YES	YES
N	407	261	184	911	554	446	653	355	263
R^2	0.738	0.610	0.592	0.307	0.220	0.147	0.249	0.157	0.166

注：***、**、*分别表示在1%、5%和10%水平上统计量显著。

从表 4 – 12 的结果中可以看出，在 2011 年之前，当期、未来一期 $FSSC_{i,t}$ × After 回归系数在 10% 的水平上显著为正，未来两期的 $FSSC_{i,t}$ × After 回归系数不显著；在 2011 ~ 2017 年区间，当期、未来一期的 $FSSC_{i,t}$ ×

After 回归系数在 5% 的水平上显著为正；在 2013～2017 年区间，当期、未来一期和未来两期 $FSSC_{i,t} \times After$ 回归系数分别在 5%、5% 和 1% 的水平上显著为正。说明在不同时期，上市公司财务共享服务中心的建成对其内部控制有效性有提升作用，并且这种效果越来越明显。这表明原回归结果是稳健的。

2. 控制地区效应以及增加董事长和 CEO 更换等控制变量

为了排除上市公司所处的外部环境、地区监管政策的不同的影响，控制了地区效应（Area）；同时为了进一步控制上市公司董事长和 CEO 更换对结果造成的影响，增加董事长更换（COBC）和 CEO 更换（CEOC）控制变量进行检验，具体结果如表 4–13 所示。

表 4–13　　　控制地区效应以及加入董事长和 CEO 更换等控制变量

变量	当期	未来一期	未来两期
	ICindex	F. ICindex	F2. ICindex
$FSSC_{i,t} \times After$	0.044 ** (2.19)	0.090 *** (3.23)	0.082 *** (2.96)
$FSSC_{i,t}$	−0.019 (−1.01)	−0.024 (−1.03)	−0.006 (−0.28)
After	−0.004 (−0.33)	−0.020 (−1.21)	−0.021 (−1.43)
Soe	0.008 (0.66)	0.008 (0.60)	0.019 (1.34)
LarS	−0.037 (−1.33)	−0.033 (−0.78)	−0.018 (−0.46)
ROA	0.003 (0.71)	0.004 (0.48)	0.005 (0.73)
Lev	−0.001 *** (−3.04)	−0.001 *** (−2.78)	−0.001 *** (−2.93)
Size	0.050 *** (8.51)	0.047 *** (6.78)	0.036 *** (5.55)
Age	−0.001 (−0.55)	−0.001 (−0.79)	−0.0002 (−0.10)

续表

变量	当期	未来一期	未来两期
	ICindex	F. ICindex	F2. ICindex
Grow	0.122	-0.098	-0.540
	(0.28)	(-0.11)	(-0.78)
Loss	-0.202 ***	-0.081 **	-0.099 **
	(-9.48)	(-2.48)	(-2.32)
Cross	-0.022	-0.048	-0.048
	(-0.55)	(-0.97)	(-1.06)
MA	-0.005	-0.014	-0.007
	(-0.71)	(-1.22)	(-0.64)
Mar	0.040 ***	0.053 ***	0.054 ***
	(3.28)	(2.98)	(2.81)
Shr1	0.0005	0.001	0.001
	(1.56)	(1.63)	(1.53)
Big4	0.013	0.015	0.036
	(0.61)	(0.56)	(1.48)
Dual	0.001	0.009	0.004
	(0.04)	(0.53)	(0.23)
COBC	-0.010	-0.000	-0.029 *
	(-1.09)	(-0.00)	(-1.71)
CEOC	-0.017 **	-0.017	-0.008
	(-2.15)	(-1.39)	(-0.57)
_cons	5.298 ***	5.287 ***	5.496 ***
	(34.24)	(24.99)	(24.08)
Year	YES	YES	YES
IND	YES	YES	YES
Area	YES	YES	YES
N	1 444	958	767
R^2	0.525	0.384	0.341

注: *** 、 ** 、 * 分别表示在1% 、5%和10%水平上统计量显著。

从表4-13中可以看出,$FSSC_{i,t} \times After$ 当期、未来一期和未来两期的回归系数仍然分别在5% 、1%和1%的水平上显著为正,说明在控制了地区效应和增加董事长和 CEO 更换等控制变量后，上市公司财务共享服务中心的建成显著提升了内部控制有效性，表明原结论仍然成立。

3. 未剔除建成当年数据进行检验

对未剔除财务共享服务中心建成当年数据的样本再次进行检验，具体回归结果如表 4－14 中所示。$FSSC_{i,t} \times After$ 未来一期和未来两期的回归系数仍然分在 1% 的水平上显著为正，表明结论仍然成立。

表 4－14　　　　　　　　　　未剔除建成当年数据样本回归结果

变量	当期	未来一期	未来两期
	ICindex	F. ICindex	F2. ICindex
$FSSC_{i,t} \times After$	0.026	0.059 ***	0.077 ***
	(1.42)	(3.04)	(3.59)
$FSSC_{i,t}$	−0.009	−0.006	0.001
	(−0.46)	(−0.28)	(0.05)
After	−0.002	−0.010	−0.024 **
	(−0.17)	(−1.01)	(−2.04)
Soe	0.003	0.007	0.006
	(0.29)	(0.56)	(0.45)
LarS	−0.021	−0.025	−0.020
	(−0.76)	(−0.76)	(−0.54)
ROA	0.004	0.006	0.006
	(0.91)	(0.89)	(1.14)
Lev	−0.001 ***	−0.001 ***	−0.001 ***
	(−3.15)	(−3.20)	(−3.02)
Size	0.048 ***	0.042 ***	0.037 ***
	(8.64)	(6.76)	(5.63)
Age	0.00004	−0.0003	−0.0002
	(0.04)	(−0.28)	(−0.15)
Grow	−0.038	−0.363	−0.563
	(−0.08)	(−0.48)	(−0.94)
Loss	−0.222 ***	−0.105 ***	−0.096 ***
	(−9.45)	(−3.26)	(−3.10)

续表

变量	当期	未来一期	未来两期
	ICindex	F. ICindex	F2. ICindex
Cross	−0.018 (−0.44)	−0.040 (−0.85)	−0.050 (−1.01)
MA	−0.005 (−0.74)	−0.011 (−1.18)	−0.008 (−0.87)
Mar	0.007 * (1.94)	0.009 ** (2.14)	0.011 ** (2.22)
Shr1	0.0003 (0.91)	0.0004 (1.08)	0.001 (1.26)
Big4	0.012 (0.60)	0.024 (1.10)	0.031 (1.42)
Dual	0.003 (0.28)	0.007 (0.53)	−0.001 (−0.07)
_cons	5.548 *** (48.15)	5.667 *** (41.27)	5.803 *** (38.84)
Year	YES	YES	YES
IND	YES	YES	YES
N	1 691	1 429	1 177
R^2	0.487	0.324	0.289

注：*** 、** 、* 分别表示在1%、5%和10%水平上统计量显著。

第三节 进一步研究

财务共享服务中心对内部控制有效性的程度，可能取决于企业性质和财务共享服务中心运营时长。据此进一步对非国有上市公司和非金融上市公司以及财务共享服务中心运营时长进行研究。

一、企业性质的异质性分析

由于国有上市公司可能更多地受到政策的驱动建成财务共享服务中

心，因此，本部分还将非国有上市公司的样本单独进行回归分析；同时考虑金融行业具有特殊性：一是由于行业特殊性，其有关内部控制的建设和实施要求更为严格；二是金融类企业会计处理上也比较特殊。因此将金融业样本进行剔除，再次进行回归，以排除金融业企业样本带来的影响，具体结果如表 4-15 所示。

表 4-15　　非国有上市公司样本检验和非金融业上市公司样本检验

变量	非国有上市公司			非金融业上市公司		
	当期	未来一期	未来两期	当期	未来一期	未来两期
	ICindex	F. ICindex	F2. ICindex	ICindex	F. ICindex	F2. ICindex
$FSSC_{i,t} \times After$	0.086 **	0.120 **	0.065	0.037 *	0.076 ***	0.083 ***
	(2.36)	(2.55)	(1.54)	(1.86)	(2.93)	(3.05)
$FSSC_{i,t}$	-0.043 *	-0.051 **	-0.008	-0.005	-0.006	0.008
	(-1.84)	(-1.98)	(-0.34)	(-0.27)	(-0.26)	(0.44)
After	-0.026	-0.040 **	-0.021	-0.005	-0.022	-0.028 *
	(-1.58)	(-2.12)	(-1.01)	(-0.45)	(-1.34)	(-1.87)
Soe				0.003	0.005	0.013
				(0.29)	(0.42)	(0.95)
LarS	-0.057	-0.106 *	-0.048	-0.023	-0.017	-0.002
	(-1.44)	(-1.81)	(-0.80)	(-0.78)	(-0.39)	(-0.05)
ROA	0.002	0.016	0.019 *	0.003	0.004	0.007
	(0.34)	(1.33)	(1.86)	(0.58)	(0.48)	(0.99)
Lev	-0.002 ***	-0.002 ***	-0.002 ***	-0.001 ***	-0.001 ***	-0.001 ***
	(-3.87)	(-3.28)	(-2.84)	(-3.14)	(-2.99)	(-3.23)
Size	0.053 ***	0.046 ***	0.034 ***	0.051 ***	0.047 ***	0.035 ***
	(7.82)	(5.35)	(3.31)	(8.98)	(7.25)	(5.25)
Age	0.001	0.002	0.003	0.0003	0.0001	0.001
	(0.66)	(0.72)	(1.21)	(0.30)	(0.10)	(0.41)
Grow	0.170	-1.649	-2.059 *	0.086	-0.179	-0.794
	(0.26)	(-1.28)	(-1.88)	(0.17)	(-0.19)	(-1.05)
Loss	-0.187 ***	-0.178 ***	-0.117 **	-0.209 ***	-0.087 **	-0.104 **
	(-5.85)	(-3.59)	(-2.01)	(-9.54)	(-2.52)	(-2.57)
Cross	0.093	0.092	0.179	-0.012	-0.038	-0.025
	(1.15)	(0.83)	(1.64)	(-0.29)	(-0.73)	(-0.52)

变量	非国有上市公司			非金融业上市公司		
	当期	未来一期	未来两期	当期	未来一期	未来两期
	ICindex	F. ICindex	F2. ICindex	ICindex	F. ICindex	F2. ICindex
MA	−0.003	−0.020	−0.001	−0.002	−0.009	−0.004
	(−0.26)	(−1.15)	(−0.05)	(−0.29)	(−0.83)	(−0.40)
Mar	0.008	0.012*	0.015**	0.007*	0.011**	0.011**
	(1.53)	(1.67)	(2.10)	(1.84)	(2.13)	(2.33)
Shr1	0.001***	0.002***	0.002***	0.0005	0.001*	0.001
	(2.85)	(3.56)	(2.97)	(1.55)	(1.70)	(1.62)
Big4	−0.038	−0.064	−0.044	0.009	0.013	0.036
	(−1.11)	(−1.50)	(−0.94)	(0.40)	(0.51)	(1.56)
Dual	0.002	−0.016	−0.018	0.006	0.016	0.009
	(0.13)	(−0.85)	(−0.83)	(0.47)	(0.96)	(0.56)
_cons	5.460***	5.582***	5.682***	5.458***	5.522***	5.760***
	(33.31)	(27.17)	(23.92)	(43.46)	(33.69)	(34.89)
Year	YES	YES	YES	YES	YES	YES
IND	YES	YES	YES	YES	YES	YES
N	626	407	322	1 393	924	742
R^2	0.533	0.447	0.360	0.506	0.347	0.305

注：***、**、*分别表示在1%、5%和10%水平上统计量显著。

从表4 - 15的结果可以看出，非国有上市公司当期和未来一期的 $FSSC_{i,t} \times$ After 回归系数在5%的水平上显著为正，说明非国有上市公司建设财务共享服务中心后当期和未来一期的内部控制有效性提升显著；非金融业上市公司样本当期的 $FSSC_{i,t} \times$ After 回归系数在10%的水平上显著为正，未来一期和未来两期的 $FSSC_{i,t} \times$ After 回归系数均在1%的水平上显著为正，说明非金融业上市公司建设财务共享服务中心后当期和未来一期的内部控制有效性也得到了显著提升。

二、财务共享服务中心运营时长对内部控制有效性的影响

根据上述的研究发现，上市公司建成财务共享服务中心之后未来一期和

未来两期的内部控制有效性都得到了明显提升，那么随着财务共享服务中心建设运营时间增长，上市公司内部控制有效性还会逐渐提升吗？故建成以下模型进行检验：

$$ICindex_{i,t} = \alpha + \beta_1 \times DUR_{i,t} + \gamma \times Controls_{i,t} + \eta_t + \xi_i + \varepsilon_{i,t} \qquad (4.4)$$

模型（4.4）中，被解释变量为内部控制有效性（ICindex），解释变量为财务共享服务中心建成的时长（DUR），Controls 为控制变量，具体变量及其定义同表4-2。具体回归结果如表4-16所示。

表4-16　　　　　　　　时长回归结果

变量	模型（4.4）
	ICindex
DUR	0.011 ** (2.01)
Soe	0.007 (0.69)
LarS	-0.028 (-1.04)
ROA	0.004 (0.86)
Lev	-0.001 *** (-3.43)
Size	0.048 *** (9.40)
Age	-0.00004 (-0.03)
Grow	-0.012 (-0.02)
Loss	-0.207 *** (-9.49)
Cross	-0.010 (-0.25)
MA	-0.005 (-0.60)

续表

变量	模型（4.4）
	ICindex
Mar	0.007 *
	（1.91）
Shr1	0.0004
	（1.35）
Big4	0.009
	（0.41）
Dual	0.005
	（0.37）
_cons	5.543 ***
	（47.80）
Year	YES
IND	YES
N	1 444
R²	0.490

注：***、**、* 分别表示在1%、5%和10%水平上统计量显著。

从表4-16的结果可以看出，模型（4.4）中DUR的系数在5%的水平上显著为正。这一结果表明，上市公司财务共享服务中心的建成时长和内部控制有效性存在线性关系，随着运营时间不断增长，上市公司财务共享服务中心流程的进一步优化、边界的进一步清晰、权责的进一步明晰，其加强管控的作用越来越明显，企业内部控制有效性逐步提升。

第四节　小　　结

本章的主要研究结论如下：第一，上市公司财务共享服务中心的建成显著提升了内部控制有效性，并给出了直接的经验证据，弥补了通过案例研究和调研报告得出结论的偏差，回应了先前文献对财务共享服务中心提升内部控制有效性的质疑。第二，上市公司财务共享服务中心通过减少企业立案调查情况、改善投资损益、提高总资产周转率和净利润率、促进竞争优势形成五大渠道，改善企业合法合规目标、资产安全目标和经营效率目标的实现程度，进而提升其内部控制有效性，这为上市公司提高内部控制水平提供了一个新方法和新渠道。第三，研究未发现财务共享服务中心对财务报告可靠目标的显著正面影响，这可能是因为我国上市公司的内部控制重大缺陷主要集中在资金活动和财务报告等领域（中国上市公司2017年内部控制白皮书）。第四，根据2011年、2013年重要政策发布时间点划分的不同时期，上市公司财务共享服务中心的建成对其内部控制有效性都有提升作用，并且逐步增强。第五，随着上市公司财务共享服务中心运营时长的增长，内部控制有效性逐步提升。

| 第五章 |

财务共享服务中心和盈余管理

第一节　问题引入

根据以往学者的研究发现，盈余质量受多种因素的影响。这些因素包括公司治理结构、股权分布、经营绩效、融资和扩张策略、债务压力、公司规模、关联方交易、法律监管、机构投资者、媒体监督、外部审计、金融发展水平和政策不确定性等。此外，盈余质量对企业的投资效率和融资约束等方面也有影响。盈余质量实质上反映了企业会计盈余信息对其内在价值、经营状况以及未来盈余预测的影响程度。因此，企业的经营绩效、盈利能力，以及临时盈余信息和会计修正盈余信息在企业盈余管理中所占比重，都对盈余质量产生一定影响。

财务共享服务中心是当前企业广受欢迎的管理模式，对盈余质量也有一定影响（刘姣，2022）。首先，该模式可以降低运营成本并提高经营效率，进而从而显著影响盈余质量。其次，当存在较高信息不对称时，企业的经营业绩（Mehrani et al.，2017）或融资（周晓苏等，2016）出现问题时，更容易进行盈余管理，从而降低盈余质量；而有效的内部控制治理机制（Bentley et al.，2012）能够控制和监督治理层对盈余的操控，减少盈余操控行为（贾丽，2022），进而改善盈余质量。因此，在财务共享服务中心中，研究信息不对称和内部控制质量对企业盈余质量的影响机制非常重要。最后，企业的投融资行为一直备受关注。一些研究表明，具有高质量盈余信息的企业更容易获得债权人的信任，面临较少的融资约束，更容易以较低的利率获得更多贷款，从而降低债务融资成本和总成本（冯展斌，2017；李立成等，2020）。同时，信息不对称程度（Bushman et al.，2001）和代理成本的降低（刘义鹍等，2017）也会改善盈余质量，通过股东和其他利益相关者的监督，有助于提高投资效率。因此，在研究财务共享服务中心时，探究其对企业盈余质量的经济影响是非常必要的。

基于以上内容，本章基于 2010～2020 年沪深 A 股上市非金融企业的样本，旨在探讨财务共享服务中心对企业盈余质量的影响，并深入研究了信息不对称和内部控制在财务共享服务中心对盈余质量的作用机制。此外，研究还关注了财务共享服务中心对企业盈余质量的经济后果，特别是其是否能够缓解融资约束问题和提高投资效率。

第二节　研究假设和研究设计

一、假设提出

企业盈余质量主要受到管理层盈余管理的影响，而盈余管理的根源可以归结为契约摩擦和沟通受阻两个因素。根据委托代理理论和不完全契约理论，委托人和代理人之间的契约是不完备的，无法对所有可能发生的情况进行详尽规定。为了降低风险并保护双方利益，只能通过限制性条款等方式来约束行为。然而，在契约订立过程中，委托人和代理人可能存在利益冲突，这导致契约摩擦的产生。当企业经营业绩不佳时，管理层出于契约动机（如获取薪酬奖励或债务融资等），可能会进行盈余管理，从而降低盈余质量。另外，根据信息不对称理论，作为职业经理人的代理人相比委托人，不仅具备专业的经营能力和背景，而且是企业的直接经营者，拥有天然的信息优势。然而，由于披露成本和契约不完备性的存在，代理人并非总能充分披露所有信息。这种信息不对称导致代理人与其他利益相关者之间的沟通受到限制，使得管理者在决策中具有一定自由裁量权。出于资本市场动机（如上市、并购、股权融资等）、契约动机和政治成本动机（如避税等），代理人通常倾向于进行盈余管理，从而降低企业的盈余质量。

财务共享服务中心可以通过对制度和流程进行标准化和统一来解决契约摩擦问题。根据业务流程再造理论，这种改变可以有效支持企业的信息技术、财务、采购和营销等活动（Petrisor et al.，2016），大幅降低运营成本、提高工作效率。同时，这种改进可以改善企业的经营效果，降低可能导致不良业绩的动机，从而减少治理层进行盈余操纵的可能性。财务共享服务中心可以通过提供财务控制和自动化平台服务来解决沟通受阻问题。通过变革组织结构、整合会计资源、优化业务流程，加强总部对分支机构的管控力度，帮助企业加强信息管控，促进信息披露的准确性和可靠性，从而减少代理人进行盈余操纵的空间。因此，本书认为财务共享服务中心的建成能有效提高企业盈余质量。

基于以上讨论，提出如下假设：

H5 - 1：财务共享服务中心的建成提高了企业盈余质量。

根据信息不对称理论，企业信息不对称程度较低时，市场投资者能够准确预期企业盈余，企业的治理层处于相对透明的环境（Leland and Plye，1977；Myers and Majluf，1984），很难对盈余进行操纵，故而企业的盈余质量较高。此时财务共享服务中心可能只是起到"锦上添花"的作用。然而，企业信息不对称程度较高时，外部投资者无法了解真实情况，企业的治理层易于隐藏不良经营业绩和负面消息。此时财务共享服务中心作为一种管控工具可以发挥更大的作用，其通过统一流程和制度，加强管控，减少分散结构带来的透明度问题，降低信息不对称程度，从而提高盈余质量。因此，研究认为，当企业信息不对称程度较高时，财务共享服务中心能够发挥其管控作用，减少管理层的隐瞒信息和寻租行为，改善盈余质量。

基于以上讨论，提出如下假设：

H5 - 2：与信息不对称程度较低的企业相比，对于信息不对称程度较高的企业来说，财务共享服务中心的建成提高企业盈余质量更明显。

基于委托代理理论，企业内部实行分层管理，导致上下级之间存在委托代理关系，造成内部各级管理者与员工的利益不一致（Jensen and Mecking，1976），进而影响企业高层决策的有效执行。为了确保内部治理的有效性和企业的有效运转，需要设计内部控制制度体系。该体系涵盖了企业各级、各方面和各业务环节，充分且有效地设计和运行时，能够合理保证企业的财务报告和管理信息的真实性和完整性，促使企业遵循监管要求和法律法规，防止管理层绕过内部控制进行盈余操纵（方红星和金玉娜，2011）。在充分有效的内部控制机制下，企业的管控水平较高，财务共享服务中心对于提升盈余质量的作用可能会减弱。然而，如果企业缺乏充分有效的内部控制机制，财务共享服务中心的管控作用更加明显。因此，预计与内部控制良好的企业相比，对于内部控制较差的企业来说，财务共享服务中心的建设将更显著地改善盈余质量。

基于以上讨论，提出如下假设：

H5 - 3：与内部控制较好的企业相比，对于内部控制较差的企业来说，财务共享服务中心的建成提高企业盈余质量更明显。

二、研究设计

（一）样本选择与数据来源

财政部在 2013 年和 2014 年连续两年提出了集团企业应建设财务共享服务中心的要求①。考虑到政策的前后对比，本部分选取 2010～2020 年沪深 A股上市公司为研究样本，并按照以下原则对数据进行筛选：首先，剔除金融行业企业；其次，剔除主要变量数据缺失的样本观测值；最后，剔除当年被 ST 的企业。此外，为避免极端值的影响，对连续变量按照行业年度进行了

---

① 《企业会计信息化工作规范》和《关于全面推进管理会计体系建设的指导意见》。

1% 的 Winsor 缩尾处理，最终得到 7 536① 个样本观测值，涉及 735 家上市公司，其中 62 家已经建成了财务共享服务中心。

对于财务共享服务中心建成时间数据，首先，采用手工收集的方法，从公开媒体、网页或者企业网站查找相关报道，获得财务共享服务中心建成的年份数据；其次，通过学术论文、调研报告等方法收集剩余企业财务共享服务中心建成时间的样本数据，尽量准确反映各样本企业财务共享服务中心建成时间真实数据。其余财务数据均来自 Wind 资讯数据库和 CSMAR 数据库。

（二）相关变量说明

1. 被解释变量

被解释变量为企业盈余质量。盈余质量的衡量指标主要分为三类：一是盈余属性指标，该指标以各类盈余管理为代表；二是盈余市场反应，该指标以盈余反应系数为代表；三是第三方指标，如财务重述、业绩快报质量等。

前面已经提到，管理层进行的盈余管理行为的程度对盈余质量有重要影响。上市公司进行盈余管理的方式多种多样，仅凭单一的盈余管理指标难以全面评估企业的盈余质量。因此，参考奥本等（Obeng et al.，2020）的方法，采用主成分分析法对反映企业盈余管理水平的六个指标进行综合评估，并从前两个主成分中提取得分作为衡量盈余质量的主要指标，将其标记为 Quality。Quality 的数值越高，表示企业盈余质量越好；反之，数值越低则表示盈余质量越差。

六个盈余管理衡量指标分别为：

第一，基本 Jones 模型。依据琼斯（Jones，1991）提出的 Jones 模型，模型如下：

---

① 原始数据搜集到沪深 A 股 2010～2020 年共计 11 年的年度—公司观测值共计 47 333 个。本部分的数据样本之所以只有 7 536 个，是因为在数据处理之前做了一些数据清洗动作：选取 2010～2020 年沪深 A 股上市公司为研究样本，并按照如下原则进行数据筛选：（1）剔除了当年被 ST 的公司（剔除样本 4 746 个）；（2）剔除金融行业和公共事业类公司（剔除样本 2 835 个）；（3）剔除主要变量数据缺失的样本观测值（剔除 Quality 缺失值 21 204 个，剔除 ifsoe 缺失值 8 115 个，剔除 Nos 缺失值 2 630 个，剔除其他控制变量观测值 267 个，共剔除观测值 39 752 个）。其中，由于计算盈余质量时采用主成分分析计算盈余质量综合指标，涉及原始财务变量较多，故剔除了较多样本观测值。

$$\frac{TA_{i,t}}{A_{i,t-1}} = \alpha_1 \times \frac{1}{A_{i,t-1}} + \alpha_2 \times \frac{\Delta REV_{i,t}}{A_{i,t-1}} + \alpha_3 \times \frac{PPE_{i,t}}{A_{i,t-1}} + \omega_{i,t} \qquad (5.1)$$

其中，$A_{i,t-1}$ 为期初总资产，$\Delta REV_{i,t}$ 为营业收入增长量，$PPE_{i,t}$ 为当期固定资产。通过模型（5.1）回归所得残差的绝对值即为应计盈余管理水平。$TA_{i,t}$ 为应计项目总额，计算如下：

$$TA_{i,t} = \Delta Current\ Asset_{i,t} - \Delta Cash_{i,t} - \Delta Current\ Liabilitiest$$
$$- Depreciation\ Expenset \qquad (5.2)$$

其中，$TA_{i,t}$ 为第 t 年营业利润减去第 t 年经营活动现金流量（黄梅和夏新平，2009）。

第二，修正的 Jones 模型。德乔等（Dechow et al.，1995）提出的修正 Jones 模型在 Jones 模型的基础上加入了应收账款变动，模型如下：

$$\frac{TA_{i,t}}{A_{i,t-1}} = \beta_1 \times \frac{1}{A_{i,t-1}} + \beta_2 \times \frac{\Delta REV_{i,t} - \Delta REC_{i,t}}{A_{i,t-1}} + \beta_3 \times \frac{PPE_{i,t}}{A_{i,t-1}} + \omega_{i,t} \qquad (5.3)$$

其中，$\Delta REC_{i,t}$ 为当期应收账款变动。

第三，陆建桥模型。陆建桥（1999）在修正 Jones 模型的基础上，进一步考虑了无形资产和其他长期资产。具体模型如下：

$$\frac{TA_{i,t}}{A_{i,t-1}} = \gamma_1 \times \frac{1}{A_{i,t-1}} + \gamma_2 \times \frac{\Delta REV_{i,t} - \Delta REC_{i,t}}{A_{i,t-1}} + \gamma_3 \times \frac{PPE_{i,t}}{A_{i,t-1}}$$
$$+ \gamma_4 \times \frac{IA_{i,t}}{A_{i,t-1}} + \omega_{i,t} \qquad (5.4)$$

其中，$IA_{i,t}$ 为当期无形资产和其他长期资产。

第四，收益匹配 Jones 模型。科萨里等（Kothari et al.，2002）提出在传统的 Jones 模型中引入业绩变量（ROA）以控制业绩与企业应计之间的相关性，或为每一个样本企业找到一个业绩匹配的企业。这里介绍引入 ROA 的模型，科萨里等（2002）认为可以选择当期的 ROA 或滞后一期的 ROA，而黄梅和夏新平（2009）使用了当期的 ROA：

$$\frac{TA_{i,t}}{A_{i,t-1}} = \delta_0 + \delta_1 \times \frac{1}{A_{i,t-1}} + \delta_2 \times \frac{\Delta REV_{i,t}}{A_{i,t-1}} + \delta_3 \times \frac{PPE_{i,t}}{A_{i,t-1}} + \delta_4 \times \frac{ROA_{i,t}}{A_{i,t-1}} + \omega_{i,t}$$

$$(5.5)$$

第五，非线性 Jones 模型。鲍尔和希瓦库马尔（Ball and Shivakumar，

2006）提出，应计和业绩之间存在非线性相关，为了解决这一问题，在传统的 Jones 模型中加入表示虚拟变量 $DVAR_{i,t}$，当 $DVAR_{i,t}$ 小于零时，它等于 1，反之则为零。具体模型如下：

$$\frac{TA_{i,t}}{A_{i,t-1}} = \varepsilon_0 + \varepsilon_1 \times \frac{\Delta REV_{i,t}}{A_{i,t-1}} + \varepsilon_2 \times \frac{\Delta REV_{i,t}}{A_{i,t-1}} + \varepsilon_3 \times \frac{DVAR_{i,t}}{A_{i,t-1}}$$
$$+ \varepsilon_4 \times \frac{DVAR_{i,t} \times \Delta CFO_{i,t}}{A_{i,t-1}} + \omega_{i,t} \tag{5.6}$$

第六，真实盈余管理。真实盈余管理主要包括销售操控、生产操控和酌量性费用操控三类。参照乔杜里（Roychowdhury，2006）、科恩和查诺文（Cohen and Zarowin，2010）、甘尼（Gunny，2010）的做法，首先对样本进行分年度分行业回归得到经营现金净流量、生产成本和酌量性费用的估计值，再根据企业的实际发生额减去估计值，得出以上各变量的异常值。采用如下估计模型：

$$\frac{CFO_{i,t}}{A_{i,t-1}} = \zeta + \zeta_1 \times \frac{1}{A_{i,t-1}} + \zeta_2 \times \frac{S_{i,t}}{A_{i,t-1}} + \zeta_3 \times \frac{\Delta S_{i,t}}{A_{i,t-1}} + \omega_{i,t} \tag{5.7}$$

$$\frac{PROD_{i,t}}{A_{i,t-1}} = \eta + \eta_1 \times \frac{1}{A_{i,t-1}} + \eta_2 \times \frac{S_{i,t}}{A_{i,t-1}} + \eta_3 \times \frac{\Delta S_{i,t}}{A_{i,t-1}} + \eta_4 \times \frac{\Delta S_{i,t-1}}{A_{i,t-1}} + \omega_{i,t}$$
$$\tag{5.8}$$

$$\frac{EXP_{i,t}}{A_{i,t-1}} = \lambda + \lambda_1 \times \frac{1}{A_{i,t-1}} + \lambda_2 \times \frac{\Delta S_{i,t}}{A_{i,t-1}} + \omega_{i,t} \tag{5.9}$$

以上三式中，$CFO_{i,t}$、$PROD_{i,t}$ 和 $EXP_{i,t}$ 均使用期初资产总额 $Asset_{i,t-1}$ 进行了规模化处理。其中，$CFO_{i,t}$ 为企业当期经营活动产生的净现金流量；$PROD_{i,t}$ 为当期营业成本与存货变动之和；$EXP_{i,t}$ 为当期销售费用与管理费用之和；$S_{i,t}$ 表示当期营业收入；$\Delta S_{i,t}$ 是当期相对上期的营业收入变化额；$\Delta S_{i,t-1}$ 是期初相对上期的营业收入变化额。采用以上模型分年度分行业进行回归，得到异常经营活动现金流量 AbsCFO、异常生产成本 AbsPROD 和异常酌量性费用AbsEXP。对于以上三种真实盈余管理行为，上市公司可能同时使用。因此，设定真实盈余管理指标如下：

$$REM_t = AbsPROD_t + (-1) \times AbsCFO_t + (-1) \times AbsEXP_t \tag{5.10}$$

在进行企业盈余质量综合指标构建之前，需要对数据进行标准化，并运用 KMO 检验和 Bartlett 的球形度检验来评估主成分分析在研究样本中的适用性。经过计算，KMO 检验结果为 0.884，远大于 0.5，Bartlett 检验的 P 值在 1% 的置信水平上显著。综合考虑 KMO 检验和 Bartlett 的球形度检验结果，可以得出主成分分析法适用于企业盈余质量的度量。

主成分分析法提取了第一和第二主成分的特征值，分别为 4.69 和 0.78，大于 0.6，同时贡献率达到 91.90%，较好地反映了原始变量的大部分信息。因此，成分一和成分二得到的信息应该保留，可以选择成分一和成分二来构建企业盈余质量综合指数。接下来，以主成分的方差贡献率为权重，对该指标在各主成分线性组合中的系数进行加权平均并做归一化处理，进而利用主成分分析方法计算指标权重。对最终计算的综合指标取负数，以反映企业盈余质量的高低，具体来说，盈余质量综合指标 Quality 越大，代表企业盈余质量越好。如式（5.11）所示：

$$Quality = -abs(0.7810/0.9110 \times f1 + 0.1300/0.9110 \times f2) \tag{5.11}$$

2. 解释变量

第一，财务共享服务中心。将解释变量财务共享服务中心的建成（FSSC）设置为时间虚拟变量，若企业当年财务共享服务中心建成并投入运营，则 FSSC 为 1，否则为 0。

第二，信息不对称。参考吉姆和维里克查尔（Kim and Verrecchia, 2001）和林长泉等（2016）的做法，采用 KV 指数度量信息不对称程度。KV 指数反映的是企业股票市场信息，能够反映企业自愿和非自愿信息披露，有利于更全面地衡量上市公司信息不对称程度。

KV 指数度量模型如下：

$$Ln\left|\frac{\Delta P_t}{P_{t-1}}\right| = \alpha + \beta(Vol_t - Vol_0) + \mu_i \tag{5.12}$$

$$KV = \beta \times 1\,000\,000 \tag{5.13}$$

其中，P_t 代表企业股票在第 t 日的收盘价，Vol_t 是企业股票在第 t 日交易股数，Vol_0 是年度企业股票平均日交易量。对模型（5.12）进行最小二乘法回归得到系数 β，若企业当年股票交易日小于 100 天，则不估计 β，且不

考虑 β 为负的情况。β 值和 KV 值成正比，β 值越大，KV 值越大，代表企业信息不对称程度越高，反之信息不对称程度越低。其中，剔除了导致模型 (5.12) 没有意义的 $\Delta P_t = 0$ 的交易日的情况。

第三，内部控制。借鉴刘启亮等（2013）、逯东等（2014）的研究，采用深圳 DIB 企业的内部控制指数，将其取对数处理，作为企业内部控制的代理变量（Index）。具体来说，Index 越大代表企业内部控制质量越好，反之内部控制质量越差。

3. 控制变量

控制变量 Controls 包括公司治理变量、外部监管机制变量、财务风险变量、企业特征变量和其他一些影响企业盈余管理的变量。

首先，第一大股东持股比例越大（章卫东，2010），董事会规模越大，独立董事比例越小（高明华和方芳，2014）；且高管会为了获得更高的薪酬而进行盈余操纵（申毅和阮青松，2017），因此参考杜兴强等（2017）的做法，控制了股权集中度（Shr1）、董事会规模（LarS）、董事会独立性（Indep）以及高管薪酬（INcome）等公司治理变量。

其次，由于高质量外部审计能够有效抑制上市公司的盈余管理行为（王晓珂等，2016），所以参考赵纯祥和杨快（2019）的做法，控制了是否四大会计师事务所审计（Big4）。

再次，由于国有上市公司在财务和政策上可以得到更多的政府支持，面临的市场竞争压力更小，盈余管理水平较低（薄仙慧和吴联生，2009），因此控制了股权性质（Soe）；企业规模越大、资产负债率越低、盈利能力越高，且成长性稳定，企业更有可能报告稳定的应计利润，进行盈余管理的机会较小，因此借鉴孙健等（2016）的做法，控制了企业规模（Size）、子企业数量（Nos）、资产负债率（Lev）、盈利能力（ROA）、经营业务成长性（Grow）、是否经营亏损（Loss）等企业特征变量。

最后，企业风险指数越高，融资需求上升，有更强的动机进行盈余操纵，因此参考高增量和张俊瑞（2019）的做法，控制了财务风险变量企业 Z 值（Zscore）。具体变量定义如表 5 - 1 所示。

表 5 - 1   主要变量定义

变量类型	变量符号	变量名称	计算方式
被解释变量	Quality	盈余质量	借鉴 Obeng et al.（2020）的研究，将反映企业盈余管理水平的 6 个指标进行主成分分析，并从该分析的前两个因素中提取得分作为盈余质量的主要衡量指标
	SA	融资约束	参考 Hadlock and Pierce（2010），构造 SA 指数。SA 指数越大代表企业面临的融资约束越强，否则融资约束越弱
解释变量	FSSC	是否建成财务共享服务中心	虚拟变量，若上市公司当年建成财务共享服务中心则为 1，否则为 0
	KV	信息不对称	Kim and Verrecchia（2001）的方法测度，KV 值越大代表企业信息不对称程度越高
	Index	内部控制	虚拟变量，若企业当年内部控制审计报告发表标准内部审计意见，则取值为 1，否则为 0
控制变量	Size	企业规模	总资产的自然对数
	Soe	股权性质	虚拟变量，若为国有上市公司则为 1，否则为 0
	Shr1	股权集中度	第一大股东持股比例
	LarS	董事会规模	董事会人数的自然对数
	Lev	资产负债率	资产负债率＝年末负债总额/年末总资产
	Big4	是否四大审计	虚拟变量，若为四大审计则为 1，否则为 0
	Indep	董事会独立性	独立董事人数/董事会总人数
	ROA	盈利能力	总资产净利率＝净利润/年末总资产
	INcome	高管薪酬	上市公司金额前三的高管薪酬合计的自然对数
	Nos	子公司数量	上市公司子公司数量
	Zscore	Z 值	Altman Z - score 模型计算的企业 Z 值
	Grow	经营业务成长性	营业收入增长率
	Loss	是否亏损	虚拟变量，若上市公司当年亏损，则取 1，否则取 0
	Year	年度	年度虚拟变量

另外，研究还加入了年度虚拟变量。同时，为避免企业层面的聚集效应对标准误的影响，回归时在企业层面进行了聚类处理。

（三）模型设计

模型（5.14）用来检验 H5 - 1。其中，$Quality_{i,t}$ 代表应计盈余管理，$Controls_{i,t}$ 是控制变量。如果回归结果中 $FSSC_{i,t}$ 的系数 ϕ 显著为正，则表明上市公司财务共享服务中心的建成可以提高盈余质量。

$$Quality_{i,t} = \phi + \phi_1 \times FSSC_{i,t} + \phi_2 \times Controls_{i,t} + \eta_t + \xi_i + \varepsilon_{i,t} \qquad (5.14)$$

模型（5.15）用来检验 H5 - 2。其中，$KV_{i,t}$ 代表企业信息不对称程度。如果回归结果中 $FSSC_{i,t}$ 的系数 θ_3 显著为正，则表明与信息不对称程度较低的企业相比，信息不对称程度较高的企业建成财务共享服务中心提高企业盈余质量的效果更明显。

$$Quality_{i,t} = \theta + \theta_1 \times FSSC_{i,t} + \theta_2 \times KV_{i,t} + \theta_3 \times FSSC_{i,t} \times KV_{i,t}$$
$$+ \theta_4 \times Controls_{i,t} + \eta_t + \xi_i + \varepsilon_{i,t} \qquad (5.15)$$

模型（5.16）用来检验 H5 - 3。其中，$Quality_{i,t}$ 代表应计盈余管理，$Index_{i,t}$ 代表企业内部控制质量。如果回归结果中 $FSSC_{i,t}$ 的系数 δ 显著为负，则表明与内部控制较好的企业相比，内部控制较差的企业建成财务共享服务中心提高企业盈余质量的效果更明显。

$$Quality_{i,t} = \mu + \mu_1 \times FSSC_{i,t} + \mu_2 \times Index_{i,t} + \mu_3 \times FSSC_{i,t} \times Index_{i,t}$$
$$+ \mu_4 \times Controls_{i,t} + \eta_t + \xi_i + \varepsilon_{i,t} \qquad (5.16)$$

三、实证结果及分析

（一）描述性统计

主要变量的描述性统计结果，如表5-2所示。由表5-2可知，FSSC 的均值为 0.0431，表示有 4.31% 的样本企业建成财务共享服务中心。盈余质量（Quality）的均值为 -1.2932，标准差为 1.3206，说明样本企业之间的盈余质量存在较大的差别。内部控制指数标准差为 1.0635，表明样本内企业之间内部控制质量差异也较大。股权性质（Soe）的均值为 0.5547，表明样本企业中有 54.6% 的企业是国有上市公司，占比超过一半。子公司数量（Nos）均值为 25.8799，最大值为 157，说明样本中大多数企业拥有十家以上的分子公司，适合作为财务共享服务中心建成的经济后果研究样本。

表 5 - 2　　　　　　　　　主要变量描述性统计

变量	N	平均值	标准差	25 分位数	中位数	75 分位数	最小值	最大值
FSSC	7 536	0.0431	0.2031	0	0	0	0	1
Quality	7 536	- 1.2932	1.3206	- 7.7497	- 1.5194	- 1.0527	- 0.5644	- 0.0247
KV	7 536	0.0705	0.0864	0.0046	0.0226	0.0436	0.0834	0.4385
Index	7 536	6.3235	1.0635	0	6.4375	6.5184	6.5754	6.8086
Size	7 536	22.8187	1.3574	20.0011	21.8774	22.6897	23.6935	25.9911
Soe	7 536	0.5547	0.4970	0	0	1	1	1
Shr1	7 536	0.1452	0.1172	0.0080	0.0545	0.1098	0.2108	0.5520
LarS	7 536	2.2846	0.1786	1.7918	2.1972	2.3026	2.3026	2.7726
Lev	7 536	0.5167	0.1958	0.0793	0.3789	0.5296	0.6629	0.8982
Big4	7 536	0.1682	0.3741	0	0	0	0	1
Indep	7 536	0.3728	0.0557	0.3000	0.3333	0.3333	0.4000	0.5714
ROA	7 536	0.0767	0.1202	- 0.4249	0.0294	0.0752	0.1294	0.4032
INcome	7 536	5.3404	0.7599	3.5264	4.8752	5.3228	5.7874	7.075
Nos	7 536	25.8799	29.8443	1	7	16	33	157
Zscore	7 536	13.0673	22.8378	1.0259	2.065	4.9218	13.6179	135.7597
Grow	7 536	0.1719	0.4734	- 0.5518	- 0.0320	0.0931	0.2455	3.2396
Loss	7 536	0.0888	0.2844	0	0	0	0	1

（二）多元回归分析

表 5 - 3 列示了 H5 - 1［模型（5.14）］、H5 - 2［模型（5.15）］、H5 - 3［模型（5.16）］的检验结果。

列（1）列示了模型（5.14）的检验结果。在控制企业层面固定效应且考虑控制变量情况下，FSSC 对 Quality 的回归系数为 0.3400，在 5% 的水平上显著，说明 FSSC 和 Quality 在 5% 的置信水平上显著正相关，支持了 H5 - 1，即与未建成财务共享服务中心的上市公司相比，建成了财务共享服务中心的上市公司盈余质量更好。

列（2）和列（3）列示了模型（5.15）的检验结果。从列（2）来看，在控制企业层面固定效应且考虑控制变量情况下，KV 对 Quality 的回归系数

为 - 0.0229，在 10% 的水平上负相关，即企业信息不对称程度越高，企业盈余质量越低；从列（3）来看，交乘项 FSSC_KV 对 Quality 的回归系数为 0.2707，在 1% 的水平上显著，同时调整的 R^2 从 0.2122 增大为 0.2127，说明 KV 对 FSSC 与 Quality 的正相关关系具有正向调节作用，回归结果支持了 H5 - 2，即与信息不对称程度较低的企业相比，对于信息不对称程度较高的企业来说，财务共享服务中心的建成提高企业盈余质量更明显。这可能是因为市场投资者对于信息不对称程度较低的企业能作出较为准确的盈余判断，企业盈余质量本身就较高，因此财务共享服务中心这种管理模式发挥的作用可能不明显。

列（4）和列（5）展示了模型（5.16）的检验结果。从列（4）来看，当控制企业层面固定效应且考虑控制变量时，Index 对 Quality 的回归系数为 0.0641，且在 5% 的水平上显著，说明内部控制质量越好的企业盈余质量越好；从列（5）来看，交乘项 FSSC_Index 对 Quality 的回归系数为 - 0.2368，在 1% 的水平上显著，同时调整的 R^2 从 0.2138 增大为 0.2139，说明 Index 对 FSSC 与 Quality 的正相关关系具有负向调节作用，支持了 H5 - 3，即与内部控制较好的企业相比，对于内部控制较差的企业来说，财务共享服务中心的建成提高企业盈余质量更明显。这可能是因为在企业内部控制设计充分且有效运行时，企业内部控制与财务共享服务中心作用可能存在重叠或替代，此时财务共享服务中心对企业盈余质量的促进作用可能不明显。

表 5 - 3　　　　　　　　　财务共享服务中心对盈余质量的影响

变量	（1）Quality	（2）Quality	（3）Quality	（4）Quality	（5）Quality
FSSC	0.3400 ** （2.19）	0.3395 ** （2.19）	0.3970 ** （2.49）	0.3300 ** （2.14）	0.3764 ** （2.43）
KV		- 0.0229 * （ - 1.90）	- 0.0277 * （ - 1.71）		
FSSC_KV			0.2707 *** （3.44）		

变量	（1）Quality	（2）Quality	（3）Quality	（4）Quality	（5）Quality
Index				0.0641 **	0.0655 **
				(2.47)	(2.51)
FSSC_Index					−0.2368 ***
					(−4.32)
Size	0.0616	0.0538	0.0514	0.0485	0.0483
	(1.26)	(1.08)	(1.03)	(0.98)	(0.98)
ifsoe	0.0067	0.0092	0.0080	0.0027	0.0018
	(0.07)	(0.09)	(0.08)	(0.03)	(0.02)
Shr1	0.1740	0.2145	0.2010	0.1504	0.1462
	(0.41)	(0.50)	(0.46)	(0.35)	(0.34)
LarS	0.1995	0.1970	0.1958	0.2076	0.2101
	(0.87)	(0.86)	(0.86)	(0.91)	(0.92)
Lev	−0.8539 ***	−0.8470 ***	−0.8404 ***	−0.8057 ***	−0.8079 ***
	(−3.62)	(−3.58)	(−3.56)	(−3.42)	(−3.43)
Big4	0.0025	0.0027	0.0018	−0.0053	−0.0047
	(0.02)	(0.03)	(0.02)	(−0.05)	(−0.04)
Indep	−0.4631	−0.4670	−0.4456	−0.4338	−0.4367
	(−0.96)	(−0.96)	(−0.92)	(−0.90)	(−0.90)
ROA	0.6725 *	0.6886 *	0.6864 *	0.6036 *	0.6045 *
	(1.86)	(1.91)	(1.91)	(1.67)	(1.67)
INcome	0.0237	0.0239	0.0263	0.0180	0.0187
	(0.43)	(0.43)	(0.47)	(0.33)	(0.34)
Nos	0.0018 *	0.0018 *	0.0018 *	0.0019 *	0.0019 *
	(1.65)	(1.66)	(1.71)	(1.75)	(1.78)
Zscore	0.0005	0.0004	0.0005	0.0005	0.0005
	(0.57)	(0.45)	(0.50)	(0.56)	(0.58)
Grow	−0.5959 ***	−0.5936 ***	−0.5952 ***	−0.5913 ***	−0.5908 ***
	(−7.53)	(−7.53)	(−7.54)	(−7.48)	(−7.47)
Loss	−0.1158	−0.1134	−0.1140	−0.1051	−0.1052
	(−1.65)	(−1.61)	(−1.62)	(−1.51)	(−1.51)

续表

变量	（1） Quality	（2） Quality	（3） Quality	（4） Quality	（5） Quality
Constant	− 2. 7043 ** （− 2. 31）	− 2. 5316 ** （− 2. 13）	− 2. 4951 ** （− 2. 10）	− 2. 4206 ** （− 2. 05）	− 2. 4223 ** （− 2. 05）
Observations	7 536	7 536	7 536	7 536	7 536
R^2	0. 2121	0. 2122	0. 2127	0. 2138	0. 2139
Firm FE	YES	YES	YES	YES	YES
Year FE	YES	YES	YES	YES	YES

注： *** 、 ** 、 * 分别表示在 1% 、 5% 和 10% 水平上统计量显著。

（三）稳健性检验

1. 倾向得分匹配—双重差分检验

一方面，考虑到选择的样本期间内 A 股上市公司中建成财务共享服务中心的企业仅有 45 家，比例仅为 4. 31%，为提高样本可比性，可以考虑匹配实验组和对照组。另一方面，企业建成财务共享服务中心前后存在时间状态差异、建成和未建成财务共享服务中心的企业存在两种对照状态的差异，属于一种分时段逐步实施政策的"准自然实验"，适合使用双重差分检验方法检验政策实施效果。因此，借鉴蔡宇欣和任永平（2016）、李闻一和潘珺（2021）的做法，采用倾向得分匹配—双重差分方法进行稳健性检验。

具体来说，首先，选取样本期间内已建成财务共享服务中心的企业作为处理组，基于企业正式建成财务共享服务中心年度前一年的企业规模（Size）和盈利能力（ROA）作为特征变量。根据安永《技术变革驱动共享升级——2015 安永财务共享服务调查报告》和湖北省财务共享服务学会 2017 年年度报告《国有、跨国、私营企业财务共享服务对标调查评析》中对建成财务共享服务中心的企业基本情况的分析，发现大型企业更倾向或易于建成财务共享服务中心，因此选取企业规模（Size）作为匹配变量；建成财务共享服务中心的企业中，年销售收入较高的企业占比较大，经营销售业绩较好的企业更能满足建成财务共享服务中心所需的成本资源投入，因此选取盈利能力（ROA）作为匹配变量。这两个变量是影响企业是否建成财务共享服务中心最关键的因素，因此选取其作为协变量进行匹配。

其次，采用"一配一、无放回"的方法，为建成财务共享服务中心的企业匹配同一年度、特征最为接近的对照组，最终得到 45 家建成财务共享服务中心的企业以及对应的 45 家未建成财务共享服务中心的企业。

最后，构建双重差分模型——模型（5.17），基于新样本进行 DID 检验。其中，被解释变量（Quality）为企业盈余质量，解释变量为企业是否建成财务共享服务中心虚拟变量（Treat）与企业建成财务共享服务中心前后虚拟变量（Post）构成的交互项 Treat × Post。主要关注交互项前的系数 ϕ_1，具体回归结果如表 5 - 4 所示。

表 5 - 4　　　　　　　　稳健性检验一：PSM - DID 检验

变量	（1） Quality	（2） Quality
Treat × Post	0.4531** (2.23)	
Treat	-0.3736* (-1.85)	
Treat × Post^{-2}		-0.3389 (-1.11)
Treat × Post^{-1}		-0.0203 (-0.06)
Treat × Post^{0}		0.3411 (1.04)
Treat × Post^{+1}		0.3225* (1.89)
Treat × Post^{+2}		0.4780* (1.91)
Treat × Post^{+3}		0.1472* (1.86)
Size	0.1168 (1.27)	0.1155 (1.24)
Ifsoe	-0.2310* (-1.85)	-0.2272* (-1.80)

续表

变量	(1) Quality	(2) Quality
Shr1	1.6918 ** (2.29)	1.6936 ** (2.28)
LarS	0.3467 (1.08)	0.3495 (1.11)
Lev	0.3660 (0.89)	0.3682 (0.88)
Big4	−0.1305 (−0.47)	−0.1270 (−0.45)
Indep	1.0318 (1.19)	1.0632 (1.23)
ROA	0.7672 (0.72)	0.7650 (0.73)
Income	−0.0964 (−0.96)	−0.0977 (−0.95)
Nos	0.0020 (1.36)	0.0019 (1.31)
Zscore	−0.0068 (−1.00)	−0.0069 (−1.00)
Grow	−0.4007 ** (−2.12)	−0.4104 ** (−2.13)
Loss	0.1022 (0.35)	0.1073 (0.38)
Constant	−4.5518 ** (−2.20)	−4.5635 ** (−2.19)
Observations	572	572
R^2	0.1603	0.1658
IND FE	YES	YES
Year FE	YES	YES

注：**、*分别表示在5%和10%水平上统计量显著；列（1）和列（2）控制了时间固定效应，控制了每一期的时间效应，未加入Post虚拟变量，但是未控制公司固定效应，因此加入了Treat变量。

结果显示，在控制行业—年度固定效应时，解释变量 Treat × Post 的系数均至少在 5% 的水平上显著为正，且平行趋势检验符合预期，即研究结论保持不变。

$$\text{Quality}_{i,t} = \phi + \phi_1 \times \text{Treat}_{i,t} + \phi_2 \times \text{Post}_{i,t} + \phi_3 \times \text{Treat}_{i,t} \times \text{Post}_{i,t}$$
$$+ \phi_4 \times \text{Controls}_{i,t} + \eta_t + \xi_i + \varepsilon_{i,t} \tag{5.17}$$

2. Heckman 两阶段检验

为了减少样本选择偏误内生性对结果的影响，需要考虑以下事实：相对于未建成财务共享服务中心的上市公司，建成财务共享服务中心的上市公司通常情况下规模较大（何瑛等，2013），并且拥有丰富的企业资源，是否建成财务共享服务中心这一政策是内生的。因此，某些影响企业建成和实施财务共享服务中心的因素同时也可能影响企业盈余质量，而这些因素无法穷尽或不可测量。因此，存在样本选择偏误内生性。

基于上述讨论，选择 Heckman 两阶段处理效应模型予以解决。在第一阶段，选择"行业—年度内建成财务共享服务中心企业的数量（FSSC_sum）"作为工具变量，以企业当年是否建成财务共享服务中心（FSSC）为因变量，加入模型（5.14）中部分控制变量进行第一阶段估计，以此估计逆米尔斯比率（imr）。之所以选取此工具变量，是因为根据"标杆效应"，某年份上市公司所在行业内建成财务共享服务中心的数量越多，该上市公司当年越可能选择建成和实施财务共享服务中心。此外，上市公司盈余质量是一种企业自身信息质量特征，与该企业当年行业内建成财务共享服务中心的数量显然不具备明显的联系。因此，工具变量"行业—年度内建成财务共享服务中心企业的数量（FSSC_sum）"具有与自变量高度正相关、与实证模型随机扰动项不相关的特征，符合工具变量的选择要求。第二阶段，将逆米尔斯比率加入模型（5.14）重新估计财务共享服务中心对盈余质量的影响，结果如表 5-5 中列（1）与列（2）所示。FSSC 的回归系数依然显著为正，逆米尔斯比率未通过显著性检验，说明财务共享服务中心的建成能够促进企业盈余质量提升的结论，受样本选择偏误影响并不明显，研究结论可信。

表 5 – 5   稳健性检验二：控制样本自选择偏差

变量	（1） FSSC	（2） Quality
FSSC_sum	7. 8101 *** （12. 2610）	
FSSC		0. 4114 *** （5. 1601）
Imr		– 0. 1875 （– 1. 2702）
Size	0. 3578 *** （12. 9673）	0. 0472 *** （2. 6407）
Lev	0. 0335 （0. 1993）	– 0. 4762 *** （– 4. 6909）
Nos	– 0. 0023 *** （– 2. 6376）	0. 0006 （1. 0956）
Ifsoe		0. 0140 （0. 4184）
Shr1		– 0. 4505 ** （– 2. 4991）
LarS		0. 2649 *** （2. 5828）
Big4		0. 0654 （1. 6305）
Indep		0. 0936 （0. 3086）
ROA		0. 5365 * （1. 9155）
Income		– 0. 0311 （– 1. 1644）
Zscore		0. 0003 （0. 2917）
Grow		– 0. 6489 *** （– 9. 0192）

续表

变量	(1) FSSC	(2) Quality
Loss		− 0. 2128 *** (− 3. 0793)
_cons	− 10. 4445 *** (− 17. 3716)	− 2. 5003 *** (− 6. 3241)
Observations	7 536	7 536
R^2	0. 0643	0. 0643
Firm FE	YES	YES
Year FE	YES	YES

注: *** 、** 、* 分别表示在1% 、5% 和10% 水平上统计量显著。

3. 增加控制变量

考虑到可能存在遗漏未控制的变量, 因此补充其他可能影响企业盈余质量的因素作为控制变量, 重新进行回归, 检验结论的稳健性。

首先, 高质量外部审计能够有效抑制上市公司的盈余管理行为 (王晓珂等, 2016), 所以参考赵纯祥和杨怏 (2019) 的做法, 进一步控制了审计意见 (Audit) 等外部监管机制变量。其次, 对于上市时间越长、经营性现金流量越大的企业, 更有可能报告稳定的应计利润, 进行盈余操纵的机会较小, 盈余质量更好。因此借鉴孙健等 (2016) 的做法, 控制了上市年限 (Age)、经营性现金流量 (CFO) 等企业特征变量。最后, 企业的子公司数量越多, 业务分布数目越多, 监管难度越大, 其进行盈余操纵的机会越多, 因此借鉴宋英慧和陈军胜 (2017)、姚宏等 (2018) 的做法, 控制了固定资产 (PPE1), 两职合一 (Dual)。具体变量定义如表 5 - 6 所示。

表 5 - 6 　　　　　　　　　新增加控制变量定义

变量类型	变量符号	变量名称	计算方式
控制变量	Age	上市时长	企业上市年限
	CFO	经营性现金流量	经营性活动现金流/总资产
	Audit	审计意见	若审计意见为标准无保留意见取 1，否则取 0
	PPE1	固定资产	固定资产/资产总计
	Dual	两职兼任	虚拟变量，若董事长和总经理为同一人兼任，则取 1，否则为 0

　　表 5 - 7 列示了在进一步控制相关控制变量后 H5 - 1、H5 - 2、H5 - 3 的检验结果，H5 - 1、H5 - 2、H5 - 3 依然得到了验证。

表 5 - 7 　　　　　　　　稳健性检验三：增加控制变量

变量	(1) Quality	(2) Quality	(3) Quality	(4) Quality	(5) Quality
FSSC	0.3356 ** (2.15)	0.3351 ** (2.15)	0.3895 ** (2.43)	0.3260 ** (2.10)	0.3764 ** (2.42)
KV		-0.0217 * (-1.79)	-0.0263 * (-1.84)		
FSSC_KV			0.2559 *** (3.21)		
Index				0.0652 ** (2.37)	0.0665 ** (2.41)
FSSC_Index					-0.2559 *** (-4.66)
Size	0.0650 (1.30)	0.0578 (1.14)	0.0554 (1.09)	0.0547 (1.09)	0.0543 (1.08)
Ifsoe	0.0159 (0.15)	0.0184 (0.17)	0.0175 (0.17)	0.0094 (0.09)	0.0085 (0.08)
Shr1	0.2660 (0.61)	0.2986 (0.68)	0.2850 (0.65)	0.2506 (0.57)	0.2459 (0.56)
LarS	0.2283 (1.00)	0.2246 (0.98)	0.2235 (0.98)	0.2289 (1.00)	0.2318 (1.01)

变量	（1）Quality	（2）Quality	（3）Quality	（4）Quality	（5）Quality
Lev	−0.8438 ***（−3.48）	−0.8366 ***（−3.44）	−0.8300 ***（−3.41）	−0.8133 ***（−3.36）	−0.8147 ***（−3.37）
Big4	0.0204（0.19）	0.0211（0.19）	0.0201（0.18）	0.0123（0.11）	0.0130（0.12）
Indep	−0.4780（−0.97）	−0.4824（−0.98）	−0.4619（−0.94）	−0.4607（−0.94）	−0.4638（−0.95）
ROA	0.5219（1.33）	0.5359（1.37）	0.5340（1.37）	0.4677（1.19）	0.4665（1.19）
Income	0.0033（0.06）	0.0035（0.06）	0.0059（0.10）	−0.0028（−0.05）	−0.0020（−0.04）
Nos	0.0017（1.48）	0.0017（1.58）	0.0017（1.59）	0.0018 *（1.87）	0.0018 *（1.67）
Zscore	0.0004（0.44）	0.0003（0.35）	0.0004（0.39）	0.0004（0.40）	0.0004（0.43）
Grow	−0.5327 ***（−6.76）	−0.5308 ***（−6.76）	−0.5327 ***（−6.78）	−0.5267 ***（−6.70）	−0.5263 ***（−6.70）
Loss	−0.1181（−1.63）	−0.1160（−1.60）	−0.1165（−1.61）	−0.1079（−1.51）	−0.1081（−1.51）
CFO	0.2266（0.41）	0.2327（0.43）	0.2295（0.42）	0.2388（0.44）	0.2440（0.45）
Age	−0.1025（−0.45）	−0.1259（−0.54）	−0.1228（−0.53）	−0.1006（−0.44）	−0.1013（−0.44）
PPE1	−1.0371 ***（−3.17）	−1.0343 ***（−3.16）	−1.0276 ***（−3.14）	−1.0473 ***（−3.22）	−1.0477 ***（−3.22）
Dual	0.1376 **（2.14）	0.1364 **（2.12）	0.1359 **（2.11）	0.1335 **（2.07）	0.1336 **（2.07）
Audit	0.2432（1.44）	0.2437（1.44）	0.2452（1.45）	0.1392（0.81）	0.1489（0.86）
Constant	−2.4919 *（−1.87）	−2.2660 *（−1.66）	−2.2413（−1.64）	−2.1419（−1.60）	−2.1491（−1.60）

续表

变量	(1) Quality	(2) Quality	(3) Quality	(4) Quality	(5) Quality
Observations	7 493	7 493	7 493	7 493	7 493
R^2	0.2169	0.2170	0.2175	0.2185	0.2187
Firm FE	YES	YES	YES	YES	YES
Year FE	YES	YES	YES	YES	YES

注：***、**、*分别表示在1%、5%和10%水平上统计量显著。

4. 变换样本区间

2013 年，财政部才明确发文提出有条件的大型企业集团应逐步探索实施财务共享，此后中国境内企业建成财务共享服务中心的数量不断攀升。考虑政策前样本需要留一定比例作为对照组，因此参考李卫兵和张凯霞（2019）的做法，将样本时间区间调整为 2011~2020 年，对结果重新进行检验，结果如表 5-8 所示，H5-1、H5-2、H5-3 依然成立。

表5-8　　　　　稳健性检验四：变换样本区间

变量	(1) Quality	(2) Quality	(3) Quality	(4) Quality	(5) Quality
FSSC	0.3143 * (1.73)	0.3141 * (1.73)	0.3724 ** (1.99)	0.3075 * (1.70)	0.3483 * (1.91)
KV		-0.0065 * (-1.93)	-0.0120 * (-1.82)		
FSSC_KV			0.2717 *** (3.36)		
Index				0.0554 ** (2.09)	0.0567 ** (2.13)
FSSC_Index					-0.2088 *** (-3.93)
Size	0.0810 (1.46)	0.0789 (1.41)	0.0763 (1.36)	0.0692 (1.22)	0.0691 (1.21)
Ifsoe	0.0614 (0.57)	0.0620 (0.58)	0.0612 (0.57)	0.0575 (0.53)	0.0565 (0.52)

续表

变量	(1) Quality	(2) Quality	(3) Quality	(4) Quality	(5) Quality
Shr1	0.1631 (0.32)	0.1746 (0.34)	0.1601 (0.31)	0.1484 (0.29)	0.1449 (0.28)
LarS	0.1238 (0.53)	0.1233 (0.53)	0.1227 (0.53)	0.1314 (0.57)	0.1338 (0.58)
Lev	−0.7732*** (−3.09)	−0.7713*** (−3.08)	−0.7644*** (−3.05)	−0.7225*** (−2.88)	−0.7249*** (−2.89)
Big4	−0.0083 (−0.07)	−0.0082 (−0.07)	−0.0097 (−0.09)	−0.0153 (−0.14)	−0.0143 (−0.13)
Indep	−0.6189 (−1.22)	−0.6188 (−1.22)	−0.5929 (−1.17)	−0.5923 (−1.17)	−0.5957 (−1.18)
ROA	0.9684** (2.52)	0.9727** (2.54)	0.9702** (2.53)	0.9062** (2.35)	0.9067** (2.35)
Income	0.0021 (0.04)	0.0021 (0.04)	0.0049 (0.09)	−0.0034 (−0.06)	−0.0027 (−0.05)
Nos	0.0013 (1.14)	0.0013 (1.15)	0.0013 (1.15)	0.0014 (1.22)	0.0014 (1.23)
Zscore	0.0007 (0.67)	0.0006 (0.64)	0.0007 (0.69)	0.0007 (0.67)	0.0007 (0.69)
Grow	−0.5948*** (−7.02)	−0.5941*** (−7.04)	−0.5956*** (−7.05)	−0.5903*** (−6.97)	−0.5898*** (−6.96)
Loss	−0.0123 (−0.16)	−0.0117 (−0.15)	−0.0122 (−0.16)	−0.0048 (−0.06)	−0.0050 (−0.07)
Constant	−2.8946** (−2.26)	−2.8479** (−2.22)	−2.8121** (−2.19)	−2.6409** (−2.02)	−2.6434** (−2.03)
Observations	6 841	6 841	6 841	6 841	6 841
R^2	0.2254	0.2254	0.2260	0.2268	0.2269
Firm FE	YES	YES	YES	YES	YES
Year FE	YES	YES	YES	YES	YES

注：***、**、*分别表示在1%、5%和10%水平上统计量显著。

5. 剔除样本期间内未建成 FSSC 的行业

考虑到样本数据的可比性，在全样本的基础上进一步剔除了七个在样本期间内没有企业建成财务共享服务中心的行业样本，七个行业分别为：住宿和餐饮业、卫生和社会工作、居民服务、修理和其他服务业、教育、水利、环境和公共设施管理业、综合行业，样本观测值数量由 7 536 减少到 7 419。在此基础上进行回归，结果如表 5 - 9 所示，H5 - 1、H5 - 2、H5 - 3 依然得到了验证。

表 5 - 9　　　　稳健性检验五：剔除样本期间内未建成 FSSC 的行业

变量	(1) Quality	(2) Quality	(3) Quality	(4) Quality	(5) Quality
FSSC	0. 3381 ** (2. 18)	0. 3376 ** (2. 17)	0. 3949 ** (2. 48)	0. 3283 ** (2. 13)	0. 3746 ** (2. 42)
KV		- 0. 0217 * (- 1. 80)	- 0. 0265 * (- 1. 92)		
FSSC_KV			0. 2697 *** (3. 44)		
Index				0. 0632 ** (2. 41)	0. 0646 ** (2. 45)
FSSC_Index					- 0. 2355 *** (- 4. 30)
Size	0. 0666 (1. 36)	0. 0592 (1. 18)	0. 0567 (1. 13)	0. 0535 (1. 08)	0. 0533 (1. 07)
Ifsoe	0. 0064 (0. 06)	0. 0089 (0. 09)	0. 0077 (0. 08)	0. 0026 (0. 03)	0. 0017 (0. 02)
Shr1	0. 1828 (0. 42)	0. 2211 (0. 51)	0. 2076 (0. 48)	0. 1628 (0. 37)	0. 1587 (0. 36)
LarS	0. 1738 (0. 75)	0. 1715 (0. 74)	0. 1702 (0. 74)	0. 1820 (0. 79)	0. 1845 (0. 80)
Lev	- 0. 8891 *** (- 3. 71)	- 0. 8822 *** (- 3. 68)	- 0. 8755 *** (- 3. 65)	- 0. 8418 *** (- 3. 52)	- 0. 8440 *** (- 3. 53)

变量	（1） Quality	（2） Quality	（3） Quality	（4） Quality	（5） Quality
Big4	0.0028 （0.03）	0.0030 （0.03）	0.0021 （0.02）	−0.0050 （−0.05）	−0.0044 （−0.04）
Indep	−0.4349 （−0.89）	−0.4382 （−0.90）	−0.4166 （−0.85）	−0.4061 （−0.83）	−0.4091 （−0.84）
ROA	0.6724* （1.84）	0.6879* （1.89）	0.6858* （1.88）	0.6043* （1.65）	0.6052* （1.66）
Income	0.0181 （0.32）	0.0182 （0.33）	0.0206 （0.37）	0.0125 （0.22）	0.0132 （0.24）
Nos	0.0019* （1.68）	0.0017* （1.69）	0.0019* （1.70）	0.0020* （1.78）	0.0021* （1.88）
Zscore	0.0004 （0.48）	0.0003 （0.37）	0.0004 （0.42）	0.0004 （0.46）	0.0005 （0.49）
Grow	−0.5985*** （−7.48）	−0.5963*** （−7.48）	−0.5978*** （−7.49）	−0.5938*** （−7.42）	−0.5933*** （−7.42）
Loss	−0.1124 （−1.58）	−0.1101 （−1.54）	−0.1107 （−1.55）	−0.1015 （−1.44）	−0.1016 （−1.44）
Constant	−2.7261** （−2.31）	−2.5623** （−2.15）	−2.5257** （−2.11）	−2.4432** （−2.05）	−2.4448** （−2.05）
Observations	7 419	7 419	7 419	7 419	7 419
R^2	0.2128	0.2130	0.2135	0.2145	0.2147
Firm FE	YES	YES	YES	YES	YES
Year FE	YES	YES	YES	YES	YES

注： *** 、 ** 、 * 分别表示在1%、5%和10%水平上统计量显著。

6. 控制地区因素的影响

考虑到地区经济和金融发展状况、法律制度情况不同，对企业经营发展提供的经济资源和阻碍存在差异。对于地区经济发展水平较高、经济资源丰富的地区，企业经营困难更小，进行盈余操纵的动机相对较小，盈余质量较高。因此，在模型（5.14）、模型（5.15）、模型（5.16）中加入按省份划分的地区虚拟变量（Area），进一步检验 H5 – 1、H5 – 2、H5 – 3 的稳健性。回归结果如表 5 – 10 所示，H5 – 1、H5 – 2、H5 – 3 依然得到了验证。

表 5 – 10　　　　　稳健性检验六：控制地区因素的影响

变量	（1）Quality	（2）Quality	（3）Quality	（4）Quality	（5）Quality
FSSC	0.3763 ** (2.38)	0.3763 ** (2.38)	0.4358 *** (2.73)	0.3655 ** (2.33)	0.4053 ** (2.57)
KV		– 0.0063 * (– 1.84)	– 0.0113 * (– 1.91)		
FSSC_KV			0.2758 *** (3.73)		
Index				0.0644 ** (2.46)	0.0657 ** (2.50)
FSSC_Index					– 0.2002 *** (– 3.29)
Size	0.0583 (1.16)	0.0562 (1.09)	0.0533 (1.03)	0.0449 (0.88)	0.0446 (0.87)
Ifsoe	0.0546 (0.52)	0.0553 (0.52)	0.0542 (0.51)	0.0482 (0.45)	0.0471 (0.44)
Shr1	0.3128 (0.72)	0.3233 (0.74)	0.3073 (0.70)	0.2842 (0.65)	0.2802 (0.64)
LarS	0.2195 (0.96)	0.2183 (0.96)	0.2181 (0.96)	0.2226 (0.98)	0.2253 (0.99)
Lev	– 0.8676 *** (– 3.60)	– 0.8652 *** (– 3.58)	– 0.8591 *** (– 3.56)	– 0.8227 *** (– 3.40)	– 0.8253 *** (– 3.41)
Big4	– 0.0093 (– 0.09)	– 0.0094 (– 0.09)	– 0.0101 (– 0.09)	– 0.0175 (– 0.16)	– 0.0168 (– 0.16)
Indep	– 0.4647 (– 0.96)	– 0.4667 (– 0.96)	– 0.4499 (– 0.93)	– 0.4430 (– 0.91)	– 0.4463 (– 0.92)
ROA	0.6647 * (1.79)	0.6692 * (1.81)	0.6662 * (1.80)	0.5941 (1.60)	0.5943 (1.60)

续表

变量	(1) Quality	(2) Quality	(3) Quality	(4) Quality	(5) Quality
Income	0.0260 (0.46)	0.0261 (0.46)	0.0290 (0.51)	0.0198 (0.35)	0.0205 (0.36)
Nos	0.0019 * (1.70)	0.0019 * (1.71)	0.0019 * (1.73)	0.0020 * (1.81)	0.0020 * (1.90)
Zscore	0.0002 (0.19)	0.0002 (0.16)	0.0002 (0.21)	0.0002 (0.18)	0.0002 (0.20)
Grow	−0.5719 *** (−7.24)	−0.5712 *** (−7.25)	−0.5732 *** (−7.27)	−0.5664 *** (−7.17)	−0.5660 *** (−7.16)
Loss	−0.1137 (−1.53)	−0.1130 (−1.52)	−0.1133 (−1.53)	−0.1057 (−1.44)	−0.1058 (−1.44)
Constant	−2.7289 ** (−2.30)	−2.6813 ** (−2.23)	−2.6381 ** (−2.18)	−2.4176 ** (−2.02)	−2.4185 ** (−2.02)
Observations	7 482	7 482	7 482	7 482	7 482
R^2	0.2419	0.2419	0.2424	0.2434	0.2435
Area FE	YES	YES	YES	YES	YES
Year FE	YES	YES	YES	YES	YES

注：*** 、** 、* 分别表示在1%、5%和10%水平上统计量显著。

第三节　进一步研究

财务共享服务中心对盈余质量的改善作用程度，会受到企业内外部特征的异质性影响。因此，采用分组检验的方法检验股权性质和媒体监督对财务共享服务中心与盈余质量间关系的影响。

一、股权性质的异质性分析

企业的股权性质与其内部制度和所处的外部环境密不可分，国有企业与非国有企业在管理体系、治理结构和面临的外部环境等方面存在显著差异。

因此，在不同股权性质的企业中，财务共享服务中心对企业盈余质量的影响是否存在差异？基于此，根据股权性质对模型（5.14）进行分组检验，将企业分为国有和非国有两种类型，实际控制人为国有取 1，否则为 0，回归结果如表 5-11 所示。

表 5-11　　　　　　　　　　异质性分析：股权性质

变量	(1) 非国有 Quality	(2) 国有 Quality
FSSC	0.3591 (1.46)	0.3498 ** (2.29)
Size	-0.0195 (-0.30)	0.0643 (1.18)
Shr1	0.1186 (0.21)	0.1425 (0.35)
LarS	0.5633 * (1.77)	0.1650 (0.72)
Lev	-1.1757 *** (-4.29)	-0.5455 ** (-2.41)
Big4	0.1387 (0.70)	0.0410 (0.42)
Indep	-1.1945 (-1.46)	0.1555 (0.27)
ROA	0.3198 (0.96)	1.0465 *** (4.10)
Income	0.1050 (1.40)	-0.0599 (-1.05)
Nos	0.0027 * (1.93)	0.0017 (1.51)
Zscore	-0.0005 (-0.27)	0.0007 (0.58)
Grow	-0.6271 *** (-11.98)	-0.5592 *** (-12.15)

变量	（1） 非国有 Quality	（2） 国有 Quality
Loss	−0.2631** （−2.21）	0.0215 （0.23）
Constant	−1.6775 （−1.08）	−2.6789** （−2.10）
Observations	2 969	4 543
R²	0.2531	0.2260
Firm FE	YES	YES
Year FE	YES	YES

注：***、**、*分别表示在1%、5%和10%水平上统计量显著。

从表5-11的列（1）来看，在非国有样本中，解释变量 FSSC 的系数为 0.3591，在统计学意义上不显著；从列（2）来看，在国有样本中，解释变量 FSSC 的系数为 0.3498，在5%的水平上显著。表明相比非国有企业，国有企业财务共享服务中心的建成更能显著改善企业盈余质量。原因可能是财政部发文后积极响应政策建成财务共享服务中心的企业多为央企，如中国交建（2012年建成）、中国石化（2012年建成）、中国铁建（2013年建成），并迅速成为财务共享实践的标杆，财务共享服务中心功能模块更为全面，发挥作用更明显。

二、媒体监督的异质性分析

媒体监督作为一种非正式的外部治理机制，媒体跟踪报道次数越多代表企业越受到公众关注，上市公司进行盈余操纵的机会变小（陈克兢，2017），盈余质量越高。对于经常受到媒体监督的企业来说，财务共享服务中心在改善盈余质量方面发挥的作用可能有限，因此有必要研究媒体监督程度对财务共享服务中心与企业盈余质量之间关系的影响。

借鉴李倩等（2022）的做法，基于中国研究数据服务平台（CNRDS）

新闻舆情数据库中每个上市公司每天的报刊媒体和网络媒体正面报道数量、中性报道数量以及负面报道数量，将其中原创报道数量总和的自然对数作为媒体监督的代理变量（Media），Media 越大代表企业受到媒体监督程度越高。基于媒体监督进行分组，检验媒体监督程度对财务共享服务中心与企业盈余质量间关系的影响，检验结果如表 5 - 12 所示。

从表 5 - 12 的列（1）来看，在媒体监督程度较低的样本中，解释变量 FSSC 的系数为 0.8728，在 1% 的水平上显著；从列（2）来看，在媒体监督程度较高的样本中，解释变量 FSSC 的系数为 0.2255，在统计学意义上不显著。表明相较于受到媒体更多关注和监督的企业，受到媒体监督程度较低的企业财务共享服务中心的建成更能显著改善企业盈余质量，与前面预期一致。

表 5 - 12 　　　　　　　　　　　异质性分析：媒体监督

变量	（1） 媒体监督程度低 Quality	（2） 媒体监督程度高 Quality
FSSC	0.8728 *** (3.22)	0.2255 (1.51)
Size	0.0612 (1.15)	0.0346 (0.51)
Ifsoe	0.1431 (1.33)	− 0.2245 (− 1.61)
Shr1	0.4528 (1.03)	− 0.3389 (− 0.66)
LarS	0.1486 (0.56)	0.2274 (0.83)
Lev	− 1.0845 *** (− 4.90)	− 0.5480 * (− 1.85)
Big4	0.1704 (1.31)	− 0.0822 (− 0.65)
Indep	− 0.6374 (− 0.95)	0.0729 (0.11)

续表

变量	（1） 媒体监督程度低 Quality	（2） 媒体监督程度高 Quality
ROA	1. 2927 *** （4. 69）	− 0. 3076 （− 0. 98）
Income	− 0. 0623 （− 1. 01）	0. 1154 （1. 62）
Nos	0. 0012 （0. 74）	0. 0019 * （1. 69）
Zscore	0. 0016 （1. 16）	− 0. 0018 （− 1. 24）
Grow	− 0. 5187 *** （− 11. 53）	− 0. 7271 *** （− 12. 80）
Loss	− 0. 0554 （− 0. 56）	− 0. 1204 （− 1. 02）
Constant	− 2. 1374 * （− 1. 66）	− 2. 6472 * （− 1. 67）
Observations	4 062	3 334
R^2	0. 2739	0. 2415
Firm FE	YES	YES
Year FE	YES	YES

注：*** 、 * 分别表示在1% 和10% 水平上统计量显著。

第四节　小　　结

　　本研究选取 2010 ~ 2020 年中国沪深 A 股非金融上市公司为样本，依托业务流程再造结论、委托代理理论、信息不对称理论、不完全契约理论，使用实证方法检验财务共享服务中心对企业盈余质量的影响，并进一步探究其影响机制及经济后果，得出了以下四个结论。

　　第一，上市公司建成财务共享服务中心确实能够改善企业的盈余质量。

与未建立财务共享服务中心的企业相比，建立了财务共享服务中心的企业呈现出更好的盈余质量。特别是对于信息不对称程度较高的企业来说，财务共享服务中心的建立对提高盈余质量的影响更为显著。同样地，对于内部控制较差的企业来说，财务共享服务中心的建立也能更明显地提升盈余质量。这些研究结果表明，财务共享服务中心在减少信息不对称和加强内部控制方面发挥了积极作用，从而改善了企业的盈余质量。

第二，相较于非国有企业，国有企业的财务共享服务中心建设能显著改善企业盈余质量。由于国有企业与非国有企业在外部环境、治理结构和管理体系等方面存在明显差异，研究将财务共享服务中心对企业盈余质量的改善效果分为国有企业样本和非国有企业样本，并进行了异质性分析。结果表明，在国有企业样本中，财务共享服务中心对盈余质量的改善作用表现得更加显著。

第三，相较于媒体监督多的企业，受媒体监督较少的企业财务共享服务中心建成能显著改善企业盈余质量。媒体监督作为一种非正式的外部治理机制，可能对企业的盈余质量产生影响。因此，研究针对受媒体监督情况下财务共享服务中心的建设对企业盈余质量改善的作用进行了异质性分析。研究结果显示，那些受到较少媒体监督的企业在运用财务共享服务中心来改善盈余质量方面表现出更显著的效果。

第四，财务共享服务中心能够通过改善企业盈余质量来缓解融资约束，而在投资效率上的改善作用并不明显。企业的融资和投资行为通常与股东价值最大化密切相关，而盈余质量对融资和投资行为产生影响。因此，本研究检验了财务共享服务中心对企业盈余质量的影响，并进一步观察其经济后果，包括融资约束和投资效率。研究结果显示，财务共享服务中心可以通过影响盈余质量来缓解企业的融资约束问题，但并没有显著提高企业的投资效率。这可能是因为财务共享服务中心在核算、运营效率、信息管理等方面的作用更加显著，而对管理层决策和控制盈余信息对投资效率的影响不太明显。

第六章

财务共享服务中心和现金持有

第一节　问题引入

现金持有作为企业的财务决策的重要影响之一，它不仅对企业的日常经营产生影响，而且还与流动性风险、投融资活动和企业价值等密切相关（Faulkender M. and Wang R.，2006；Campello M et al.，2010；Oler D K and Picconi M P，2014）。企业通常会考虑各种因素，如交易需求、风险预防和投资机会等，来决定存储一定的现金以应对潜在的不确定性，确保企业的生存和发展。然而，现金的高流动性也使其容易受到管理层或大股东的滥用，引发代理冲突、在职消费和过度投资等问题（侯青川等，2016）。尤其在企业内外治理水平有待提升的情况下，企业面临更为突出的现金侵占风险（杨兴全等，2014）。

现金持有过少会使得企业无法应对外部风险，但反过来现金持有过多会造成企业的资源利用不充分，并且容易带来企业高层的侵蚀，引发代理问题。因此，企业现金持有正处于避免陷入财务困境与加剧内部利益侵占的代理问题之间的"十字路口"。而在此前，由于外部经济环境和政策具有不可预见性，企业需要持有一定的现金抵御宏观环境不确定性。因此，建成有效的监督和约束企业的现金使用管理机制，成为缓解现金持有困境的重要方法。

而建成财务服务共享中心或许能够缓解现金持有的这一困境。一方面，财务共享服务中心将统一的制度和标准化流程固化在集成平台（张瑞君和张永冀，2008），减少人为差错和暗箱操作，有效发挥财务会计的"反映"和"监督"两项基本职能（李闻一和刘东进，2015），从而有利于限制管理层通过持有大量现金来获取私利，降低代理成本，从而降低现金持有水平。另一方面，财务共享服务中心通过端对端机制，有利于优化企业的内部资源配置效率和效果（何瑛，2013），加强集团成员单位的纵向监管和横向监督，强化集团风险管控能力，改善企业经营效果（Janssen M and Joha A，2008），从而有效降低企业经营风险，缓解现金持有的预防性动机，降低现金持有水平。

基于此，本研究以 2009～2018 年中国 A 股上市公司为样本，研究财务共享服务中心建成对企业现金持有的影响。

第二节 研究假设和研究设计

一、假设提出

根据现金持有理论[①]，预防性动机、交易性动机、代理动机是企业现金持有的三种主要动机（Opler T et al.，1999；Thomas W，2009；Duchin R，2010）。在外部环境较为不确定的情况下，预防性动机和代理动机是影响企业现金持有水平的最主要因素。这是因为，在外部冲击较强的环境下，一方面管理者出于规避风险、预防交易和投资等动机而持有较多现金，另一方面超额现金持有又容易被管理层或股东侵占，引发代理问题。那么，财务共享服务中心对于企业现金持有如何发挥作用呢？

---

① 为满足现金持有者的交易性需求、预防性需求和投机性需求，现金持有者倾向于持有现金。由于在不对称信息下外部融资成本高于内源融资成本，所以为了满足未来的投资支出之需企业就有必要持有现金以保持财务弹性（Myers and Majluf，1984）。

首先，财务共享服务中心建成后，通过资金集中管理将各部门或子公司的现金流进行整合和再分配，企业整体持有现金的预防性动机变弱，为了降低现金持有成本，会从整体上持有较少的现金。其次，资金进行归集后，会形成规模优势，提高在投融资谈判中的议价能力，降低企业从外部市场投融资的交易成本。财务共享服务中心的建立通过整合企业不同业务单位的财务业务，采用统一的运作模式、业务流程和规则，确保了数据的一致性、财务信息的及时性和准确性。这有效提升了会计信息质量，降低了企业面临的逆向选择成本和融资成本（Easley D and O'Hara M，2004）。因此，企业可以减少对内部资金的积累，从而降低现金持有量。最后，根据业务流程再造理论，财务共享服务中心利用 IT 技术和流程改进工具，将统一的制度和标准化流程固化在集成平台（张瑞君和张永冀，2008），提高信息的透明度（Selden S C and Wooters R，2011），限制管理层过度投资于现金资产来获取私有收益，由此降低企业的代理成本和提高企业的现金管理水平。因此，提出如下假设：

H6-1：企业财务共享服务中心的建成有利于降低企业现金持有水平。

基于委托代理理论，信息的不对称和契约的不完备会导致委托人承担代理人的行为风险，有效的监督机制有利于对管理层进行约束，避免管理者作出不利于企业的经营发展决策。财务共享服务中心推动企业从原来分散、孤立、层级众多的结构向扁平化发展，通过统一集中处理各个分支机构的业务活动，对会计职责和流程进行细致和明确的界定。这确保了企业会计信息的合规性和可靠性，减少了信息的失真和错误。同时，财务共享服务中心的建立也降低了股东的监督成本，提高了股东对企业的信任程度。由于财务共享服务中心统一处理财务业务，股东能够更方便地获取准确的财务信息，减少了对企业财务情况的监督成本。此外，财务共享服务中心的存在还能减少内部利益侵占行为的发生。通过明确界定会计职责和流程，财务共享服务中心能够有效监督和控制各个分支机构的财务活动，降低了内部利益侵占的可能性。综上所述，通过推动企业结构扁平化、统一处理财务业务和加强内部监督，进而提高了会计信息的合规性和可靠性、减少股东的监督成本和内部利益侵占行为，财务共享服务中心的建立降低了企业的代理成本。而已有研究表明，较高的代理成本会抑制企业多元化经营的内部资金配置优势，从而提高企业现金持有水平（王福胜和宋海旭，2012）。因此，财务共享服务中心可能通过降低代理成本，降低企业现金持有水平。因此，提出如下假设：

H6 - 2：与代理成本较低的企业比较，代理成本较高的企业建成财务共享服务中心对其现金持有水平的降低作用更明显。

基于风险感知理论①，经营风险较高的企业，其往往业绩波动性越大，利润不确定性较高，更容易受到融资约束（彭俞超和黄志刚，2018）。在面临较大融资约束时，企业整体持有现金的预防性动机增强，为了防范风险，会从整体上持有较多的现金。财务共享服务中心通过重新设计和重组企业内部体系结构，加强集团成员单位的纵向监管和横向监督，从整体上强化集团风险管控能力，改善企业经营效果（何瑛和周访，2013），从而有效降低企业经营风险。因此，财务共享服务中心可能通过降低经营风险，降低企业现金持有水平。因此，提出如下假设：

H6 - 3：与经营风险较低的企业比较，经营风险较高的企业建成财务共享服务中心对其现金持有水平的降低作用更明显。

二、研究设计

（一）样本选择和数据来源

考虑到 2008 年金融危机的外生影响，本部分以 2009 ~ 2018② 年我国 A 股上市企业为研究样本，并按照如下原则进行数据筛选：第一，剔除全部金融行业的企业；第二，剔除了被 ST 的上市公司；第三，剔除了研究所需数据缺失的样本观测值。此外，为控制极端值的影响，对连续变量进行了 1% 的缩尾处理，最终得到了 19 794 个样本观测值。

上市公司研究期内建成财务共享服务中心的情况，是在《2018 年中国

---

① 消费者在消费中无法预料消费结果是否正确，并且在选择后是否会产生严重后果，而在整个过程中产生的一种不确定的主观感受。当消费者的感知风险越高，其感受到的不安全感越强，从而会避开某种选择。

② 考虑到实证研究所用数据的准确性和研究的完整性，研究样本区间仅到 2018 年。

共享服务领域调研报告》和《2019 年中国共享服务领域调研报告》的基础上，利用 Python 工具从样本企业的官网爬取企业建成财务共享服务中心的数据，并且通过巨潮资讯网中抽取调研报告以及媒体报道，再进行手工搜集整理得出，其他数据主要来自国泰安数据库。本部分使用 Stata16 软件进行数据处理和统计分析。

（二）模型构建与变量定义

为了验证 H6 - 1，参考张会丽和吴有红（2014）的研究建成如下模型（6.1）：

$$\text{Cash}_{i,t} = \alpha_1 + \alpha_2 \text{FSSC}_{i,t} + \alpha_3 \text{Controls}_{i,t} + \eta_t + \zeta_i + \varepsilon_{i,t} \qquad (6.1)$$

模型（6.1）是用来验证财务共享服务中心的建成对企业现金持有的影响，该模型中 FSSC 的系数 α_2 代表财务共享服务中心的建成对企业现金持有的影响。

被解释变量（Cash）为企业现金持有的衡量指标，借鉴张伟华等（2018）、徐晨阳（2020）的研究，采用企业现金及现金等价物期末与期初的变化值与期末资产总额之比，是企业现金持有的增量水平。

解释变量（FSSC）衡量财务共享服务中心是否建成，若该上市公司当年建成财务共享服务中心，则取值为 1，否则为 0。

为了进一步研究财务共享服务中心影响企业现金持有的机制，检验 H6 - 2 和 H6 - 3，借鉴有关学者的研究，利用分组检验的方法验证其影响机制（Kong et al.，2020）。

为排除其他因素对企业现金持有的影响，借鉴已有研究，进一步控制企业财务和治理变量，包括企业规模（Size）、上市年限（Age）、资产负债率（Lev）、债务期限结构（Debtstr）、资本支出率（Capex）、董事会规模（Board）、第一大股东持股比例（Top1）、独董比例（Inde）、高管前三名薪酬总额（Salary）、托宾 Q（TobinQ）、账面市值比（Bmb）、营业收入增长率（Grow）、经营性现金净流量（Cf）。主要变量的具体定义如表 6 - 1 所示。

表6-1   主要变量定义

变量类型	变量符号	变量名称	变量计量	参考文献
被解释变量	Cash	现金持有增量	现金及现金等价物期末与期初差额/资产总额	张伟华等（2018）；徐晨阳（2020）
解释变量	FSSC	财务共享服务中心	若企业当年建成财务共享服务中心取1，否则取0	李闻一等（2021）
控制变量	Size	企业规模	总资产的自然对数	Choonsik and Heungju（2015）；钱爱民和张晨宇（2017）
	Age	上市年限	企业上市年限的自然对数	
	Lev	资产负债率	负债总额/总资产	Liu et al.（2015）
	Debtstr	债务期限结构	流动负债总额/负债总额	
	Capex	资本支出	资本支出/（总资产-现金及现金等价物之和）	查道林和李宾（2020）
	Board	董事会规模	董事会中董事成员数量	周博（2020）；Chen et al.（2020）
	Dual	两职兼任	董事长与总经理是否由一人担任，是则取值为1，否则为0	
	Top1	第一大股东持股比例	第一大股东持股数量/企业总股数	
	Inde	独董比例	董事会中独立董事的比例	
	Salary	高管前三名薪酬总额	高管前三名薪酬总额的自然对数	吉瑞和陈震（2020）
	TobinQ	托宾Q	[流通股数×年末收盘价+非流通股×（权益/总股数）+总负债]/总资产	杨兴全等（2014）
	Grow	成长机会	（本期主营业务收入-上期主营业务收入）/上期主营业务收入	
	Bmb	账面市值比	资产/市值	查道林和李宾（2020）
	Cf	经营性现金净流量	经营性现金净流量/总资产	王红建等（2014）；熊凌云等（2020）

三、实证结果及分析

（一）描述性统计

表6-2报告了实证研究中主要变量的描述性统计结果。样本企业的现金持有（Cash）的均值为0.012，标准差为0.105，中位数为0.005，最小值为-0.836，最大值为0.836，说明样本企业的现金持有差额存在较大差异。解释变量财务共享服务中心（FSSC）的均值为0.023，说明在目前阶段，我国上市公司中建立财务共享服务中心的数量相对较少。

表6-2　　　　　　　　　　主要变量描述性统计

变量	样本数	均值	标准差	最小值	中位数	最大值
Cash	19 794	0.012	0.105	-0.836	0.005	0.836
FSSC	19 794	0.023	0.148	0.000	0.000	1.000
Size	19 794	22.117	1.302	19.830	21.923	26.110
Age	19 794	2.081	0.862	0.000	2.303	3.367
Lev	19 794	0.428	0.211	0.008	0.422	0.998
Debtstr	19 794	0.818	0.182	0.006	0.877	1.217
Capex	19 794	0.115	0.192	0.000	0.070	13.326
Board	19 794	8.714	1.746	5.000	9.000	15.000
Top1	19 794	0.004	0.002	0.001	0.003	74.960
Inde	19 794	0.373	0.055	0.182	0.333	0.800
Salary	19 794	14.274	0.692	12.571	14.258	16.222
TobinQ	19 794	1.953	1.504	0.108	1.509	31.396
Grow	19 794	0.445	1.172	-0.670	0.151	8.483
Bbm	19 794	0.941	1.037	0.032	0.607	16.846
Cf	19 794	0.044	0.084	-0.670	0.042	1.678

从控制变量的描述性统计来看，企业规模的均值为22.117，中位数为21.923，说明所选择的上市样本规模相差不大；企业上市年龄的均值和中位数存在差别，说明样本企业的上市年龄存在一定差异；资产负债率的均值为42.8%，前三名高管的薪酬总额均值为14.274，中位数为14.258，说明样本

企业前三名高管的薪酬总额相差不大。托宾 Q 值均值为 1.953，中位数为 1.509，净资产收益率均值和中位数大体持平，说明样本期内样本企业盈利能力差别较小。其他控制变量的指标特征统计如表 6－2 所示。

（二）基准回归

表 6－3 列示了模型（6.1）的检验结果。列（1）列示了模型（6.1）的固定效应回归结果。从列（1）来看，当控制年度和个体固定效应时，FSSC 的回归系数为 － 0.0126，且在 1% 的水平上显著，说明 FSSC 和 Cash 在 1% 的水平上负相关，支持了 H6－1，说明与未建成财务共享服务中心的上市公司相比，建成了财务共享服务中心的上市公司现金持有水平更低。

表 6－3　　　　　财务共享服务中心对现金持有影响的回归结果

变量	（1） 全样本 Cash	（2） 高代理成本 Cash	（3） 低代理成本 Cash	（4） 高经营风险 Cash	（5） 低经营风险 Cash
FSSC	－ 0.0126 *** （ － 3.62）	－ 0.0270 *** （ － 3.39）	－ 0.0031 （ － 0.32）	－ 0.0164 *** （ － 3.57）	－ 0.0034 （ － 0.37）
Size	0.0357 *** （7.20）	0.0462 *** （7.43）	0.0304 *** （5.21）	0.0287 *** （9.44）	0.0299 *** （9.48）
Age1	－ 0.1125 *** （ － 9.38）	－ 0.1461 *** （ － 8.96）	－ 0.0771 *** （ － 7.45）	0.0409 *** （10.68）	0.0379 *** （4.45）
Lev	0.0212 ** （2.24）	0.0471 ** （2.23）	0.0033 （0.27）	－ 0.0207 ** （ － 2.88）	0.0055 （0.83）
Debtstr	－ 0.0120 （ － 1.68）	－ 0.0082 （ － 0.52）	－ 0.0084 （ － 0.47）	－ 0.0029 （ － 0.20）	－ 0.0164 ** （ － 2.46）
Capex	－ 0.0458 *** （ － 6.21）	－ 0.0730 ** （ － 2.17）	－ 0.0225 ** （ － 2.50）	－ 0.0205 *** （ － 3.46）	－ 0.0445 *** （ － 4.11）
Board	－ 0.0012 （ － 1.71）	－ 0.0015 （ － 0.82）	－ 0.0023 ** （ － 2.36）	－ 0.0016 （ － 1.30）	－ 0.0004 （ － 0.49）
Top1	－ 0.0010 *** （ － 6.00）	－ 0.0011 *** （ － 5.59）	－ 0.0008 *** （ － 3.54）	－ 0.0003 ** （ － 2.19）	－ 0.0004 ** （ － 2.83）
Inde	－ 0.0222 （ － 1.06）	0.0455 （0.91）	－ 0.0242 （ － 0.83）	0.0026 （0.11）	－ 0.0239 （ － 1.18）

续表

变量	（1） 全样本 Cash	（2） 高代理成本 Cash	（3） 低代理成本 Cash	（4） 高经营风险 Cash	（5） 低经营风险 Cash
Salary	− 0. 0124 *** （ − 7. 45）	− 0. 0154 *** （ − 5. 06）	− 0. 0105 *** （ − 5. 06）	− 0. 0065 ** （ − 2. 27）	− 0. 0051 *** （ − 3. 02）
TobinQ	0. 0012 （1. 29）	0. 0013 （1. 24）	0. 0003 （0. 30）	0. 0020 * （1. 83）	− 0. 0010 （ − 1. 29）
Grow	0. 0031 ** （2. 51）	0. 0031 ** （2. 34）	0. 0024 （1. 35）	0. 0027 ** （2. 56）	0. 0000 （0. 06）
Bmb	− 0. 0068 *** （ − 3. 95）	− 0. 0125 *** （ − 4. 38）	− 0. 0023 （ − 1. 55）	− 0. 0042 ** （ − 2. 28）	− 0. 0037 *** （ − 3. 65）
Cf	0. 3118 *** （19. 69）	0. 3383 *** （14. 58）	0. 2609 *** （16. 40）	0. 3047 *** （13. 96）	0. 2998 *** （14. 55）
Constant	− 0. 3169 *** （ − 3. 45）	− 0. 4608 *** （ − 4. 43）	− 0. 3025 ** （ − 2. 56）	− 0. 6068 *** （ − 6. 60）	− 0. 6422 *** （ − 10. 16）
Firm FE	YES	YES	YES	YES	YES
Year FE	YES	YES	YES	YES	YES
Observations	19 794	7 303	7 172	8 541	8 432
R²	0. 2004	0. 241	0. 222	0. 2313	0. 2555

注： *** 、 ** 、 * 分别表示在1%、5%和10%水平上统计量显著。

列（2）列示了模型（6.1）基于代理成本的分样本固定效应回归结果。从列（2）来看，当控制年度和个体固定效应时，在代理成本高的子样本中，解释变量 FSSC 的回归系数为 − 0.0270，且在1%的水平上显著，在代理成本低的子样本中，解释变量 FSSC 的回归系数为 − 0.0031，且不显著，即财务共享服务中心对企业现金持有的影响主要集中在代理成本较高的子样本中，验证了 H6 − 2，即与代理成本较低的企业比较，代理成本较高的企业建成财务共享服务中心对其现金持有水平的降低作用更明显。

列（3）列示了模型（6.1）基于经营风险的分样本固定效应回归结果。从列（3）来看，当控制年度和个体固定效应时，在经营风险高的子样本中，解释变量 FSSC 的回归系数为 − 0.0164，且在1%的水平上显著，在代理成本

低的子样本中，解释变量 FSSC 的回归系数为 - 0. 0034，且不显著，即财务
共享服务中心对企业现金持有的影响主要集中在经营风险较高的子样本中，
验证了 H6 - 3，即与经营风险较低的企业比较，经营风险较高的企业建成财
务共享服务中心对其现金持有水平的降低作用更明显。

（三）稳健性检验

1. 替换被解释变量衡量指标

考虑到变量遗漏和选择偏误等问题，借鉴徐晨阳（2020）、阿尔梅达和
韦史巴赫（Almeida and Weisbach，2004）的研究，以现金及现金等价物期末
与期初差额和期末资产总额之比（Cash1）、现金及现金等价物期末与期初差
额和期初期末资产总额均值之比（Cash2）作为衡量企业现金持有的替代性
指标，进行稳健性检验。

具体结果如表 6 - 4 所示。从表 6 - 4 列（1）来看，当控制年度和个
体固定效应时，FSSC 的回归系数为 - 0. 0177，且在 1% 的水平上显著，说
明 FSSC 和 Cash1 在 1% 的水平上负相关，依然支持了 H6 - 1，说明与未建
成财务共享服务中心的上市公司相比，建成了财务共享服务中心的上市公
司现金持有水平更低。从表 6 - 4 列（2）来看，当控制年度和个体固定效
应时，FSSC 的回归系数为 - 0. 0143，且在 5% 的水平上显著，说明 FSSC
和 Cash2 在 5% 的水平上负相关，依然支持了 H6 - 1，即原结论具有较好
的稳健性。

表 6 - 4 　　　　　　稳健性检验一：替换被解释变量衡量指标

变量	（1） Cash1	（2） Cash2
FSSC	- 0. 0177 *** （ - 3. 56）	- 0. 0143 ** （ - 2. 17）
Size	0. 0418 *** （6. 65）	0. 0291 *** （6. 29）
Age1	- 0. 1553 *** （ - 10. 04）	- 0. 1557 *** （ - 15. 55）

续表

变量	(1) Cash1	(2) Cash2
Lev	− 0. 0064 (− 0. 66)	− 0. 2184 *** (− 20. 21)
Debtstr	− 0. 0154 * (− 1. 90)	− 0. 0218 * (− 1. 96)
Capex	− 0. 0481 *** (− 6. 27)	− 0. 0130 ** (− 2. 56)
Board	− 0. 0017 * (− 2. 02)	− 0. 0006 (− 0. 86)
Top1	− 0. 0012 *** (− 5. 78)	− 0. 0002 (− 1. 27)
Inde	− 0. 0299 (− 1. 08)	0. 0056 (0. 26)
Salary	− 0. 0149 *** (− 6. 79)	− 0. 0000 (− 0. 01)
TobinQ	0. 0024 * (1. 97)	0. 0013 (1. 58)
Grow	0. 0034 ** (2. 34)	0. 0036 *** (3. 23)
Bmb	− 0. 0081 *** (− 4. 06)	− 0. 0073 *** (− 4. 17)
Cf	0. 3274 *** (20. 51)	0. 2170 *** (23. 28)
Constant	− 0. 2910 ** (− 2. 71)	− 0. 0093 (− 0. 08)
Firm FE	YES	YES
Year FE	YES	YES
Observations	19 794	14 044
R^2	0. 232	0. 695

注：*** 、** 、*分别表示在1%、5%和10%水平上统计量显著。

2. 被解释变量滞后一期和两期

由于企业建成财务共享服务中心可能具有延迟效应、短期波动效应（何瑛，2010），因此采用滞后一期和滞后两期企业现金持有水平进行稳健性检验（兰君，2021），回归结果如表 6 - 5 所示。从表 6 - 5 列（1）来看，当企业现金持有水平滞后一期时，FSSC 的回归系数为 - 0.0134，且在 5% 的水平上显著，依然支持 H6 - 1，说明财务共享服务中心对企业现金持有的抑制作用在滞后一期依然存在。从表 6 - 5 列（2）来看，当企业现金持有水平滞后两期时，FSSC 的回归系数为 - 0.0198，且在 1% 的水平上显著，依然支持 H6 - 1，进一步说明了该结论的稳健性。

表 6 - 5 　　　　　稳健性检验二：被解释变量滞后一期和两期

变量	（1） 滞后一期 F1. Cash	（2） 滞后两期 F2. Cash
FSSC	- 0.0134 ** (- 2.27)	- 0.0198 *** (- 3.97)
Size	0.0296 *** (5.15)	0.0191 *** (4.01)
Age1	- 0.1438 *** (- 7.44)	- 0.2006 *** (- 8.40)
Lev	- 0.0473 *** (- 6.17)	- 0.0440 *** (- 4.27)
Debtstr	- 0.0160 (- 1.25)	- 0.0035 (- 0.29)
Capex	- 0.0018 (- 0.94)	0.0181 *** (3.65)
Board	0.0006 (0.78)	0.0015 * (1.84)
Top1	- 0.0007 *** (- 3.96)	- 0.0004 ** (- 2.55)
Inde	0.0115 (0.78)	- 0.0039 (- 0.16)

续表

变量	（1） 滞后一期 F1. Cash	（2） 滞后两期 F2. Cash
Salary	0.0067 *** （4.00）	0.0039 * （1.85）
TobinQ	0.0021 ** （2.13）	-0.0081 *** （-6.26）
Grow	0.0008 （0.88）	-0.0004 （-0.62）
Bmb	-0.0080 *** （-8.73）	-0.0064 *** （-8.18）
Cf	-0.0540 *** （-4.08）	-0.0413 *** （-3.13）
Constant	-0.3620 *** （-4.17）	0.0524 （0.83）
Firm FE	YES	YES
Year FE	YES	YES
Observations	16 517	14 120
R^2	0.159	0.181

注：*** 、** 、* 分别表示在1%、5%和10%水平上统计量显著。

3. 平衡面板和剔除没有上市公司建成财务共享服务中心的行业

一方面，考虑到非平衡面板的不连续性对结果可能存在影响，用平衡面板数据检验模型（6.1），结果如表6-6列（1）所示。从列（1）来看，FSSC的系数为-0.0102，且在1%的水平上显著，依然支持H6-1，财务共享服务中心对企业现金持有的抑制作用依然存在。另一方面，经过多年推动，财务共享服务模式在中国已进入蓬勃发展阶段，但样本期内仍存在七个行业中没有A股上市公司建成财务共享服务中心①。考虑到数据的可比性，

① 参照2012年证监会行业分类标准，七个行业分别为：住宿和餐饮业，科学研究和技术服务业，水利、环境和公共设施管理业，居民服务、修理和其他服务业，教育，卫生和社会工作，综合。

剔除了七个行业的数据进行稳健性检验。回归结果如表6-6列（2）所示。从列（2）来看，模型（6.1）中 FSSC 的回归系数为 -0.0126，且在1%的水平上显著，进一步说明了研究结论的稳健性。

表6-6 稳健性检验三：平衡面板和剔除没有上市公司
建成财务共享服务中心的行业样本

变量	（1） 平衡面板 Cash	（2） 剔除没有上市公司建成财务共享服务中心的行业 Cash
FSSC	-0.0102 *** （-3.35）	-0.0126 *** （-3.56）
Size	0.0352 *** （6.65）	0.0358 *** （6.76）
Age1	-0.1179 *** （-13.88）	-0.1140 *** （-9.42）
Lev	0.0005 （0.05）	0.0238 ** （2.57）
Debtstr	-0.0175 ** （-2.37）	-0.0147 * （-1.94）
Capex	-0.0690 ** （-2.87）	-0.0450 *** （-6.22）
Board	-0.0020 ** （-2.21）	-0.0012 （-1.69）
Top1	-0.0010 *** （-7.03）	-0.0010 *** （-5.77）
Inde	-0.0322 （-0.85）	-0.0298 （-1.32）
Salary	-0.0057 ** （-2.27）	-0.0128 *** （-7.65）
TobinQ	-0.0007 （-0.49）	0.0011 （1.17）
Grow	0.0020 ** （2.77）	0.0030 ** （2.28）

变量	(1) 平衡面板 Cash	(2) 剔除没有上市公司建成财务共享服务中心的行业 Cash
Bmb	- 0. 0016 (- 0. 93)	- 0. 0068 *** (- 3. 84)
Cf	0. 3222 *** (22. 14)	0. 3151 *** (20. 29)
Constant	- 0. 3373 *** (- 2. 97)	- 0. 3079 ** (- 2. 96)
Firm FE	YES	YES
Year FE	YES	YES
Observations	11 113	19 000
R²	0. 199	0. 203

注：*** 、** 、* 分别表示在1% 、5% 和10% 水平上统计量显著。

4. 控制企业所在行业及地区可随时间变化特征

为了进一步说明模型（6.1）结论的稳健性，进一步控制地区固定效应、行业年度交互固定效应，结果如表6 – 7 所示。表6 – 7 列（1）列示了控制企业层面固定效应的结果，列（2）列示了控制行业年度交互固定效应的结果，列（3）列示了控制城市年度固定效应的结果。从表6 – 7 列（2）来看，模型（6.1）中 FSSC 的回归系数为 – 0. 0123，且在 1% 的水平上显著，依然支持 H6 – 1，即当控制行业年度交互固定效应时，财务共享服务中心对企业现金持有的抑制作用依然存在。从表6 – 7 列（3）来看，模型（6.1）中 FSSC 的回归系数为 – 0. 0152，且在 5% 的水平上显著，依然支持 H6 – 1，即当控制城市和行业交互固定效应时，财务共享服务中心对企业现金持有的抑制作用依然存在。

表6－7　　稳健性检验四：控制地区固定效应、行业年度交互固定效应

变量	(1) Cash	(2) Cash	(3) Cash
FSSC	− 0.0126 ***	− 0.0123 ***	− 0.0152 **
	(− 3.62)	(− 3.08)	(− 2.71)
Size	0.0357 ***	0.0360 ***	0.0359 ***
	(7.20)	(6.55)	(6.52)
Age1	− 0.1125 ***	− 0.1152 ***	− 0.1183 ***
	(− 9.38)	(− 10.39)	(− 9.65)
Lev	0.0212 **	0.0202 **	0.0180 *
	(2.24)	(2.19)	(2.06)
Debtstr	− 0.0120	− 0.0138 *	− 0.0171 *
	(− 1.68)	(− 1.81)	(− 2.05)
Capex	− 0.0458 ***	− 0.0456 ***	− 0.0474 ***
	(− 6.21)	(− 6.23)	(− 5.82)
Board	− 0.0012	− 0.0012 *	− 0.0015
	(− 1.71)	(− 1.83)	(− 1.68)
Top1	− 0.0010 ***	− 0.0010 ***	− 0.0010 ***
	(− 6.00)	(− 5.48)	(− 5.95)
Inde	− 0.0222	− 0.0213	− 0.0169
	(− 1.06)	(− 1.06)	(− 0.69)
Salary	− 0.0124 ***	− 0.0120 ***	− 0.0116 ***
	(− 7.45)	(− 6.37)	(− 6.27)
TobinQ	0.0012	0.0008	0.0006
	(1.29)	(0.70)	(0.51)
Grow	0.0031 **	0.0031 **	0.0029 **
	(2.51)	(2.53)	(2.32)
Bmb	− 0.0068 ***	− 0.0060 ***	− 0.0065 ***
	(− 3.95)	(− 4.88)	(− 4.01)
Cf	0.3118 ***	0.3132 ***	0.3175 ***
	(19.69)	(18.90)	(16.25)
Constant	− 0.3169 ***	− 0.3247 ***	− 0.3149 ***
	(− 3.45)	(− 3.34)	(− 3.28)
Firm FE	YES	YES	YES
Year FE	YES	YES	YES
Ind × Year FE	NO	YES	YES
City × Year FE	NO	NO	YES
Observations	19 794	19 794	19 103

注：***、**、*分别表示在1%、5%和10%水平上统计量显著。

5. 安慰剂检验

安慰剂检验可以进一步排除企业及时间序列上其他噪声对回归结果的影响。借鉴许年行和李哲（2016）的研究，将样本中所有企业—年度观测值中FSSC 变量的取值全部提取，再将其逐个随机分配给每个企业—年度观测值，最后基于新生成的样本数据，依据模型（6.1）进行回归，重复该过程 1 000次，回归结果如图 6 - 1 和表 6 - 8 所示。从图 6 - 1 可以看出，1 000 次重复抽样回归中解释变量 FSSC 的系数 t 值多集中在 - 1.5 到 1.5 的范围内。

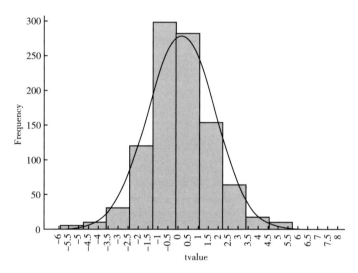

图 6 - 1　1 000 次随机建成财务共享服务中心企业的安慰剂检验系数 t 值分布

表 6 - 8　　　　　　　　　　稳健性检验五：安慰剂检验

变量	次数	均值	标准差	5%分位数	25%分位数	中位数	75%分位数	95%分位数
系数	1 000	0.0007	0.0105	- 0.0164	- 0.0061	0.0003	0.0078	0.0183
t 值	1 000	0.165	1.674	- 2.324	- 0.842	0.037	1.106	3.006

进一步地，从表 6 - 8 可以看出，解释变量 FSSC 系数的均值和中位数分别为 0.0007 和 0.0003，对应 t 值的均值和中位数分别为 0.165 和 0.037，均不显著，说明通过随机分配生成的样本中虚拟处理效应并不存在。因此，企业现金持有水平的降低确是财务共享服务中心发挥作用，而不是其他时间序

列上的偶然因素或噪声所致。

6. 工具变量

在分析财务共享服务中心对现金持有的影响时，除了上述提到的变量选择偏误和滞后效应等，还可能存在现金管理较好或现金持有水平较低的企业选择财务共享服务中心作为优化现金管理的工具，产生内生性。因此，为核心变量财务共享服务中心的建成（FSSC）寻找恰当的工具变量，从而缓解上述内生性。

为此，运用工具变量两阶段处理效应模型予以解决。选取"每个年份上市公司所在行业建成的财务共享服务中心的数量 FSSC_Mean"作为财务共享服务中心的工具变量。选取其作为工具变量的合理性在于，根据"标杆效应"，在同一行业内，某年份建成财务共享服务中心的数量越多，该上市公司当年建成财务共享服务中心的可能性越高。同时，现金持有水平是公司内部治理决策，与行业内建成财务共享服务中心的数量没有明显联系。因此，工具变量 FSSC_Mean 具有与自变量高度正相关且与计量模型的随机扰动项不相关的特征，符合工具变量选取的要求。

实证结果如表6-9列（1）和列（2）所示。列（1）为第一阶段回归结果，研究发现，FSSC_Mean 的回归系数显著为正，符合预期；从列（2）来看，FSSC 对 Cash 的系数为 -0.334，且在10%的水平上显著，在控制该内生性后，H6-1 依然成立。

表6-9 　　　　　　　　　　　　稳健性检验六：工具变量

变量	（1） 第一阶段回归 FSSC	（2） 第二阶段回归 Cash
FSSC_Mean	0.746 *** (2.71)	
FSSC		-0.334 * (-1.82)
Size	0.0012 (0.26)	-0.3338 * (-1.82)

续表

变量	（1） 第一阶段回归 FSSC	（2） 第二阶段回归 Cash
Age1	− 0. 1125 *** （ − 2. 74）	0. 0360 *** （8. 15）
Lev	0. 0212 （1. 01）	− 0. 1170 *** （ − 13. 44）
Debtstr	− 0. 0120 ** （2. 16）	0. 0242 ** （2. 45）
Capex	− 0. 0458 （ − 0. 04）	− 0. 0064 （ − 0. 94）
Board	− 0. 0012 （1. 08）	− 0. 0460 *** （ − 2. 62）
Top1	− 0. 0010 （ − 0. 56）	− 0. 0007 （ − 0. 64）
Inde	− 0. 0222 （1. 27）	− 0. 0010 *** （ − 7. 00）
Salary	− 0. 0124 （0. 95）	− 0. 0029 （ − 0. 09）
TobinQ	0. 0012 （ − 1. 41）	− 0. 0115 *** （ − 2. 99）
Grow	0. 0031 （ − 0. 06）	0. 0009 （0. 94）
Bmb	− 0. 0068 （0. 34）	0. 0031 *** （3. 15）
Cf	0. 3118 （ − 0. 87）	− 0. 0059 *** （ − 4. 79）
Constant	− 0. 3169 （ − 3. 45）	− 0. 3705 *** （ − 3. 51）
Firm FE	YES	YES
Year FE	YES	YES
Observations	19 794	19 794
R^2	0. 0344	0. 0579

注： *** 、 ** 、 * 分别表示在1% 、5% 和10% 水平上统计量显著。

第三节　进一步研究

一、产权性质的异质性分析

企业的产权性质与其内部制度和所处的外部环境密切相关，国有企业和非国有企业在管理体系、治理结构以及面临的外部环境等方面存在明显差异。因此，需要考虑财务共享服务中心对不同产权性质企业的现金持有是否会产生不同的影响。为了回答这个问题，根据企业的产权性质将样本企业分为国有和非国有两类，并以实际控制人是否为国有来进行分类。具体地，将国有企业的实际控制人设置为1，其他情况设置为0。然后，根据这个分类方案对模型（6.1）进行分组检验，回归结果如表6-10所示。

表6-10　　　　　　　　异质性检验：产权性质

变量	（1） 国有 Cash	（2） 非国有 Cash
FSSC	-0.0149** （-2.69）	-0.0035 （-0.29）
Size	0.0191*** （3.66）	0.0460*** （9.99）
Age1	-0.0472*** （-5.47）	-0.1484*** （-12.21）
Lev	0.0041 （0.37）	0.0668*** （3.16）
Debtstr	0.0000 （0.00）	-0.0318*** （-3.46）
Capex	-0.0144** （-2.81）	-0.2129*** （-8.86）
Board	-0.0003 （-0.45）	-0.0029** （-2.69）

变量	(1) 国有 Cash	(2) 非国有 Cash
Top1	− 0. 0004 ** (− 2. 52)	− 0. 0012 *** (− 7. 21)
Inde	− 0. 0137 (− 0. 64)	− 0. 0244 (− 0. 74)
Salary	− 0. 0006 (− 0. 22)	− 0. 0216 *** (− 8. 23)
TobinQ	− 0. 0000 (− 0. 01)	0. 0015 (1. 70)
Grow	0. 0008 (1. 19)	0. 0047 ** (2. 44)
Bmb	− 0. 0019 (− 1. 27)	− 0. 0196 *** (− 7. 67)
Cf	0. 3175 *** (16. 42)	0. 3254 *** (20. 85)
Constant	− 0. 2867 ** (− 2. 24)	− 0. 3257 *** (− 3. 19)
Firm FE	YES	YES
Year FE	YES	YES
Observations	8 266	11 486
R − squared	0. 1765	0. 2445

注：***、**分别表示在1%和5%水平上统计量显著。

表6 - 10 显示，国有组的财务共享服务中心（FSSC）回归系数为 − 0. 0149，在5%的水平上显著为负，表明在国有企业中，财务共享服务中心的建成对企业现金持有水平具有显著的负向影响。非国有企业组中，财务共享服务中心（FSSC）的系数为 − 0. 0035，且不显著。国有企业组的显著性更高，表明相比非国有企业，国有企业建成财务共享服务中心后能降低企业的现金持有水平。原因可能在于相比于非国有企业，国有企业拥有更为宽松的融资环境，融资成本较低，较低的融资成本弱化了国有企业

持有较多现金的需求。

二、企业透明度的异质性分析

企业透明度是指企业披露财务和管理信息的程度，包括企业的财务报告、经营状况、治理结构、内部控制等方面的信息披露。企业透明度的提高可以帮助投资者和其他利益相关者更好地了解企业的财务状况、经营绩效和风险情况，从而促进资本市场的有效运转。不同透明度的企业对外提供的财务信息准确性和完整性存在显著差异。与较低透明度的企业相比，拥有高信息透明度的企业信息不对称程度较小，面临的融资环境更为宽松，因此会有更小的现金持有预防性动机，现金持有水平更低。

基于此，依据刘维奇等（2019）按照企业透明度的行业—年度中位数对模型（6.1）进行分组检验，将企业分为高透明度和低透明度两种类型，高透明度企业取1，否则为0，回归结果如表6-11所示。表6-11显示，高透明度组的财务共享服务中心（FSSC）回归系数为-0.0384，在1%的水平上显著为负，低透明度组中，财务共享服务中心（FSSC）的系数为-0.0290，在10%的水平上显著。表明在高透明度的企业中，财务共享服务中心的建成对企业现金持有水平具有显著降低作用，但在低透明度的企业中却不具有这种作用。

表6-11 异质性检验：企业透明度

变量	（1） 高透明度 Cash	（2） 低透明度 Cash
FSSC	-0.0384 *** （-5.07）	-0.0290 * （-1.75）
Size	0.1191 *** （11.98）	0.0396 *** （7.79）
Age1	-0.1423 *** （-11.89）	-0.1486 *** （-10.80）

变量	（1） 高透明度 Cash	（2） 低透明度 Cash
Lev	0.0399 （0.92）	0.0530 *** （3.60）
Debtstr	− 0.0172 （− 0.77）	− 0.0097 （− 0.57）
Capex	− 0.2893 *** （− 7.22）	− 0.0795 *** （− 3.18）
Board	− 0.0054 ** （− 2.26）	− 0.0019 （− 1.15）
Top1	− 0.0005 （− 0.87）	− 0.0013 *** （− 6.57）
Inde	− 0.1859 *** （− 4.19）	− 0.0159 （− 0.46）
Salary	− 0.0311 *** （− 4.40）	− 0.0144 *** （− 6.51）
TobinQ	0.0061 *** （3.04）	− 0.0009 （− 1.07）
Grow	− 0.0009 （− 0.45）	0.0036 ** （2.30）
Bmb	− 0.0172 *** （− 9.32）	− 0.0118 *** （− 4.27）
Cf	0.4642 *** （10.07）	0.3270 *** （11.78）
Constant	− 1.7798 *** （− 9.11）	− 0.3026 ** （− 2.72）
Firm FE	YES	YES
Year FE	YES	YES
Observations	2 166	9 561
R^2	0.3685	0.2571

注：***、**、*分别表示在1%、5%和10%水平上统计量显著。

三、制度环境对财务共享服务中心与现金持有关系的影响

首先，法律环境对财务共享服务中心与现金持有关系的影响。健全的法律体系在为企业融资决策中至关重要（苏坤等，2010）。在保护投资者较好的法律环境中，投资者投资面临风险较小，企业融资更容易。相应地，其现金持有预防性动机减弱，从而现金持有水平降低。因此，法律环境可能对财务共享服务中心与现金持有关系有所影响，在法律环境较好的环境中，企业现金持有水平可能较低，此时财务共享服务中心在抑制现金持有上发挥的作用可能有限。

因此，借鉴樊纲和王小鲁（2004）使用主成分分析法计算的"市场中介组织发育和法律制度环境"指数来表示地区法律环境，使用模型（6.2）检验法律环境对财务共享服务中心对现金持有作用的影响。检验结果如表 6 - 12 列（2）所示，FSSC 的系数为 - 0.0099，且在 1% 的水平上显著，FSSC × Law 的系数为 - 0.0021，且在 10% 的水平上显著，即法律环境能够抑制财务共享服务中心对现金持有的作用。

$$
\begin{aligned}
Cash_{i,t} = \beta_1 &+ \beta_2 FSSC_{i,t} + \beta_3 FSSC \times Law_{i,t} + \beta_4 Law_{i,t} \\
&+ \beta_5 Controls_{i,t} + \eta_t + \zeta_i + \varepsilon_{i,t}
\end{aligned} \tag{6.2}
$$

其次，社会信任水平对财务共享服务中心与现金持有关系的影响。贺京同和范若滢（2015）表明，社会信任水平与企业现金持有之间呈显著的负相关关系。良好的社会信任有助于建成彼此间合作的倾向，有助于加强利益相关者间的沟通交流，减少欺诈，降低信息不对称，缓解企业融资约束，从而降低企业现金持有预防性动机。在社会信任水平较好的环境中，企业现金持有水平可能较低，此时财务共享服务中心在抑制现金持有水平上发挥的作用可能会减弱。

因此，借鉴贺京同和范若滢（2015），采用中国综合社会调查（CGSS）2005 年对社会信任水平进行测度的调查数据来衡量社会信任水平，使用模型（6.3）检验法律环境对财务共享服务中心对现金持有作用的影响。检验结果如表 6 - 12 列（3）所示，FSSC 的系数为 - 0.0101，且在 1% 的水平上显著，

FSSC × Trust 的系数为 − 0.0472，且在 5% 的水平上显著，即社会信任水平能够抑制财务共享服务中心对现金持有的作用。

$$Cash_{i,t} = \beta_1 + \beta_2 FSSC_{i,t} + \beta_3 FSSC \times Trust_{i,t} + \beta_4 Trust_{i,t}$$
$$+ \beta_5 Controls_{i,t} + \eta_t + \zeta_i + \varepsilon_{i,t} \tag{6.3}$$

最后，金融发展对财务共享服务中心与现金持有水平的影响。宏观经济层面的金融发展是影响企业微观行为的一个重要因素（胡亚峰和冯科，2018）。一方面，金融发展有利于从外部缓解企业融资约束，由于金融市场化程度不断加深、金融机构竞争愈加激烈、金融创新产品不断增多，导致融资渠道增加，降低融资成本（苏柯等，2014）。另一方面，金融发展水平有利于缓解企业间信息不对称，有利于投资者控制信息风险和信用风险，缓解代理问题。因此，金融发展水平较高的地区，财务共享服务中心在抑制现金持有上发挥的作用可能会减弱。

因此，借鉴姚耀军和董钢锋（2015），采用金融机构存款和 GDP 之比衡量地区金融发展水平，使用模型（6.4）检验金融发展对财务共享服务中心对现金持有作用的影响。

$$Cash_{i,t} = \beta_1 + \beta_2 FSSC_{i,t} + \beta_3 FSSC \times FD_{i,t} + \beta_4 FD_{i,t}$$
$$+ \beta_5 Controls_{i,t} + \eta_t + \zeta_i + \varepsilon_{i,t} \tag{6.4}$$

检验结果如表 6 − 12 列（4）所示，FSSC 的系数为 − 0.0108，小于基准回归模型中 FSSC 的系数 − 0.0126，且在 1% 的水平上显著，FSSC × FD 的系数为 − 0.0164，且在 5% 的水平上显著，即金融发展水平能够抑制财务共享服务中心对现金持有的作用。

表 6 − 12　　　　　制度环境对财务共享服务中心与现金持有关系的影响

变量	（1） 基准回归 Cash	（2） 法律环境 Cash	（3） 社会信任水平 Cash	（4） 金融发展水平 Cash
FSSC	− 0.0126 *** （− 3.62）	− 0.0099 ** （− 2.76）	− 0.0101 ** （− 2.61）	− 0.0108 *** （− 3.45）
Law		0.0004 （0.87）		

续表

变量	（1） 基准回归 Cash	（2） 法律环境 Cash	（3） 社会信任水平 Cash	（4） 金融发展水平 Cash
FSSC × Law		− 0. 0021 * （ − 1. 83 ）		
Trust			− 0. 0096 * （ − 1. 80 ）	
FSSC × Trust			− 0. 0472 ** （ − 2. 44 ）	
FD				− 0. 0039 ** （ − 2. 43 ）
FSSC × FD				− 0. 0164 *** （ − 5. 61 ）
Size	0. 0357 *** （7. 20）	0. 0357 *** （7. 14）	0. 0361 *** （7. 59）	0. 0360 *** （7. 24）
Age1	− 0. 1125 *** （ − 9. 38 ）	− 0. 1127 *** （ − 9. 35 ）	− 0. 1143 *** （ − 9. 65 ）	− 0. 1127 *** （ − 9. 42 ）
Lev	0. 0212 ** （2. 24）	0. 0211 ** （2. 22）	0. 0204 * （2. 03）	0. 0218 ** （2. 28）
Debtstr	− 0. 0120 （ − 1. 68 ）	− 0. 0119 （ − 1. 67 ）	− 0. 0118 （ − 1. 60 ）	− 0. 0118 （ − 1. 64 ）
Capex	− 0. 0458 *** （ − 6. 21 ）	− 0. 0457 *** （ − 6. 14 ）	− 0. 0463 *** （ − 5. 90 ）	− 0. 0457 *** （ − 6. 24 ）
Board	− 0. 0012 （ − 1. 71 ）	− 0. 0012 （ − 1. 71 ）	− 0. 0014 * （ − 2. 06 ）	− 0. 0012 （ − 1. 68 ）
Top1	− 0. 0010 *** （ − 6. 00 ）	− 0. 0010 *** （ − 6. 02 ）	− 0. 0010 *** （ − 5. 88 ）	− 0. 0010 *** （ − 5. 99 ）
Inde	− 0. 0222 （ − 1. 06 ）	− 0. 0226 （ − 1. 08 ）	− 0. 0231 （ − 1. 18 ）	− 0. 0220 （ − 1. 08 ）
Salary	− 0. 0124 *** （ − 7. 45 ）	− 0. 0124 *** （ − 7. 31 ）	− 0. 0116 *** （ − 7. 95 ）	− 0. 0125 *** （ − 7. 39 ）
TobinQ	0. 0012 （1. 29）	0. 0011 （1. 23）	0. 0014 （1. 42）	0. 0012 （1. 30）

变量	（1） 基准回归 Cash	（2） 法律环境 Cash	（3） 社会信任水平 Cash	（4） 金融发展水平 Cash
Grow	0.0031 ** （2.51）	0.0031 ** （2.51）	0.0030 ** （2.55）	0.0031 ** （2.49）
Bmb	− 0.0068 *** （− 3.95）	− 0.0068 *** （− 3.93）	− 0.0066 *** （− 3.62）	− 0.0068 *** （− 3.93）
Cf	0.3118 *** （19.69）	0.3119 *** （19.73）	0.3112 *** （18.95）	0.3122 *** （19.82）
Constant	− 0.3169 *** （− 3.45）	− 0.3158 *** （− 3.41）	− 0.3321 *** （− 3.65）	− 0.3218 *** （− 3.56）
Firm FE	YES	YES	YES	YES
Year FE	YES	YES	YES	YES
Observations	19 794	19 794	19 794	19 794
R^2	0.2004	0.2005	0.2029	0.2007

注：*** 、** 、* 分别表示在1%、5%和10%水平上统计量显著。

第四节 小 结

基于企业面临现金决策困境和中国境内财务共享服务中心迅猛发展的背景，本章以2009～2018年沪深A股非金融业上市公司为研究样本，系统探讨了财务共享服务中心的建成对企业现金持有的影响，研究发现：财务共享服务中心的建成，通过降低代理成本和经营风险，显著抑制了企业现金持有水平。进一步研究发现，财务共享服务中心对现金持有水平的抑制作用在国有企业、高透明度的企业中更为显著；在法律环境较好、社会信任水平较高、金融发展水平较高的地区，财务共享服务中心对企业现金持有的降低作用会减弱。

第七章

财务共享服务中心和商业信用融资

第一节　问题引入

　　财务共享服务中心已经成为大量企业推崇和实施的一种管理模式。财政部分别于 2013 年和 2014 年发布《企业会计信息化工作规范》和《关于全面推进管理会计体系建设的指导意见》，鼓励企业建立财务共享服务中心，中国境内财务共享服务中心数量迅猛上升。在 145 家世界 500 强中国企业中，58% 以上已完成或正在建设财务共享服务中心；98 家中央企业有 55% 以上已完成或正在建设财务共享服务中心。

　　商业信用是企业的重要资金来源。当企业面临从银行等外部来源筹集资金存在困难时，对商业信用的依赖会增加，尤其是在重大突发事件导致企业收入下降、银行融资困难时更为凸显。随着全球经济复苏的趋势开始放缓，企业盈利增长能力整体呈现下降趋势，消费者需求锐减，企业资金周转紧张，商业信用融资成为企业活下去和发展好的关键。

　　因此，研究财务共享服务中心对企业商业信用融资的影响，为企业提升商业信用融资规模和议价能力，探究新的影响特征和机制，对于处在经济不确定性下的中国企业意义重大。

第二节　研究假设和研究设计

一、研究假设

给定其他条件不变的情况下，财务共享服务中心对商业信用融资的影响主要体现在以下两个方面。一方面，财务共享服务中心能够梳理标准流程，简化反馈渠道，协调内部控制机制，此时企业内部控制更加有效。根据信息不对称理论，高质量内部控制使供应商能够更清楚地了解企业实际财务状况，推动企业和供应商之间形成信任关系，从而有利于企业进行商业信用融资。另一方面，财务共享服务中心集成了合同管理系统、采购管理系统等功能模块，能够快速响应供应商的交易需求，有利于企业根据信用和价格等进行供应商的定期遴选，减弱对特定供应商的依赖，从而降低供应商集中度。根据供求关系实力矩阵，在一对多供求关系中，数量较少的一方在谈判时处于优势地位。因此，当供应商集中度较低时，每个供应商提供的原材料占比很小，企业在交易谈判时议价能力更强，此时企业在进行商业信用融资时更有话语权，更容易获取商业信用融资。据此，提出以下研究假设：

H7-1a：企业建立了财务共享服务中心，其商业信用融资规模更高。

然而，财务共享服务中心的建立也往往导致企业内部组织结构变革，涉及人员迁移、岗位职责调整、管理职能调整、工作量变化等多个方面，企业原有的内部控制体系受到挑战。同时，由于企业和供应商之间存在长期业务关系，因此在评估企业的信誉和执行信贷合同方面，供应商比金融机构具有信息优势，更容易捕捉到企业的内部控制风险信息，从而不利于企业商业信用融资。据此，提出以下研究假设：

H7-1b：企业建立了财务共享服务中心，其商业信用融资规模更低。

二、研究设计

(一) 样本选择和数据来源

本部分以 2003~2018 年中国 A 股上市公司为初始研究样本,并借鉴已有相关研究,按照如下原则对初始样本进行筛选:第一,删除金融行业企业—年度样本;第二,删除总资产为负或所有者权益为负企业—年度样本;第三,删除主要回归变量存在缺失企业—年度样本。经过筛选,最终得到 31 672 个企业—年度样本,样本筛选过程如表 7-1 所示。为控制极端值对回归结果的影响,对所有连续变量进行上下各 1% 的 Winsorize 处理。

表 7-1   样本筛选过程

项目	样本观测 (企业—年度)	样本观测 (企业)
2003~2018 年 A 股所有上市公司样本	35 327	3 601
减:		
金融行业样本	632	60
总资产或所有者权益为负样本	542	11
企业总资产等主要回归变量存在缺失样本	2 471	87
最终样本:	31 672	3 443

为获得上市公司样本区间内财务共享服务中心建立情况,首先,本文利用 Python 爬虫结合手工整理的方式,基于公司年报、企业官网及其他公开媒体报道收集上市公司建立财务共享服务中心相关信息,提取财务共享服务中心建立年度;其次,依托湖北省财务共享服务学会,利用电话和实地访谈的方式对网络搜索结果进行补充和确认,最终建立中国 A 股上市公司财务共享服务中心建立企业—年度数据。另外,企业财务数据、交易数据、供应商采购额及比例数据、宏观经济数据来自 CSMAR 数据库,内部控制指数数据来自 DIB 数据库,所有权性质数据来自 CCER 数据库,机构投资者持股比例数据来自 Wind 数据库,参控股企业数据、董事网络关系数据来自 CNRDS 数据库。

（二）模型构建与变量定义

本部分被解释变量为企业商业信用融资规模 AccPay，借鉴已有研究，利用资产负债表中的应付票据及应付账款之和进行度量，并利用利润表中的当期营业总收入进行标准化。除此以外，为保证实证结果的稳健性，借鉴已有研究，利用多种度量方法进行稳健性检验，变量具体定义如表 7-2 所示。

表 7-2 　　　　　　　　　　　　变量定义

变量符号	变量定义与说明
被解释变量	
AccPay	企业商业信用融资规模，等于企业当年（应付票据 + 应付账款)/营业总收入
AccPayNew1	企业商业信用融资规模，等于企业当年（应付票据 + 应付账款 + 预收款项)/营业总收入
AccPayNew2	企业商业信用融资规模，等于企业当年应付账款/营业总收入
AccPayNew3	企业商业信用融资规模，等于企业当年（应付票据 + 应付账款)/资产总计
AccPayNew4	企业商业信用融资规模，等于企业当年（应付票据 + 应付账款)/负债合计
解释变量	
FSSC	虚拟变量，度量企业财务共享服务中心建立情况，若企业当年财务共享服务中心建立开通则取值为1，否则取值为0
控制变量	
Size	企业规模，等于企业当年总资产的自然对数值
Lev	企业杠杆水平，等于企业当年总负债/总资产
Age	企业成立年限，等于企业成立至今的自然对数值
ROA	企业总资产收益率，等于企业当年净利润/总资产
TobinQ	企业成长性，等于企业当年总市值/总资产
Big4	虚拟变量，度量企业聘请的会计师事务所是否为四大，若企业当年聘请的会计师事务所为四大则取值为1，否则取值为0
Dual	虚拟变量，度量企业董事长和总经理是否两职合一，若两职由同一人担任则取值为1，否则取值为0
BoardSize	企业董事会规模，等于企业当年董事会人数的自然对数值
Indep	企业独立董事比例，等于企业当年独立董事人数/董事会人数

续表

变量符号	变量定义与说明
IssueBH	虚拟变量，度量企业是否同时发行 B 股或 H 股，若企业当年同时发行 B 股或 H 股则取值为 1，否则取值为 0
分组变量	
HighICindex	虚拟变量，度量企业内部控制质量高低，若企业当年内部控制指数超过年度样本中位数则取值为 1，否则取值为 0
HighSubCon	虚拟变量，度量企业供应商集中度高低，若企业当年前五大供应商采购额占比超过年度样本中位数则取值为 1，否则取值为 0
SOE	虚拟变量，度量企业所有权性质，若企业当年实际控制人为国有则取值为 1，否则取值为 0
HighInsti	虚拟变量，度量企业机构投资者持股比例大小，若企业当年机构投资者持股比例超过年度样本中位数则取值为 1，否则取值为 0
HighSub	虚拟变量，度量企业参控股企业家数多少，若企业当年参控股企业家数超过样本年度中位数则取值为 1，否则取值为 0
HighDeg	虚拟变量，度量企业董事网络关系紧密程度，若企业当年董事网络程度中心度超过样本年度中位数则取值为 1，否则取值为 0，其中董事网络程度中心度数据来自 CNRDS 数据库
HighEPU	虚拟变量，度量经济政策不确定性程度高低，若企业所处年度经济政策不确定性高于样本区间中位数则取值为 1，否则取值为 0
HighMP	虚拟变量，度量货币政策宽松程度高低，若企业所处年度 MP 高于样本区间中位数则取值为 1，否则取值为 0，其中 MP = M2 增长率 – GDP 增长率 – CPI 增长率

　　本部分解释变量为企业当年财务共享服务中心是否建立虚拟变量 FSSC，根据所收集的 A 股上市公司财务共享服务中心建立时间数据，若企业当年财务共享服务中心已建立则取值为 1，否则取值为 0。

　　为排除其他因素对企业商业信用融资规模的影响，借鉴已有研究，本部分进一步控制企业财务和治理特征变量，具体包括企业规模（Size），企业杠杆水平（Lev），企业成立年限（Age），企业总资产收益率（ROA），企业成长性（TobinQ），企业所聘请会计师事务所是否为四大（Big4），企业董事长和总经理是否两职合一（Dual），企业董事会规模（BoardSize），企业独立董事比例（Indep），企业是否同时发行 B 股或 H 股（IssueBH）。

为检验财务共享服务中心建立对企业商业信用融资规模的影响，设计回归模型：

$$AccPay_{i,t} = \alpha_0 + \alpha_1 FSSC_{i,t} + \alpha_2 Size_{i,t} + \alpha_3 Lev_{i,t} + \alpha_4 Age_{i,t} + \alpha_5 ROA_{i,t}$$
$$+ \alpha_6 TobinQ_{i,t} + \alpha_7 Big4_{i,t} + \alpha_8 Dual_{i,t} + \alpha_9 BoardSize_{i,t}$$
$$+ \alpha_{10} Indep_{i,t} + \alpha_{11} IssueBH_{i,t} + Firm\ FE + Year\ FE + \varepsilon_{i,t} \qquad (7.1)$$

其中，被解释变量为企业商业信用融资规模 AccPay，解释变量为企业财务共享服务中心建立虚拟变量 FSSC。除了企业财务特征和治理特征等一系列控制变量外，模型中还加入了企业层面固定效应和年度层面固定效应。

三、实证结果及分析

（一）描述性统计

表 7 – 3 报告了主要变量的描述性统计结果。结果显示，主要被解释变量企业商业信用融资规模 AccPay 的均值为 0.2253，中位数为 0.1768，标准差为 0.1825，这说明样本区间内企业平均所利用的应付票据和应付账款的规模约为营业总收入的 22.53%，且不同企业间的差异较大；主要解释变量企业财务共享服务中心建立虚拟变量 FSSC 的均值为 0.0157，这说明样本区间内建立财务共享服务中心的企业—年度样本比例较低，约为 1.57%。除此之外，控制变量层面企业规模（Size）的均值为 21.8730，企业杠杆水平（Lev）的均值为 0.4412，企业总资产收益率（ROA）的均值为 0.0378，均与已有研究基本保持一致。另外，企业董事长和总经理是否两职合一虚拟变量（Dual）的均值为 0.2243，企业是否同时发行 B 股或 H 股虚拟变量（IssueBH）的均值为 0.0655，这说明样本区间内董事长与总经理两职合一的企业—年度样本占比约为 22.43%，同时发行 B 股或 H 股的企业—年度样本占比约为 6.55%。

表7-3　　　　　　　　　　　主要变量描述性统计

变量	N	Mean	Std	P25	Median	P75
AccPay	31 672	0.2253	0.1825	0.0996	0.1768	0.2975
FSSC	31 672	0.0157	0.1243	0.0000	0.0000	0.0000
Size	31 672	21.8730	1.2700	20.9458	21.7090	22.5978
Lev	31 672	0.4412	0.2085	0.2757	0.4413	0.6014
Age	31 672	2.6626	0.4232	2.3979	2.7081	2.9957
ROA	31 672	0.0378	0.0566	0.0140	0.0364	0.0651
TobinQ	31 672	2.1048	1.9286	0.8375	1.5116	2.6658
Big4	31 672	0.0591	0.2358	0.0000	0.0000	0.0000
Dual	31 672	0.2243	0.4171	0.0000	0.0000	0.0000
BoardSize	31 672	2.1624	0.2051	2.0794	2.1972	2.1972
Indep	31 672	0.3680	0.0523	0.3333	0.3333	0.4000
IssueBH	31 672	0.0655	0.2474	0.0000	0.0000	0.0000

为初步了解财务共享服务中心建立对企业商业信用融资规模的影响，本部分绘制了财务共享服务中心建立前后企业商业信用融资规模的时间趋势图（见图7-1）。从图7-1中可以看出，在企业财务共享服务中心建立前，企业商业信用融资规模基本保持不变，但在财务共享服务中心建立当年及其后四年内，企业商业信用融资规模呈现明显上升趋势。总的来看，图7-1结果与研究预期基本保持一致。

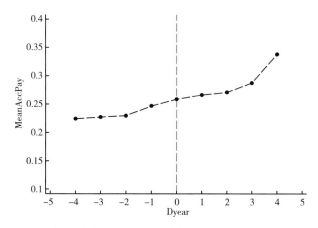

图7-1　财务共享服务中心建立对企业商业信用融资规模的影响

注：横轴为财务共享服务中心建立相对年份，其中0代表建立当年，负数代表建立前，正数代表建立后；纵轴为企业商业信用融资规模均值。

（二）基准回归结果

为控制企业和时间序列上其他因素对企业商业信用融资规模的影响，依据模型（7.1）进行回归分析，检验财务共享服务中心建立对企业商业信用融资规模的影响，其中被解释变量为企业商业信用融资规模 AccPay，解释变量为企业财务共享服务中心建立虚拟变量 FSSC。

表7－4为财务共享服务中心建立对企业商业信用融资规模影响的回归结果。其中，回归（1）未控制企业财务和治理特征，解释变量 FSSC 的系数为0.0376，且在1%的水平上显著；回归（2）和回归（3）分别在回归（1）的基础上进一步控制了企业财务特征变量和企业治理特征变量，FSSC 的系数分别为0.0330和0.0333，且均在1%的水平上显著。这说明财务共享服务中心的建立的确能够增加企业商业信用融资规模。研究结论支持H7－1a。对于该系数的经济意义，以同时控制企业财务特征和企业治理特征的回归（3）为例，财务共享服务中心的建立会帮助企业增加约14.78%（0.0333/0.2253）的商业信用融资，这说明财务共享服务中心建立对企业商业信用融资规模的影响不仅具有统计显著性，而且具有重要的经济意义。

表7－4　　　　　　财务共享服务中心建立与企业商业信用融资规模

变量	（1） AccPay	（2） AccPay	（3） AccPay
FSSC	0.0376 *** (4.04)	0.0330 *** (3.59)	0.0333 *** (3.59)
Size		0.0143 *** (6.40)	0.0148 *** (6.55)
Lev		0.2739 *** (29.12)	0.2732 *** (28.97)
Age		-0.0425 *** (-5.11)	-0.0428 *** (-5.15)
ROA		-0.3423 *** (-13.65)	-0.3415 *** (-13.63)
TobinQ		-0.0024 *** (-3.12)	-0.0024 *** (-3.09)

续表

变量	（1） AccPay	（2） AccPay	（3） AccPay
Big4			−0.0116 * （−1.87）
Dual			−0.0014 （−0.48）
BoardSize			−0.0111 （−1.40）
Indep			0.0105 （0.42）
IssueBH			0.0375 ** （2.39）
Constant	0.2246 *** （317.31）	−0.0784 （−1.53）	−0.0684 （−1.25）
Firm FE	YES	YES	YES
Year FE	YES	YES	YES
Observations	31 672	31 672	31 672
R^2	0.5895	0.6375	0.6376

注：***、**、*分别表示在1%、5%和10%水平上统计量显著。

（三）稳健性检验

为保证研究结论的可靠性，对表7−4的回归结果进行如下所示的稳健性检验。

为排除本文所选择商业信用融资规模度量指标上的偶然性，借鉴已有研究，分别利用应付票据、应付账款和预收款项之和及应付账款度量商业信用融资规模，并分别利用总资产及总负债进行标准化，回归结果如表7−5所示。回归结果显示，无论利用哪一种指标度量企业商业信用融资规模，解释变量FSSC的系数均至少在5%的水平上显著为正，即研究结论依然成立。

表 7-5　　　稳健性检验：变更企业商业信用融资规模度量方法

变量	(1) AccPayNew1	(2) AccPayNew2	(3) AccPayNew3	(4) AccPayNew4
FSSC	0.0339 ** (2.28)	0.0231 *** (2.86)	0.0159 *** (3.98)	0.0339 *** (4.44)
Size	0.0361 *** (9.04)	0.0066 *** (3.46)	−0.0066 *** (−7.23)	−0.0148 *** (−8.07)
Lev	0.4947 *** (31.89)	0.1640 *** (21.11)	0.1701 *** (45.93)	−0.2359 *** (−29.78)
Age	−0.1627 *** (−11.63)	−0.0347 *** (−5.04)	0.0019 (0.54)	−0.0504 *** (−6.16)
ROA	−0.3356 *** (−8.20)	−0.2533 *** (−12.12)	0.0712 *** (8.32)	0.0658 *** (3.71)
TobinQ	−0.0012 (−0.93)	−0.0009 (−1.43)	−0.0014 *** (−4.98)	−0.0025 *** (−3.58)
Big4	−0.0094 (−0.83)	−0.0076 (−1.45)	0.0001 (0.04)	0.0072 (1.36)
Dual	0.0049 (1.04)	−0.0055 ** (−2.34)	−0.0009 (−0.85)	−0.0006 (−0.23)
BoardSize	−0.0206 (−1.53)	−0.0110 * (−1.71)	0.0067 ** (2.07)	0.0200 *** (2.89)
Indep	0.0636 (1.57)	−0.0204 (−1.00)	−0.0155 (−1.58)	−0.0112 (−0.53)
IssueBH	−0.0118 (−0.52)	0.0190 (1.40)	0.0008 (0.08)	0.0094 (0.49)
Constant	−0.2162 ** (−2.31)	0.0770 * (1.73)	0.1755 *** (7.71)	0.8227 *** (17.11)
Firm FE	YES	YES	YES	YES
Year FE	YES	YES	YES	YES
Observations	31 672	31 672	31 672	31 672
R^2	0.6565	0.5951	0.7803	0.7515

注：***、**、*分别表示在1%、5%和10%水平上统计量显著。

考虑到行业属性及市场化水平等地区特征可能会影响行业内及辖区内企业财务共享服务中心的建立进程，借鉴已有研究，在模型（7.1）的基础上进一步控制行业×年度固定效应及地区×年度固定效应，回归结果详见表7－6中的回归（1）和回归（2）。回归结果显示，在控制行业×年度固定效应后，解释变量FSSC的系数为0.0339，且在5%的水平上显著，在同时控制行业×年度固定效应及地区×年度固定效应后，解释变量FSSC的系数为0.0231，且在1%的水平上显著，这说明在消除行业及地区层面随时间变化特征的潜在影响后，研究结论依然成立。考虑到样本区间内存在部分行业一直未有企业建立财务共享服务中心，为了更好地比较财务共享服务中心建立样本与未建立样本间债务融资成本的差异，因此将区间内一直未有企业建立财务共享服务中心的行业删除，重新依据模型（7.1）进行检验，回归结果详见表7－6中的回归（3）。回归结果显示，解释变量FSSC的系数为0.0159，且在1%的水平上显著，研究结论依然成立。

表7－6　　稳健性检验：控制企业所在行业及地区可随时间变化特征、
仅保留建立财务共享服务中心行业

变量	（1） AccPay	（2） AccPay	（3） AccPay
FSSC	0.0339 ** （2.28）	0.0231 *** （2.86）	0.0159 *** （3.98）
Size	0.0361 *** （9.04）	0.0066 *** （3.46）	－0.0066 *** （－7.23）
Lev	0.4947 *** （31.89）	0.1640 *** （21.11）	0.1701 *** （45.93）
Age	－0.1627 *** （－11.63）	－0.0347 *** （－5.04）	0.0019 （0.54）
ROA	－0.3356 *** （－8.20）	－0.2533 *** （－12.12）	0.0712 *** （8.32）
TobinQ	－0.0012 （－0.93）	－0.0009 （－1.43）	－0.0014 *** （－4.98）
Big4	－0.0094 （－0.83）	－0.0076 （－1.45）	0.0001 （0.04）

续表

变量	(1) AccPay	(2) AccPay	(3) AccPay
Dual	0.0049 (1.04)	-0.0055** (-2.34)	-0.0009 (-0.85)
BoardSize	-0.0206 (-1.53)	-0.0110* (-1.71)	0.0067** (2.07)
Indep	0.0636 (1.57)	-0.0204 (-1.00)	-0.0155 (-1.58)
IssueBH	-0.0118 (-0.52)	0.0190 (1.40)	0.0008 (0.08)
Constant	-0.2162** (-2.31)	0.0770* (1.73)	0.1755*** (7.71)
Firm FE	YES	YES	YES
Year FE	YES	YES	YES
Industry × Year FE	YES	YES	NO
Province × Year FE	NO	YES	NO
Observations	31 672	31 638	31 117
R^2	0.6565	0.5951	0.7803

注：***、**、*分别表示在1%、5%和10%水平上统计量显著。

为进一步排除企业及时间序列上其他噪声对回归结果的影响，进行安慰剂检验。借鉴已有研究，将样本数据中所有企业—年度观测值中FSSC变量的取值全部提取，再将这些数值逐个随机分配给每一个企业—年度观测值中，最后基于新的样本数据重新依据模型（7.1）进行回归，重复该过程1 000次，回归结果如图7-2和表7-7所示。从图7-2可以看出，1 000次重复抽样回归中解释变量FSSC系数的t值多集中在-0.5至1.5的范围内。

进一步地，从表7-7可以看出，解释变量FSSC系数的均值和中位数分别为0.0264和0.0148，对应t值的均值和中位数分别为0.3780和0.4270，均不显著。这说明构造的虚拟处理效应并不存在，因此企业商业信用融资规模的增加确实是因为财务共享服务中心的建立所致，而不是其他偶然因素或噪声所致。

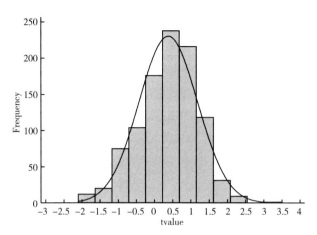

图 7 – 2　1 000 次随机建立财务共享服务中心企业的安慰剂检验系数 t 值分布

注：横轴为回归中解释变量 FSSC 系数的 t 值；纵轴为系数 t 值处于特定区间的频数。

表 7 – 7　　　　1 000 次随机安慰剂检验回归系数和对应 t 值的统计分布

变量	次数	均值	标准差	5% 分位数	25% 分位数	中位数	75% 分位数	95% 分位数
系数	1 000	0.0264	0.0568	− 0.0323	− 0.0038	0.0148	0.0402	0.1280
t 值	1 000	0.3780	0.8060	− 1.0690	− 0.1210	0.4270	0.9810	1.5340

考虑到样本区间内 A 股上市公司建立财务共享服务中心的比例较低，且企业建立财务共享服务中心的倾向性可能并不随机，而是由某些地区、行业或企业层面特征决定的，为进一步缓解样本自选择偏差等内生性问题，借鉴已有研究，本部分利用倾向得分匹配—双重差分（PSM – DID）模型进行稳健性检验。首先基于企业正式建立财务共享服务中心年度前一年的一系列企业财务和治理特征作为特征变量，采用"一配一、无放回"的最近邻匹配法，为建立财务共享服务中心的企业匹配同一年度、特征最为接近的对照组。具体地，所选取的特征变量包括：企业规模（Size）、企业杠杆水平（Lev）、企业成立年限（Age）、企业总资产收益率（ROA）、企业成长性（TobinQ）、企业董事会规模（BoardSize）、企业董事长和总经理是否两职合一（Dual），最终得到 85 家建立财务共享服务中心的企业以及对应的 85 家未建立财务共享服务中心的企业。表 7 – 8 为匹配后特征变量的平衡性检验结果。均值差异结果显示，匹配后处理组和对照组的特征变量均值均不存在

显著差异，满足平衡性假设。

表 7 - 8　　　　　　　匹配后特征变量的平衡性检验

变量	均值		均值差异
	FSSC = 1	FSSC = 0	
Size	23.8600	23.6200	0.2380
Lev	0.5160	0.5290	− 0.0133
Age	2.7110	2.8200	− 0.1100
ROA	0.0535	0.0448	0.0087
TobinQ	1.6040	1.3920	0.2120
Dual	0.1910	0.2000	− 0.0090
BoardSize	2.2120	2.1950	0.0175

　　基于匹配后的企业—年度样本，重新基于模型（7.1）进行检验，回归结果详如表 7 - 9 所示。表 7 - 9 中回归（1）的结果显示，在未控制企业层面财务特征和治理特征的情况下，解释变量 FSSC 的系数 0.0367，且在 1% 的水平上显著，在进一步控制企业层面财务特征和治理特征变量后，解释变量 FSSC 的系数分别为 0.0344 和 0.0347，且均在 1% 的水平上显著。这说明，在利用 PSM 的方法为建立财务共享服务中心的企业匹配企业特征最为接近的对照组后，研究结论依然成立。

表 7 - 9　　　　　　　稳健性检验：基于 PSM - DID 的方法

变量	（1） AccPay	（2） AccPay	（3） AccPay	（4） AccPay
FSSC	0.0367 *** (3.85)	0.0344 *** (3.78)	0.0347 *** (3.75)	
FSSC （−1）				0.0142 (1.11)
FSSC （0）				0.0264 ** (2.00)
FSSC （1）				0.0328 ** (2.17)
FSSC （2）				0.0402 *** (3.04)

续表

变量	(1) AccPay	(2) AccPay	(3) AccPay	(4) AccPay
FSSC（3）				0.0690 *** (3.67)
FSSC(4 +)				0.0494 *** (3.39)
Size		0.0235 *** (3.09)	0.0226 *** (2.83)	0.0225 *** (2.83)
Lev		0.1426 *** (4.35)	0.1471 *** (4.31)	0.1448 *** (4.26)
Age		0.0291 * (1.69)	0.0214 (1.27)	0.0217 (1.30)
ROA		− 0.3607 *** (− 3.85)	− 0.3537 *** (− 3.71)	− 0.3584 *** (− 3.74)
TobinQ		0.0002 (0.12)	0.0001 (0.03)	0.0002 (0.10)
Big4			0.0145 (1.07)	0.0142 (1.03)
Dual			− 0.0032 (− 0.29)	− 0.0026 (− 0.23)
BoardSize			− 0.0521 ** (− 2.35)	− 0.0526 ** (− 2.38)
Indep			− 0.1986 *** (− 3.57)	− 0.2014 *** (− 3.62)
IssueBH			0.0207 (1.12)	0.0219 (1.19)
Constant	0.2144 *** (77.62)	− 0.4653 *** (− 2.81)	− 0.2436 (− 1.47)	− 0.2653 (− 1.60)

变量	(1) AccPay	(2) AccPay	(3) AccPay	(4) AccPay
Firm FE	YES	YES	YES	YES
Year FE	YES	YES	YES	YES
Observations	2 332	2 332	2 332	2 332
R^2	0.6601	0.6875	0.6903	0.6915

注：***、**、*分别表示在1%、5%和10%水平上统计量显著。

进一步地，考虑到使用双重差分模型的重要前提是处理组和对照组在实验之前具有平行趋势，即两组样本被解释变量的变化趋势在实验前应该不存在差异。为验证平行趋势假设，本部分检验财务共享服务中心建立对企业债务融资成本影响的动态效应，借鉴已有研究，设计的回归模型如下：

$$
\begin{aligned}
\mathrm{AccPay}_{i,t} = {} & \alpha_0 + \sum_{-1}^{4} \alpha_t \mathrm{FSSC}_{i,t} + \alpha_7 \mathrm{Size}_{i,t} + \alpha_8 \mathrm{Lev}_{i,t} + \alpha_9 \mathrm{Age}_{i,t} \\
& + \alpha_{10} \mathrm{ROA}_{i,t} + \alpha_{11} \mathrm{TobinQ}_{i,t} + \alpha_{12} \mathrm{BigA}_{i,t} + \alpha_{13} \mathrm{Dual}_{i,t} \\
& + \alpha_{14} \mathrm{BoardSize}_{i,t} + \alpha_{15} \mathrm{Indep}_{i,t} + \alpha_{16} \mathrm{IssueBH}_{i,t} \\
& + \mathrm{Firm\ FE} + \mathrm{Year\ FE} + \varepsilon_{i,t}
\end{aligned}
$$

$$(7.2)$$

其中，$\mathrm{FSSC}_{i,t}$ 为企业财务共享服务中心建立第 t 年虚拟变量，以 $\mathrm{FSSC}_{i,t-1}$ 为例，若企业一年度样本处于企业正式建立财务共享服务中心前一年则取值为 1，否则取值为 0。α_t 为该模型重点关注的估计系数，其分别表示企业正式建立财务共享服务中心前一年、建立当年、建立后第一年、第二年、第三年、第四年及以后年度企业债务融资成本的情况，被解释变量和其他控制变量的定义与模型（7.1）一致，具体回归结果详见表 7-9 中的回归（4）。回归结果显示，财务共享服务中心建立前一年的系数不显著，而建立当年及后一年、两年、三年及四年以后的系数均至少在 5% 的水平上显著为正。这不仅验证了双重差分模型的平行趋势假设，而且揭示了财务共享服务中心对企业商业信用融资规模的影响从建立当年就已开始显现。

此外，为了更加直接地判断平行趋势假设是否成立，绘制了如图 7-3 所示的 α_t 系数及其 95% 的置信区间，该图的结果也证实双重差分的平行趋势假设是成立的。

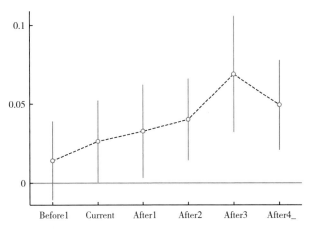

图 7 - 3　财务共享服务中心建立效应的动态变化

注：横轴为财务共享服务中心建立相对年份，其中 Current 代表建立当年，Before1 代表建立前一年，Before2 代表建立前两年，After1 代表建立后一年，After2 代表建立后两年，After3 代表建立后三年，After4_代表建立后四年及以上。

第三节　进一步研究

一、影响机制分析

研究发现，财务共享服务中心有助于提高企业商业信用融资规模，但其背后的影响机制如何依然是一个有待探究的问题。已有财务共享服务中心经济后果的研究发现，财务共享服务中心建立有助于提高企业内部控制质量，而这又势必会提高企业与供应商谈判时的议价能力。因此，本节将基于企业内部控制质量和供应商—客户关系进一步探究财务共享服务中心提高企业商业信用融资规模的具体机制。借鉴已有研究，利用分组检验的方法验证财务共享服务中心的影响机制。

财务共享服务中心利用 IT 技术和流程改进工具，统一业务流程标准和资金管控调度，消除原有财务松散孤立的复杂性和政策执行的不一致性，提升内部信息透明度，改善内部控制；同时推动企业原来分散、孤立、层级众多的结构向扁平化发展，对会计职责和流程加以更加细致的界定，并通过 IT 集成平台执行"端对端"的流程，减少人为差错和认知偏差抑制企业代理人各类机会主义行为，有效加强集团企业监督管控力度，提升内部控制质量。高质量内部控制的企业倾向于向市场传递自身经营状况良好的信号，根据信号传递理论，可以有效降低信息不对称，进而提升基于信任的商业信用融资能力。考虑到财务共享服务中心有助于改善企业内部控制质量，预期财务共享服务中心能通过改善企业内部控制质量进而提高商业信用融资规模。

本节采用 DIB 数据库公布的上市公司内部控制指数度量企业内部控制质量，表 7 – 10 中回归（1）和（2）的结果显示，在内部控制质量低子样本中，解释变量 FSSC 的系数为 0.0725，且在 5% 的水平上显著，但在质量控制质量高子样本中，解释变量 FSSC 的系数为 0.0179，且不显著，即财务共享服务中心建立对企业商业信用融资规模的提高作用主要集中在内部控制质量低子样本中，这也验证了财务共享服务中心能通过改善企业内部控制质量进而提高企业商业信用融资规模。

表 7 – 10　　　　　　　　　　　　影响机制分析

变量	HighICindex = 0	HighICindex = 1	HighSupCon = 1	HighSupCon = 0
	（1） AccPay	（2） AccPay	（3） AccPay	（4） AccPay
FSSC	0.0725 ** （2.52）	0.0179 （1.41）	0.0950 ** （2.36）	0.0122 （1.19）
Size	0.0161 *** （3.96）	0.0195 *** （4.33）	0.0145 *** （2.73）	0.0210 *** （4.44）
Lev	0.2997 *** （18.92）	0.2439 *** （12.90）	0.2882 *** （14.40）	0.2926 *** （14.27）
Age	− 0.0702 *** （− 3.69）	− 0.0448 ** （− 2.21）	− 0.0400 * （− 1.67）	− 0.0662 *** （− 3.05）
ROA	− 0.2226 *** （− 6.55）	− 0.4479 *** （− 9.50）	− 0.2536 *** （− 5.65）	− 0.2557 *** （− 6.02）
TobinQ	− 0.0040 *** （− 2.66）	0.0009 （0.73）	− 0.0043 ** （− 2.28）	− 0.0035 ** （− 2.30）

续表

变量	HighICindex = 0 （1） AccPay	HighICindex = 1 （2） AccPay	HighSupCon = 1 （3） AccPay	HighSupCon = 0 （4） AccPay
Big4	−0.0122 （−0.75）	−0.0069 （−0.77）	−0.0195 （−0.90）	−0.0309 *** （−3.03）
Dual	0.0027 （0.54）	0.0009 （0.19）	0.0018 （0.28）	−0.0005 （−0.10）
BoardSize	−0.0054 （−0.36）	−0.0203 （−1.43）	−0.0221 （−1.09）	−0.0111 （−0.84）
Indep	0.0587 （1.24）	−0.0359 （−0.95）	−0.0947 （−1.48）	0.0217 （0.53）
IssueBH	0.0378 （1.11）	0.0232 （0.62）	0.0553 *** （3.85）	0.0682 ** （2.29）
Constant	−0.0427 （−0.41）	−0.1438 （−1.29）	−0.0126 （−0.10）	−0.1399 （−1.19）
Firm FE	YES	YES	YES	YES
Year FE	YES	YES	YES	YES
Observations	14 488	14 487	8 484	8 487
R^2	0.6497	0.7193	0.6959	0.8073

注：*** 、** 、* 分别表示在1%、5%和10%水平上统计量显著。

　　财务共享服务中心集成了合同管理系统、采购管理系统、应收应付系统等功能模块，实现了供应商产品价格、合同执行条款和付款要求等信息透明化和共享化，为定期向全国乃至全球发布供应商选择标准和产品采购要求、遴选优质供应商提供了依据，有利于供应商统一动态管理，从而减少企业对主要供应商的依赖，降低供应商集中度，进而提升企业在采购交易活动中的议价能力和市场地位。研究了供应商—客户关系对企业所能获得的商业信用的影响，发现供应商集中度越高，供应商的谈判能力越强，企业所能获得的商业信用融资规模越小，融资期限越短。有研究结果表明具有市场地位和议价能力的企业能够获取更多商业信用融资和更为优惠的条款。考虑到财务共享服务中心有助于优化企业内部经营流程，提高其与供应商谈判时的议价能力，预期财务共享服务中心能通过降低企业供应商集中度进而提高商业信用融资规模。

借鉴已有研究，采用企业年报中披露的前五大供应商采购额占比度量企业供应商集中度。其中，企业供应商集中度越高，企业对其现有供应商的依赖程度也就越高，谈判时的话语权也就越低。表 7 - 10 中回归（3）和回归（4）的结果显示，在企业供应商集中度较高子样本中，解释变量 FSSC 的系数为 0.0950，且在 5% 的水平上显著，但在企业供应商集中度较低子样本中，解释变量 FSSC 的系数为 0.0122，且不显著，即财务共享服务中心建立对企业商业信用融资规模的提高作用主要集中在企业供应商集中度较高子样本中，这也验证了财务共享服务中心能通过降低企业供应商集中度进而提高企业商业信用融资规模。

二、异质性分析

财务共享服务中心对企业商业信用融资规模的影响程度，可能取决于财务共享服务中心所能发挥的功效大小，因此会受到企业内外部特征异质性的影响。基于此，本部分利用分组检验的方法检验上述企业内外部特征对财务共享服务中心与企业商业信用融资规模间关系的影响。

相比参控股企业家数越少的企业，参控股企业家数越多的企业其业务复杂性也越高，财务共享中心的建立对于提升企业内部控制质量的作用也更显著。基于财务共享服务中心提高企业商业信用融资规模的作用机制，其理应在企业自身业务复杂程度较高，即在企业参控股企业家数较多子样本中更能发挥功效。因此，本部分基于企业参控股企业家数分组，检验参控股企业家数对财务共享服务中心与企业商业信用融资规模间关系的影响。

表 7 - 11 的回归（1）和回归（2）为针对企业参控股企业家数差异进行分组检验的结果。回归结果显示，在参控股企业家数较多子样本中，解释变量 FSSC 的系数为 0.0397，且在 1% 的水平上显著，但在参控股企业家数较少子样本中，解释变量 FSSC 的系数为 0.0064，且并不显著，这说明财务共享服务中心对企业商业信用融资规模的影响主要集中在参控股企业家数较多

子样本中，与预期一致。

董事网络关系是董事会架构的一项重要特征，已有文献也对其与企业商业信用融资规模间的关系进行了研究。研究发现，企业独立董事外部关联度与其所能获得的商业信用融资显著正相关。也发现企业 CEO 与供应商间的老乡关系能为其带来更多商业信用融资。董事外部关联度越高，企业可选择的供应商范围越广，企业对原有供应商的依赖程度越低。基于财务共享服务中心提高企业商业信用融资规模的作用机制，其理应在企业董事网络外部关联度较差，即在企业董事网络程度中心度较低子样本中更能发挥功效。因此，本部分基于企业董事网络程度中心度分组，检验董事网络关系对财务共享服务中心与企业商业信用融资规模间关系的影响。

表 7-11 的回归（3）和回归（4）为针对企业董事网络关系差异进行分组检验的结果。回归结果显示，在董事网络程度中心度较低子样本中，解释变量 FSSC 的系数为 0.0854，且在 1% 的水平上显著，但在董事网络程度中心度较高子样本中，解释变量 FSSC 的系数为 0.0064，且并不显著，这说明财务共享服务中心对企业商业信用融资规模的影响主要集中在董事网络程度中心度较低子样本中，与预期一致。

表 7-11　　　　　　　　　　异质性分析

变量	参控股企业家数		董事网络关系	
	HighSub = 1	HighSub = 0	HighDeg = 0	HighDeg = 1
	(1) AccPay	(2) AccPay	(3) AccPay	(4) AccPay
FSSC	0.0397 *** (3.54)	− 0.0129 (− 0.67)	0.0854 *** (3.85)	0.0064 (0.51)
Size	0.0217 *** (5.95)	0.0262 *** (5.49)	0.0179 *** (4.29)	0.0228 *** (5.93)
Lev	0.2046 *** (15.50)	0.3038 *** (19.29)	0.2677 *** (16.36)	0.2549 *** (17.87)
Age	− 0.0499 *** (− 4.06)	− 0.0431 *** (− 2.73)	− 0.0371 ** (− 2.46)	− 0.0509 *** (− 3.57)
ROA	− 0.2960 *** (− 8.87)	− 0.3930 *** (− 10.17)	− 0.3124 *** (− 8.07)	− 0.3509 *** (− 9.18)

续表

变量	参控股企业家数		董事网络关系	
	HighSub = 1	HighSub = 0	HighDeg = 0	HighDeg = 1
	（1） AccPay	（2） AccPay	（3） AccPay	（4） AccPay
TobinQ	− 0.0007 （− 0.60）	− 0.0024 ** （− 2.09）	− 0.0024 ** （− 2.03）	− 0.0040 *** （− 3.03）
Big4	0.0072 （0.94）	− 0.0223 * （− 1.89）	0.0047 （0.32）	− 0.0129 （− 1.33）
Dual	− 0.0059 （− 1.44）	0.0034 （0.76）	0.0077 * （1.72）	− 0.0084 ** （− 2.01）
BoardSize	− 0.0175 * （− 1.69）	− 0.0119 （− 0.87）	− 0.0130 （− 0.81）	− 0.0205 * （− 1.66）
Indep	− 0.0117 （− 0.39）	0.0098 （0.23）	− 0.0142 （− 0.32）	0.0427 （1.11）
IssueBH	0.0332 ** （2.03）	0.0025 （0.62）	0.1019 *** （4.90）	0.0253 （1.23）
Constant	− 0.1779 ** （− 2.11）	− 0.2956 *** （− 2.67）	0.0854 *** （3.85）	0.0064 （0.51）
Firm FE	YES	YES	YES	YES
Year FE	YES	YES	YES	YES
Observations	15 389	15 381	14 026	14 028
R^2	0.7091	0.6654	0.7116	0.7151

注：***、**、*分别表示在1%、5%和10%水平上统计量显著。

三、经济后果分析

已有研究表明，商业信用作为一种非正式融资渠道，已经成为企业外部融资的重要手段，能够促进企业的投资规模、绩效表现、企业成长乃至行业规模的增长。研究发现，财务共享服务中心建立通过改善企业内部控制质量和降低企业供应商集中度，能提高企业商业信用融资规模，这是否有助于提高其投资规模，改善经营绩效？为探究财务共享服务中心建立提高商业信用融资规模的经济后果,借鉴已有研究,设计回归模型检验财务共享服务中心建立提高商业信用融资规模对企业投资规模和经营绩效的影响:

$$\begin{aligned}
\text{Investment}_{i,t+1} / \text{ROA}_{i,t} &= \alpha_0 + \alpha_1 \text{FSSC}_{i,t} \times \text{HighAccPay}_{i,t} + \alpha_2 \text{HighAccPay}_{i,t} \\
&\quad + \alpha_3 \text{FSSC}_{i,t} + \alpha_4 \text{Size}_{i,t} + \alpha_5 \text{Lev}_{i,t} + \alpha_6 \text{Age}_{i,t} \\
&\quad + \alpha_7 \text{TobinQ}_{i,t} + \alpha_8 \text{Big4}_{i,t} + \alpha_9 \text{Dual}_{i,t} \\
&\quad + \alpha_{10} \text{BoardSize}_{i,t} + \alpha_{11} \text{Indep}_{i,t} + \alpha_{12} \text{IssueBH}_{i,t} \\
&\quad + \text{Firm FE} + \text{Year FE} + \varepsilon_{i,t} \qquad\qquad (7.3)
\end{aligned}$$

其中,被解释变量 $\text{Investment}_{i,t+1}$ 为企业投资规模,等于企业(购建固定资产、无形资产和其他长期资产支付的现金+取得子企业及其他营业单位支付的现金净额-处置固定资产、无形资产和其他长期资产收回的现金净额-固定资产折旧、油气资产折耗、生产性生物资产折旧)/资产总计,$\text{ROA}_{i,t}$ 为企业总资产收益率;交互项中的 $\text{HighAccPay}_{i,t}$ 为企业商业信用融资规模高低虚拟变量,若企业当年商业信用融资规模高于年度样本中位数则取值为1,否则取值为0;其他变量的定义与度量与模型(7.1)一致。本部分主要关注交互项 $\text{FSSC}_{i,t} \times \text{HighAccPay}_{i,t}$ 的系数 α_1,具体回归结果如表7-12所示。回归结果显示,无论是企业未来投资水平还是经营绩效,交互项 $\text{FSSC}_{i,t} \times \text{HighAccPay}_{i,t}$ 的系数分别为0.0126和0.0102,且前者在10%的水平上显著,后者在5%的水平上显著,这说明财务共享服务中心建立通过提高企业商业信用融资规模的确有助于提高企业未来投资水平,改善企业经营绩效。

表7-12 经济后果分析

变量	(1) Investment	(2) ROA
FSSC × HighAccPay	0.0126 * (1.86)	0.0102 ** (1.98)
HighAccPay	- 0.0001 (- 0.07)	- 0.0105 *** (- 12.59)
FSSC	- 0.0144 ** (- 2.47)	- 0.0009 (- 0.25)
Size	0.0067 *** (5.52)	0.0213 *** (26.87)

续表

变量	(1) Investment	(2) ROA
Lev	−0. 0694 *** (−13. 60)	−0. 1229 *** (−34. 08)
Age	−0. 0543 *** (−9. 48)	−0. 0198 *** (−6. 73)
TobinQ	0. 0059 *** (12. 27)	0. 0085 *** (26. 44)
Big4	0. 0056 (1. 40)	0. 0008 (0. 39)
Dual	0. 0063 *** (4. 09)	0. 0014 (1. 30)
BoardSize	0. 0068 (1. 57)	0. 0009 (0. 29)
Indep	0. 0043 (0. 33)	− 0. 0057 (−0. 62)
IssueBH	0. 0012 (0. 09)	−0. 0304 *** (−4. 83)
Constant	0. 0361 (1. 14)	− 0. 3319 *** (−16. 86)
Firm FE	YES	YES
Year FE	YES	YES
Observations	18 475	31 672
R^2	0. 4254	0. 5034

注：***、**、*分别表示在1%、5%和10%水平上统计量显著。

第四节　小　　结

　　本章以 2003~2018 年中国 A 股上市公司为样本，研究财务共享服务中心建立对企业商业信用融资规模的影响。研究发现：首先，财务共享服务中心的建立能显著提高企业商业信用融资规模，且这一结论在经过一系列稳健性检验后依然保持不变；其次，影响机制分析发现，财务共享服务中心建立与企业商业信用融资规模间的正相关关系主要集中在内部控制质量低、供应商集中度高子样本中，即财务共享服务中心建立确能通过提高企业内部控制质量和降低企业供应商集中度的机制影响企业商业信用融资规模；再次，异质性分析发现，财务共享服务中心与企业商业信用融资规模间的正相关关系在非国有企业、机构投资者持股比例低、参控股企业家数较多、董事网络程度中心度较低、经济政策不确定性高时期及货币政策紧缩时期子样本中更加显著；最后，财务共享服务中心建立通过提高企业商业信用融资规模能提高企业未来投资水平，改善企业经营绩效。

　　本部分研究在理论层面和应用层面均具有重要启示。在理论层面，首次将财务共享服务中心与企业商业信用融资相连接，既从供应商等企业外部利益相关者的视角丰富了财务共享服务中心在改善企业内部控制质量和供应商—客户关系的重要作用，又为企业商业信用融资的影响提供了新因素。在应用层面，研究发现有助于解决民营企业长期以来的"融资难"问题，既能为企业缓解融资困境提供新方案，为企业适应经济政策不确定性提供新模式，又能为政府提供助力企业转型的新政策工具，有助于企业和政府共同打赢经济复苏保卫战。

| 第八章 |

财务共享服务中心和服务质量

第一节　问题引入

一、财务共享服务中心服务定位缺失

在当前阶段，我国许多财务共享服务中心过于强调管控功能，忽视了服务的重要性。甚至有些财务共享服务中心直接被称为"财务共享中心"，将其定位为企业监督核算的工具，导致了定位的错误。这样的错误定位可能使财务共享服务中心走入错误的方向。因此，强化服务定位对于提升财务共享服务中心的服务质量和价值至关重要。为了改善这一问题，财务共享服务中心需要明确其服务定位，将服务放在更加重要的位置。它应该定位为企业提供全面的财务支持和服务，以满足企业内部各个部门和业务单位的财务需求。财务共享服务中心应该以客户为中心，了解并满足他们的需求，提供高质量、高效率的财务服务。同时，财务共享服务中心应该注重提升服务质量。这包括改善沟通与协作机制，加强与各部门和业务单位之间的合作，确保财务信息的及时性和准确性。财务共享服务中心还应注重客户关系管理，建立良好的客户反馈机制，及时回应客户需求和问题，并不断改进和优化服务。

强化服务定位对于财务共享服务中心非常重要，它有助于提升服务质量和价值，使财务共享服务中心成为企业的重要支持部门，并为企业的发展和运营提供持续的价值。

二、数字化技术推动财务共享服务中心的创新

数字化技术，如大数据、云计算、人工智能、区块链、数字孪生和大语言模型等，对传统财务共享服务中心带来了深远的影响。这些技术的应用为财务共享服务中心提供了新的技术选择，推动了传统财务共享服务中心的创新。

在数字化背景下，财务共享服务中心需要不断创新服务，以提升客户服务质量并为客户创造更高的价值。为了实现创新，财务共享服务中心需要深入了解客户特征、客户需求和数字化思维，以便个性化地为客户提供所需的管理和决策信息。一方面，通过应用大数据和人工智能技术，财务共享服务中心可以对海量的财务数据进行分析和挖掘，提供更精准的财务预测和决策支持。这有助于客户更好地理解和管理财务风险，优化财务策略，并作出更明智的商业决策。另一方面，云计算和区块链技术可以提供更安全、高效的数据存储和交换平台，确保财务信息的可靠性和保密性。财务共享服务中心可以利用这些技术，实现财务数据的实时共享和协同处理，促进各部门之间的合作和沟通。此外，数字孪生技术可以将实际运营情况与虚拟模拟相结合，为财务共享服务中心提供更全面的业务洞察和决策支持。大语言模型的应用可以实现更智能、自动化的财务报表生成和分析，提高工作效率和准确性。

因此，财务共享服务中心在数字化技术的推动下，可以通过创新应用这些技术，提升客户服务质量，为客户提供个性化的管理和决策支持，实现更高的价值创造。这将使财务共享服务中心在数字化时代保持竞争优势，并为企业的成功和可持续发展作出积极贡献。

第二节　研究假设和研究设计

一、研究假设

帕拉休拉曼、赞瑟姆和贝利（Parasuraman，Zeithamal and Berry，1985，1988）认为服务质量取决于顾客购买前的期望、感知的过程质量和结果质量，强调服务质量由顾客评定；并提出了服务质量差距模型（5Gaps 模型），"期望服务—感知服务"之间的差距就是服务质量，受可靠性、响应性、关怀性、保证性及有形性五大因素影响。服务质量差距模型正在被各个行业用来评估服务质量，比如物流（姜武希，2011）、客运（李庸善，2007）、公共信息服务（Hyun and Sang，2011）以及图书馆管理（Muhammad，2013）等。但鲜见在财务共享服务中心中采用服务质量差距模型的研究文献。根据服务质量差距模型的五大差距，结合财务共享服务中心的特点和实践，分析财务共享服务中心服务质量差距形成的原因。

（一）财务共享服务中心的客户感知服务和客户期望服务之间的差距

5Gaps 模型认为客户对服务质量的感知与预期服务质量的差距（差距 5），是服务质量差距模型的核心，是最终服务质量结果的反映。客户在比较财务共享服务中心服务水平协议和感知财务共享服务中心提供的服务性能时，36.5％的客户不满意，因为成本节约的实现已被低服务水平和表现不佳抵消（Andrew，2013）。因此，研究该差距有助于财务共享服务中心和客户通过一种简单和适当的方式发现服务质量实际与期望值是否存在差异和存在的原因（姜武希，2011）。基于此，提出如下假设：

H8 - 1：财务共享服务中心的客户感知服务和客户期望服务之间没有显著差异。

（二）客户期望服务与财务共享服务中心感知客户期望服务之间的差距

5Gaps 模型认为企业管理者及服务人员对客户期望的认知与客户期望服

务之间的差距（差距1），是认知上的差距。有研究表明由于在合作和沟通上缺乏恰当的工具和技术，财务共享服务中心对其服务水平和能力的认知与客户的期望服务存在争议，因为40%的客户觉得财务共享服务中心没有达到服务水平协议的要求，但只有3.4%的财务共享服务中心确认这个问题（SunGard，2013）。基于此，提出如下假设：

H8－2：客户期望服务与财务共享服务中心感知客户期望服务之间没有显著差异。

（三）财务共享服务中心感知客户期望服务与服务质量标准之间的差距

5Gaps模型认为管理者没有将客户期望转化为可行的、客户满意的服务标准（差距2），是服务标准的差距。如果财务共享服务中心从建立开始就没有标准化的流程和灌输最佳的服务实践，那么可能导致员工很难处理和控制以及财务共享服务中心陷入困境（Andrew，2013）。财务共享服务中心建立的目的是避免重复劳动、实现协同效应，这就需要根据内外部客户的服务期望，按照面向事务的服务流程和以知识为基础的服务流程（Goold et al.，2001）对内外部客户的业务流程进行改进和整合（Martin and Berger，2004；Wang and Wang，2007），从而为其提供最佳服务质量标准。基于此，提出如下假设：

H8－3：财务共享服务中心感知客户期望服务与服务质量标准之间没有显著差异。

（四）服务质量标准与一线服务人员实际传递的服务水平之间的差距

5Gaps模型认为员工缺乏责任心或能力不足导致的差距（差距3），是服务绩效的差距。财务共享服务中心的职责之一是维护客户的关系和改善服务的效果，制定和完善与客户的集成度，以便他们习惯于使用财务共享功能（Mirjana and Snezana，2012），实现最佳服务质量标准，这种维护和改善需要一线服务人员了解客户新的战略、文化、财务制度、业务流程以及沟通的工具，但在全球调查中发现，当客户需求发生改变时，28%的受访者认为他们的服务水平无法适应（Sun Gard，2013）。基于此，提出如下假设：

H8-4：服务质量标准与一线服务人员实际传递的服务水平之间没有显著差异。

（五）财务共享服务中心一线服务人员实际传递的服务与对客户的承诺之间的差距

5Gaps 模型认为企业自身服务的定位和宣传与实际提供的服务之间的差距（差距4），是外部宣传上的差距。安永（2015）的调查发现，财务共享服务中心以成本模式为主导，侧重于服务定位；但实际上财务共享服务中心建立的首要目的是加强集团管控（董皓，2015），实为管理定位。不同的定位和宣传从战略层面决定了其服务方式和内容，造成一线服务人员实际传递服务的不同，比如业务处理效率、业务质量和单位业务处理成本等，会对客户的承诺或服务水平协议（Service Level Agreement，SLA）带来差异。基于此，提出如下假设：

H8-5：财务共享服务中心一线服务人员实际传递的服务与对客户的承诺之间没有显著差异。

二、模型讨论与建立

（一）财务共享服务中心服务质量差距模型

根据财务共享服务中心的协议性、专业性、便捷性、标准化、信息化等特点和实践，对服务质量差距模型进行改进，从而建立财务共享服务中心服务质量差距模型，如图8-1所示。

在此改进后的模型中，主要有四个方面的改进。首先是将"客户"扩展为"内外部客户"。财务共享服务中心既需要关注内部客户，也需要向外部客户提供服务并收取费用。其次是将"企业"改为"财务共享服务中心"。财务共享服务中心既可以作为集团内部的部门，具有一定的独立性和责任，又高度依赖于母公司；同时也可以作为独立的法人企业存在，与服务质量差距模型中的独立法人企业有所不同。再次是将"口碑"改为"财务共享服务中心形象及宣传"。财务共享服务中心的形象及宣传会影响客户对其服务

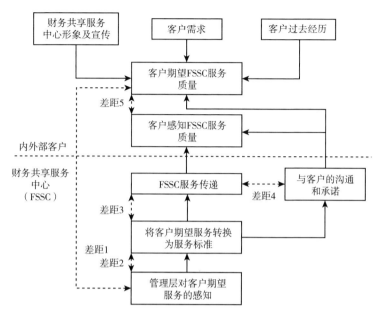

图 8-1　财务共享服务中心服务质量差距模型

质量的期望，这包括财务共享服务中心的定位、行业声誉、业务处理效率和服务质量等。最后是外部宣传差距的内涵发生了变化。在此模型中，外部宣传差距是指财务共享服务中心与内外部客户签订的服务级别协议（SLA）与实际提供的服务之间的差距，包括财务服务的范围、类型和质量等，这些都受到法律合同的约束，也是财务共享服务中心向客户结算和开票的依据。

　　财务共享服务中心的管理层可以根据改进后的模型和五大差距的内涵，了解财务共享服务中心服务质量存在差距的原因，并提出相应的对策，以提高财务共享服务中心的服务质量，如表 8-1 所示。

表 8-1　　　　　　　　　　财务共享服务中心服务质量的差距和原因

差距类型	差距含义	产生差距的原因
差距 1	客户期望与 FSSC 管理层对客户期望的感知之间的差别	1. FSSC 组织定位
		2. FSSC 对客户期望理解错误
		3. 收集到客户的信息不准确或被扭曲了
		4. 未进行需求分析

差距类型	差距含义	产生差距的原因
差距2	FSSC 管理层所制定的服务标准与管理层对客户期望的感知之间的差距	1. 流程设计不当,忽略客户操作的便捷性
		2. 组织目标不明确
		3. 绩效考核目标设计不当
差距3	FSSC 实际传递的服务与服务标准之间的差距	1. 服务质量规定得过于复杂和僵硬
		2. 服务质量标准未能得到一线服务人员认可,未能贯彻执行
		3. 服务运营管理水平低下
		4. 服务技术及系统无法满足标准需要
差距4	FSSC 实际服务传递与同客户沟通和承诺的服务之间的差距	1. 市场宣传与服务运营部门未能沟通协调一致
		2. 服务运营部门没有贯彻宣传中的服务质量标准
		3. 过度承诺
差距5	客户感知与客户期望服务质量之间的差距	1. 客户实际感知到的服务低于服务期望
		2. FSSC 口碑较差
		3. 服务失败

资料来源:(1)Zeithaml,Berry and Parasuraman. Communication and Control Process in the Delivery of Service Quality [J]. Journal of Marketing,1988,52(2):36;(2)李庸善. 城际客运企业服务质量管理研究 [D]. 天津:南开大学,2007;(3)武汉地区财务共享服务中心第五次学术研讨会会议纪要。

(二) 财务共享服务中心客户感知服务质量影响因素

结合财务共享服务中心的特点,借鉴康明斯、平安、中兴通讯等财务共享服务中心的实践,依据服务质量差距模型的客户感知服务质量五大因素,以及与武汉地区参与调研人员的头脑风暴,得出财务共享服务中心客户感知服务质量应从可靠性、响应性、信任度、沟通和参与程度五个影响因素来感知。具体描述如表8-2所示。

表8-2   客户感知服务质量影响因素问项

感知服务质量五大要素	问项
可靠性	1. FSSC 的流程设计认同程度
	2. FSSC 的标准及操作规范的认可程度
	3. FSSC 的员工职业素养的认可程度
	4. FSSC 整体能力的认可程度
	5. FSSC 的服务是质优价廉的认可程度
信任度	6. FSSC 业务处理认同的认可程度
	7. FSSC 按约定提供优质服务认可的程度
	8. FSSC 能够及时解决问题的认可程度
	9. FSSC 的正确率评价
响应性	10. FSSC 员工响应速度的评价
	11. FSSC 业务处理速度的评价
	12. FSSC 解决问题速度的评价
沟通	13. FSSC 员工服务礼貌的认可程度
	14. FSSC 员工对您企业的业务熟悉程度评价
	15. 与 FSSC 员工沟通效果的评价
参与程度	16. FSSC 员工到您单位进行面对面沟通频率的评价
	17. FSSC 流程和业务标准的了解程度
	18. FSSC 业务处理透明度的认可程度
	19. 贵企业与财务共享服务中心就业务流程或改进的探讨频率
	20. 贵企业对 FSSC 提出问题或建议，FSSC 接纳并改进的程度

资料来源：（1）Zeithaml, Berry and Parasuraman. Communication and Control Process in the Delivery of Service Quality [J]. Journal of Marketing, 1988, 52 (2): 35-48；（2）武汉地区财务共享服务中心第五次学术研讨会会议纪要。

（三）服务质量测评模型

从国外文献来看，量化服务质量差距主要有 SERVQUAL 测评模型（5Gaps 模型，1988）和 SERVPERF 测评模型（Clorindo and Taylor, 1992；Alexander, 1994）。虽然克洛林多和泰勒（Clorindo and Taylor, 1992）认为 SERVPERF 模型比 SERVQUAL 模型效果更优，但是国内外学者更多选择使用 SERVQUAL 模型，SERVQUAL 模型能够更好地保证研究的一致性。如云服务（Hu and Zhang, 2012）、酒店服务（María et al., 2014）、医疗服务（Teamur et al., 2014）、客运（李庸善，2007）、公共信息服务行业（Hyun and Sang, 2011）。因此，本部分基于 SERVQUAL 测评模型来建立财务共享

服务中心的服务质量测评模型（以下简称 FSSCSQ）。

$$FSSCSQ = \left[\sum_{i=1}^{n} (P_i - E_i) \right]/n \qquad (8.1)$$

其中，FSSCSQ = FSSC SERVQUAL 为模型中的总的感知服务质量，P_i 表示财务共享服务中心客户第 i 个问题感知评分，E_i 表示财务共享服务中心客户第 i 个问题期望评分，n 表示量表的问项总数。

通过对客户各问项打分的频数统计，得出所有客户对各问项的期望与感知选择的频数，将频数与分数相乘得出该问项的总分，除以有效问卷回收数量得到该问项的平均分数，所有问项依次类推得出相应平均分数；然后将所有问项平均分数加总并除以问项总数，得到客户感知和期望服务质量分数。

三、方法与统计性描述

2015 年 4 月通过对中兴通讯、中国交通建设股份有限公司、中交二航局、中国海洋石油总公司、康明斯、惠普、阳狮、泛亚班拿、中外敦豪、平安集团、万科、长虹、华新水泥等 18 家国内外财务共享服务中心的调查，验证财务共享服务中心服务质量差距是否存在，获得客户对财务共享服务中心服务质量评价。这次所调查的财务共享服务中心分别来自全球、亚太地区及国内区域性的财务共享服务中心，它们要么拥有建立全球或亚太地区的财务共享服务中心的领先经验、要么借助第三方咨询机构支持、要么借鉴其他企业财务共享服务中心建立的经验，它们既有国企、民企，也有世界 500 强的外企，具有较强代表性。

本部分研究分为两个阶段：第一阶段，通过对国内外相关文献整理及与专家讨论得出财务共享服务中心服务质量差距模型和客户感知服务质量影响因素，根据模型及影响因素设计问卷；第二阶段，采用专家头脑风暴、发送电子邮件、实地访谈对财务共享服务中心进行问卷调查，通过信度和效度分析检验问卷调查结果的真实性和准确性。

本次问卷调查历时 1 个月，共调查 18 家财务共享服务中心。财务共享服务中心管理层调查问卷（问卷一）发送 18 份，回收有效问卷 15 份（每个财务共享服务中心 1 份）；财务共享服务中心一线服务人员问卷（问卷二）发送 500 份，回收有效问卷 315 份；关于服务质量差距模型客户问卷（问卷三）发送 300 份，回收有效问卷 147 份；关于客户感知服务质量影响因素问卷（问卷四）发送 200 份，回收有效问卷 125 份，所有问卷数目均符合对研究样本数的设定。

根据财务共享服务中心管理层的反馈情况，调查涉及的财务共享服务中心中约有一半处于建设初期阶段。一方面，这些财务共享服务中心成立时间较短，人员规模较小，导致单据成本的降低效果不明显，同时人力资源成本相对较高。另一方面，建立时间较长（超过 5 年）的财务共享服务中心具有较大的人员规模，能够将单据成本控制在 5 元以下。由于标准化和流程化的完善，这些财务共享服务中心对员工的专业素质要求降低，进而降低了人力资源成本，如图 8 - 2 所示。

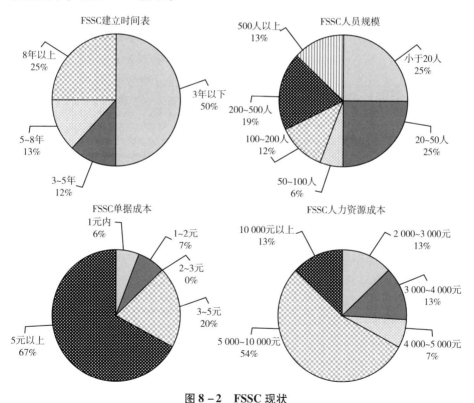

图 8 - 2 FSSC 现状

财务共享服务中心的建立得到了客户的普遍认可，认为财务业务处理的准确性和可靠性有了显著提升，同时通过规模经济效应和更强的管理控制，企业的管理成本明显降低。然而，由于财务共享服务中心与业务部门相分离，员工对业务的了解不足并缺乏应急机制，客户认为在便捷性方面改进不大，如图 8 – 3 所示。

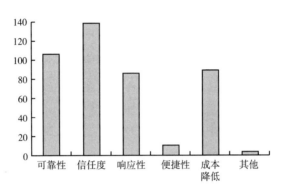

图 8 – 3　FSSC 建成后的服务改善

四、实证检验结果及分析

（一）问卷设计

1. 问卷设计采用模型法及头脑风暴法

根据财务共享服务中心的服务质量差距模型和感知服务质量影响因素及与专家的头脑风暴，设计了财务共享服务中心的管理层、一线服务人员及内外部客户问卷。

2. 问卷设计

根据调查对象的不同，问卷设计分为三个板块：第一板块为客户问卷。针对客户的问卷有两份，第一份根据财务共享服务中心服务质量差距模型设计，直接了解客户期望与客户感知；第二份根据客户感知服务质量影响因素进行设计，从可靠性、信任度、响应性、沟通及参与程度等方面设计客户感知财务共享服务中心的服务质量。第二板块为管理者问卷。一是了解财务共享服务中心现状，二是根据服务质量差距模型了解管理者感知的客户服务期望和企业制定的服务质量标准。第三板块为一线服务人员问卷。根据服务质量差距模型，了解实际传递的服务水平与感知的客户期望。

根据问项的依据来源，问卷分为两个部分：

（1）基于客户感知服务质量影响因素的问项。

帕拉休拉曼、赞瑟姆和贝利在 1990 年提出的 SERVQUAL 的 5 个角度和 22 个问项，由于不能完全适用于所有服务行业，且财务共享服务中心有区别于其他服务的特性和客户感知服务质量影响因素，因此得出如表 8-2 所示问项，目的在于了解客户对财务共享服务中心服务质量的评价。

（2）基于财务共享服务中心服务质量差距模型的问项。

主要了解财务共享服务中心的基本现状、影响服务质量差距的因素及服务质量差距。其调查对象为财务共享服务中心管理层、一线服务人员及客户，如表 8-3 所示。

表 8-3 　　　　　　　　　　财务共享服务中心服务质量差距问项

问卷对象	问项
FSSC 管理层	1. FSSC 建立时间
	2. FSSC 人员规模
	3. FSSC 人力成本
	4. FSSC 单据成本
	5. FSSC 组织定位
	6. FSSC 服务定位
	7. FSSC 服务范围
	8. 员工绩效考核
	9. 管理层绩效考核
	10. 管理者服务承诺
	11. 目的设定
	12. 流程设计
	13. 服务过程控制

问卷对象	问项
FSSC 一线服务人员	1. 感知客户财务外包理由
	2. 感知影响客户满意度因素
	3. 感知客户服务期望
	4. FSSC 服务水平
	5. FSSC 整体评价指标
	6. FSSC 待改善问题
	7. 员工之间的配合度
	8. 沟通
	9. 向上沟通
	10. 参与程度
客户	1. 外包理由
	2. 财务外包范围
	3. 选择的 FSSC 承诺
	4. 客户需求
	5. 客户期望服务
	6. FSSC 待改善问题
	7. FSSC 可靠性
	8. FSSC 信任度
	9. FSSC 响应性
	10. FSSC 沟通
	11. FSSC 参与程度

（二）信度分析

本部分使用 Cronbach's α 信度系数对各项指标进行信度分析。结果显示，客户对服务质量的感知、期望以及对服务质量的可靠性、信任度、响应性、沟通和参与程度等方面的信度系数均在 0.9 以上，表明问卷的信度非常理想。而财务共享服务中心管理层在服务质量承诺、服务质量标准、员工服务的标准化和员工之间的配合度等方面的信度系数均在 0.8 以上，信度较为理想。因此，整体而言，问卷的信度非常好。

（三）效度分析

财务共享服务中心的服务质量的四份问卷在服务质量差距模型和客户感知服务质量影响因素的理论基础上进行设计，并经过与财务共享服务中心高层管理人员的讨论和二次修改，保证了问卷的内容效度。

前三份问卷是描述性问卷，无法进行结构效度分析。而第四份问卷经过Bartlett球形度检验，结果显示显著性水平为0.000，表明样本数据符合正态分布。KMO值为0.947，表明适合进行因子分析。在解释的总方差中，前两个因子的特征值大于1，且特征值之和占总特征值的72.022%，超过了60%的阈值，说明主要因子能够很好地解释总变异。问卷四的因子荷载矩阵经过旋转后，90%的问项都具有一个因子负荷值大于0.5，表明该问卷具有较高的收敛效度和区别效度（Kerhnger，1986）。

（四）财务共享服务中心服务质量测评

财务共享服务中心的服务质量是根据客户问卷中的"感知减期望"作为讨论标准，如表8-4所示。

表8-4　　　　　　　　财务共享服务中心服务质量测评

题项	感知	期望	sig	T值
1. 您对 FSSC 的流程设计	3.816	4.664	0.780	-0.299
2. 您对 FSSC 的标准及操作规范的认可程度	3.816	4.712	0.801	-0.269
3. 您对 FSSC 的员工职业素养的认可程度	3.800	4.888	0.828	-0.231
4. 您对 FSSC 整体能力的认可程度	3.784	4.912	0.831	-0.228
5. 您对 FSSC 的服务是质优价廉的认可程度	3.784	4.896	0.817	-0.247
6. 您对 FSSC 业务处理认同的认可程度	3.848	4.808	0.820	-0.244
7. 您对 FSSC 按约定提供优质服务认可的程度	3.856	4.776	0.824	-0.238
8. 您对 FSSC 能够及时解决问题的认可程度	3.824	4.824	0.799	-0.273
9. 您对 FSSC 的正确率的评价	3.888	5.000	0.845	-0.208
10. 您对 FSSC 员工响应速度的评价	3.968	4.872	0.822	-0.240
11. 您对 FSSC 业务处理速度的评价	3.896	4.784	0.800	-0.270

题项	感知	期望	sig	T 值
12. 您对 FSSC 解决问题速度的评价	3.848	4.912	0.827	-0.233
13. 您对 FSSC 员工服务礼貌的认可程度	4.072	4.984	0.837	-0.220
14. 您对 FSSC 员工对您企业的业务熟悉程度评价	3.768	4.904	0.816	-0.249
15. 您对 FSSC 员工沟通效果的评价	3.912	4.936	0.835	-0.222
16. 您对 FSSC 员工到您单位进行面对面沟通频率的评价	3.216	2.616	0.571	0.616
17. 您对 FSSC 流程和业务标准的了解程度	3.928	4.280	0.851	-0.200
18. 您对 FSSC 业务处理透明度的认可程度	4.016	4.856	0.845	-0.209
19. 贵企业与财务共享服务中心业务流程或改进等进行探讨的频率	3.792	3.568	0.848	0.204
20. 贵企业对 FSSC 提出问题或建议, FSSC 接纳并改进的程度	3.872	4.896	0.827	-0.233

根据客户问卷的调查, P(sig) >0.05 接受 H8 -1, 即客户服务感知与客户服务期望没有显著差别, 财务共享服务中心服务质量得到客户认可。

根据表 8-4 的客户期望与感知均值, 测算财务共享服务中心的服务质量的分值:

$$FSSCSQ = \sum_{i=1}^{n} (P_i - E_i)/n = -0.819 \quad (8.2)$$

FSSCSQ <0, 因此感知服务略低于期望服务, 差距存在但不显著。从 T 值也可以看出, 除了面对面沟通与流程探讨频率的 T 值为正外, 其他都在 -0.2 左右, 说明除沟通与探讨频率高出客户期望外, 其他方面的服务感知都略低于期望。综合而言, 客户较为认同财务共享服务中心服务质量, 但财务共享服务中心服务质量仍需进一步改进。

(五) 服务质量差距与鉴定

此部分实证数据分别来自财务共享服务中心一线服务人员问卷(问卷二) 315 份和服务质量差距模型客户问卷(问卷三) 147 份, 利用 T 检验分析差距 1、2、3、4, 检测是否有显著差异存在, 也是验证 H8 -2、H8 -3、

H8 - 4、H8 - 5 是否成立。

首先，通过对客户问卷中的客户期望、FSSC 对客户的承诺调查结果以及 FSSC 对客户期望的感知、服务质量标准、FSSC 服务传递的调查数据进行统计，得到财务共享服务中心服务质量差距问项统计结果，如表 8 - 5 所示。

表 8 - 5　　　　财务共享服务中心服务质量差距问项统计

选项	客户期望	FSSC 对客户期望的感知	服务质量标准	FSSC 服务传递	FSSC 对客户的承诺
可靠性	116	191	168	156	16
信任度	142	226	203	172	137
响应性	143	220	198	196	77
便捷	25	201	169	146	71
成本降低	136	189	164	117	62
其他	20	17	22	5	12

其次，采用 T 检验，分析财务共享服务中心服务质量差距 1、2、3、4 是否存在显著差异，结果如表 8 - 6 所示。

表 8 - 6　　　　财务共享服务中心服务质量差距 T 检验

差距	差距一	差距二	差距三	差距四
T 检验	0.105	0.012	0.019	0.952

差距一 P(sig) > 0.05，接受 H8 - 2，即"客户期望"与"FSSC 感知客户期望服务"差异不大。财务共享服务中心与客户都认为正确率、响应速度、成本降低能够更好地支持企业决策，对服务便捷性的期望反而比财务共享服务中心感知的客户期望要低很多，此项的偏差较大，可能由于客户问卷填写人是客户企业的管理人员，故对业务处理效率和会计信息质量更为看重。

差距二 P(sig) < 0.05，拒绝 H8 - 3，即"FSSC 感知客户期望服务"与"服务质量标准"之间的差距显著。从表 8 - 5 可以看出服务质量标准的各项因素均低于财务共享服务中心感知客户期望的服务质量，财务共享服务中心服务质量标准需提高。

差距三 P（sig）＜0.05，拒绝 H8－4，即"服务质量标准"与"FSSC 一线服务人员实际传递的服务水平"之间的差距显著存在。除响应速度外，其他各项因素的服务质量标准与实际服务质量都有一定差距，其中成本降低的差距最大，客户认为财务共享服务中心的建设并未给成本带来预期的降低。

差距四 P（sig）＞0.05，接受 H8－5，即"FSSC 服务传递"与"FSSC 对客户的承诺"之间的差距不显著。

（六）实证研究结果

一是根据 T 检验的结果，H8－2 和 H8－5 之间没有显著差距。这可以解释为财务共享服务中心主要面向内部客户提供服务，使得财务共享服务中心管理层和一线服务人员能够准确理解客户期望并保持顺畅的沟通。此外，财务共享服务中心在核算层和业务流程上已经较为成熟，一线工作人员对业务较为了解，能够出色地履行服务承诺，并受到 SLA 协议的法定约束。这些原因可能导致 H8－2 和 H8－5 之间没有显著差距。

二是 H8－3 和 H8－4 之间存在显著差距，但 H8－1 没有显著差距。这表明客户对财务共享服务中心的服务质量仍然持认可态度。具体而言，根据表 8－5 的结果显示，"服务质量标准"在六个选项上都低于"FSSC 感知客户期望服务"，这可能与调查的财务共享服务中心中有一部分处于初期或快速发展阶段有关。在这些情况下，业务流程的标准化建设和服务质量标准还需要进一步优化和完善，从而导致 H8－3 的显著差距。同时，财务共享服务中心的服务规范和标准有待进一步完善，一线工作人员的服务思维尚未成熟，存在业务处理惯性和单据传送成本过高等问题，这导致 H8－4 的显著差距。

然而，令人欣慰的是，根据 T 检验的结果，H8－1 没有显著差距，说明客户对财务共享服务中心的服务质量持认可态度。这可能归因于财务共享服务中心的建立使得员工的财务体验明显提升，例如减少了员工前往财务处等待和审核的时间，同时业务处理的准确率也得到了显著提升。此外，客户对服务质量的认可也可能与对服务质量的容忍度较高有关。

综上所述，尽管存在一些改进的空间，但客户对财务共享服务中心的服务质量仍然持认可态度。

第三节　小　　结

本章探讨了财务共享服务中心的服务质量差距，并得出以下结论：一方面，财务共享服务中心存在着客观的服务质量差距；另一方面，由于财务共享服务中心人员对客户的理解以及客户对服务质量的容忍度较高，导致客户对财务共享服务中心的服务质量持认可态度。此外，随着财务共享服务中心的成熟度增强，其服务成本逐步降低。综上所述，尽管财务共享服务中心存在一定的服务质量差距，但由于客户的理解和容忍度，使得客户对其服务质量持认可态度，并且随着财务共享服务中心的成熟度增强，服务成本也逐渐降低。

| 第九章 |
财务共享和数字化转型对企业研发
投入的影响

第一节　问题引入

　　创新是引领发展的第一动力，《中华人民共和国国民经济和社会发展第十四个五年规划和2035年远景目标纲要》中明确指出要激励企业加大研发投入，实施更大力度的普惠性政策，提高企业技术创新能力。创新是企业长期发展、核心竞争力的主要来源，企业占据创新体系的主体地位，提高企业的创新水平是驱动社会整体创新的关键。华为自2006年开始在全球范围内建立财务共享服务中心，加强了财务控制和监督，优化资源配置，提高了产品研发和销售效率；同时，推进业财融合，将客户、生产、经营、销售、研发等数据打通，提高企业风险防范能力；并且，于2016年启动数字化转型战略，打造了"研发云"平台，通过代码上云、作业上云、研发上云等，实现跨区域全球协同研发，大幅提高研发效率，让华为在面临美国科技制裁、打压的情况下，仍然能够实现净利润的增长，保持高水平的研发投入强度。从华为案例看出，财务共享服务中心与数字化转型虽然是企业战略转型达成的两种战略选择，但是财务共享服务中心为企业数字化转型提供了组织基础、技术基础、数据基础等，数字化转型又为财务共享服务中心的优化升级

· 198 ·

提供了路径、方法和工具，两者相互协同使企业在经济不确定性的环境下仍能保持高研发投入，创造更大价值。因此，两者在企业实践中存在协同，提升了企业的研发投入和研发创新，实现"1＋1＞2"的效果。

但是，两者的协同对研发投入的影响显然没有得到理论界的重视。一方面，现有研究探讨了财务共享服务中心对企业创新绩效的影响，尚未关注研发投入的影响。财务共享服务中心通过高效集中地处理企业业务，为员工提供更多时间进行创新活动，增强管理者的创新意识、提高企业的创新绩效（Yang et al.，2022）。另一方面，现有研究探讨了数字化转型对企业创新、创新绩效、创新效率、创新投入等方面的影响。对于企业创新，企业数字化转型可以提高管理效率、提高人力资本水平（安同良和闻锐，2022）、缓解融资约束（潘红波和高金辉，2022；付剑茹和王可，2022），从而促进企业创新（Zhao et al.，2022）。对于创新绩效，数字化转型显著正向影响创新能力、吸收能力与适应能力（张吉昌和龙静，2022），提升了企业的流程创新绩效和产品创新绩效（Chu et al.，2019；Liang and Li，2022）。对于创新效率，数字化转型通过影响企业的组织韧性（王慧等，2021）、人才结构、产学研合作强度（杜传忠和姜莹，2022）等，提高企业的创新效率（Li et al.，2022），并且在行业竞争程度高、市场化程度低的情况下，企业创新效率的促进作用更明显（杨水利等，2022）。也有学者关注到了数字化与创新投入的影响，谢琨和张正銮（2022）发现企业数字化会对企业的技术创新投入产生正向影响。

综上所述，在现有研究中尚未有学者将财务共享服务中心和数字化转型进行组合来研究对企业研发投入的影响。财务共享服务中心不断利用数字化技术创新服务，提升客户服务质量，为客户创造更高价值；同时数字化转型也为财务共享服务中心的优化升级提供了重要的机遇和支持，财务共享服务中心和数字化转型相互促进、相互优化，共同推动了企业的发展和提升，两者之间的协同会如何对企业研发投入产生影响呢？两者协同是否能更好地促进企业研发创新？因此，本章分别在财务共享服务中心与数字化转型的不同组合下探究财务共享服务中心与数字化转型能否促进企业研发投入，财务共享服务中心与数字化转型的不同组合下对企业研发投入的作用效果存在怎样的差异。

第二节　研究假设和研究设计

一、研究假设

（一）财务共享服务中心与数字化转型组合

财务共享服务中心建立和未建体现了企业对研发成本管控、费用预测等方面能力的高低。财务共享服务中心通过改善企业内部控制、提高管理水平（Yang et al.，2022），有效管控研发成本，为降低企业研发投入风险提供保障。华为利用财务共享服务中心将成本折算到各个开发项目，明确研发投入，提高预测目标准确性，提高研发成本管控，降低研发风险。企业数字化转型程度体现了企业的数字化水平，代表其数字工具的使用强度（Frank et al.，2019），为企业研发活动中的 IT 环境配置、资源复用、数据分析等提供支持。企业数字化转型可以提高数据的可用性，根据客户需求定位研发投入（Vial，2021），企业数字化转型程度低则无法充分利用数据资源潜力，难以开展研发活动（朱秀梅等，2022）。财务共享服务中心和数字化转型相互促进、相互优化，共同推动了企业的发展和提升。本部分分别将是否建立财务共享服务中心和数字化转型程度的高低作为标准，划分为四个不同的组合，构建一个二维四象限组合矩阵，如图 9 - 1 所示：建立财务共享服务中

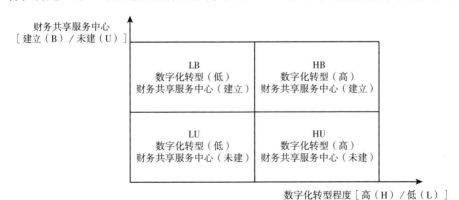

图 9 - 1　财务共享服务中心和数字化转型组合矩阵

心—数字化转型程度高（HB）、未建财务共享服务中心—数字化程度高（HU）、建立财务共享服务中心—数字化转型程度低（LB）、未建财务共享服务中心—数字化转型程度低（LU）。

（二）财务共享服务中心和数字化转型对研发投入的影响

基于信息不对称理论，财务共享服务中心能够打破企业部门之间的信息壁垒，统一数据口径，解决部门合作对接的信息不完整、遗漏问题（Wang，2021）。通过实现采购、生产、销售、研发等部门与财务部门的信息共享和协同运作（Petrisor et al.，2016；李闻一等，2020），降低与研发部门的信息不对称，有效管控研发部门各项目进度、资金、成本（马健和李连军，2020），有效配置资金，为研发资金投入的可持续性提供保障。同时，推动企业业财融合，能够及时、准确地获得企业研发相关数据，加强研发成本管控，并为企业研发提供研发成本预测、未来收入预测等信息，降低研发风险。数字化转型程度高可以降低企业内外部信息不对称，提高数据信息可利用度（车德欣等，2021）。一方面，数字化转型程度高的企业可以提高研发活动的效率创造价值。企业不仅可以利用数字化技术进行模拟仿真实验，减少资源消耗（Vaccaro et al.，2011），降低成本，而且可以缩短研发环境搭建时间、提高作业效率、缩短研发周期（Briel et al.，2018）。另一方面，企业利用数字技术挖掘有价值的信息数据，例如获取有关客户需求和偏好的信息（Rialti et al.，2018；Chen et al.，2015），使企业更了解市场需求，更好捕捉客户心理和需求（Rozak et al.，2021；Vecchio et al.，2018；周文辉等，2018）。数字技术可以准确地分析预测新产品或新技术的市场契合度，在研发新产品时准确定位（殷群和田玉秀，2021），构建和开发客户想要的新产品和服务，降低研发的不确定性，推动研发部门的研发投入。

基于协同理论，一方面，财务共享服务中心为企业数字化转型奠定了组织基础、共享思维、技术基础、数据基础，助力企业开展数字化转型。同时，数字化转型的不断深入也会推动财务共享服务中心的迭代升级，提升财务共享服务中心成本管控、预算控制等方面的能力，两者相辅相成，相互促进。另一方面，财务共享服务中心能够加强研发过程中的管控，有利于研发创新的可持续进行，降低研发风险；数字化转型程度越高使企业在研发时提高研发效率、精准确定研发定位，降低研发的不确定性。两者协同发展有利于促进企业进行研发创新、增加研发投入。

HB 组合下，既建立财务共享服务中心又数字化转型程度高的企业不仅可以了解市场需求、准确定位研发方向，而且可以加强研发成本管控和预测，降低研发风险，两者协同发展促进企业研发投入。HU 组合下，企业未建财务共享服务中心但数字化转型程度高。没有建立财务共享服务中心但是其数字化能力处于较高水平的企业，虽然没有形成足够的研发成本管控和预测的能力，但能够准确捕捉客户的个性化需求和心理、提高研发效率，完成产品全周期的研发服务活动，同样也可以促进企业的研发投入。但在该组合下，缺乏财务共享服务中心的财务管控能力的支持，企业对研发投入的促进程度弱于财务共享服务中心和高数字化转型协同发展对企业研发投入的促进程度。因此，相较于HB 组合，HU 组合对企业研发投入的促进效应更弱。LB、LU 组合下的企业数字化转型程度低，由于受到企业数字化转型程度低的限制，其不仅对客户需求的数据收集效果差、数据挖掘能力低、对数据的分析和利用能力不足，不能充分发挥数据的利用潜力。而且在研发过程中缺乏数字化技术的运用，研发效率低、产品开发周期长。即使建立了财务共享服务中心增强企业研发成本、研发风险的管控能力，也很难推进研发活动的开展，负向影响企业的研发投入。

据此，提出如下假设：

H9 - 1：HB 组合正向影响企业研发投入。

H9 - 2：HU 组合正向影响企业研发投入。

H9 - 3：相较于 HB 组合，HU 组合对企业研发投入促进作用更弱。

H9 - 4：LB 组合负向影响企业研发投入。

H9 - 5：LU 组合负向影响企业研发投入。

二、研究设计

(一) 样本选择与数据来源

本部分选取 2007～2020 年中国 A 股的上市企业作为初始样本，建立财务共享服务中心时间、企业等信息均在公开网页、公司官网、财务共享服务领域调研报告等通过手工收集得到；样本公司的基本信息、财务数据等信息均来源于国泰安数据库（CSMAR）。研究按照以下步骤进行了数据筛选：首先，剔除主要回归变量存在缺失企业；其次，剔除金融行业的企业；再次，剔除 ST 和其他特殊情况的公司；最后，考虑到极端值对研究结果的影响，对连续型变量进行了1% 和 99% 分位数的缩尾处理。经过以上筛选，最后共得到 9 388 个观测值。

（二）模型设计和变量定义

1. 被解释变量

现有文献一般使用研发投入金额、研发投入金额取自然对数、研发投入除以总资产等指标来衡量企业的研发投入强度，但是企业规模存在较大差异，大企业的研发支出高于小企业并不意味着其更重视研发投入。因此，研究采用研发投入除以总资产作为企业研发投入水平的衡量指标（史学智和阳镇，2021），避免企业规模差异的影响。

2. 解释变量

本部分的解释变量以是否建立财务共享服务中心和数字化转型程度高低为基准，构建二维四象限组合（见图 9-1），若企业数字化转型程度高于均值则认为其数字化转型程度高，否则认为数字化转型程度低。HB、HU、LB、LU 均为虚拟变量，若企业建立财务共享服务中心且数字化转型程度高，则 HB 赋值为 1，否则赋值为 0；若企业未建财务共享服务中心且数字化转型程度高，则 HU 赋值为 1，否则赋值为 0；若企业建立财务共享服务中心且数字化程度低，则 LB 赋值为 1，否则赋值为 0；若企业未建财务共享服务中心且数字化转型程度低，则 LU 赋值为 1，否则赋值为 0。

3. 控制变量

借鉴现有文献，选取企业规模（Size）、企业成长性（TobinQ）、独立董事占比（Indep）、股权集中度（Top10）、上市年限（Age）、两职合一

（Dual）、资产负债率（Lev）、企业盈利性（ROA）、产权性质（SOE）、董事会规模（Board）、是否四大（Big4）作为控制变量。同时，对企业和年份进行控制。各变量定义情况如表9-1所示。

表9-1   变量定义

变量类型	变量名称	符号	变量定义
被解释变量	研发投入	RD	研发投入金额/总资产
解释变量	财务共享服务中心与数字化转型	HB	虚拟变量，若公司建立财务共享服务中心、数字化转型程度高，则取为1，否则为0
		HU	虚拟变量，若公司建立财务共享服务中心、数字化转型程度低，则取为1，否则为0
		LB	虚拟变量，若公司未建财务共享服务中心、数字化转型程度高，则取为1，否则为0
		LU	虚拟变量，若公司未建财务共享服务中心、数字化转型程度低，则取为1，否则为0
控制变量	企业规模	Size	企业总资产取对数
	企业成长性	TobinQ	市值/总资产
	独立董事占比	Indep	独立董事人数/董事会总人数
	股权集中度	Top10	前十大股东持股比例
	上市年限	Age	报告期与公司上市年份之差的自然对数
	两职合一	Dual	董事长和总经理是否是同一人
	资产负债率	Lev	总负债/总资产
	企业盈利性	ROA	净利润/总资产
	产权性质	SOE	虚拟变量，若为国有公司则为1，否则为0
	董事会规模	Board	董事会总人数取对数
	是否四大	Big4	审计师是否来自四大会计师事务所

4. 模型设计

为检验财务共享服务中心与数字化转型对公司研发投入的影响，设计回归模型如下：

$$RD_{it} = \alpha_0 + \alpha_1 M_{i,t} + \alpha_2 Size_{i,t} + \alpha_3 TobinQ_{i,t} + \alpha_4 Indep_{i,t} + \alpha_5 Top10_{i,t}$$
$$+ \alpha_6 Age_{i,t} + \alpha_7 Dual_{i,t} + \alpha_8 Lev_{i,t} + \alpha_9 ROA_{i,t} + \alpha_{10} SOE_{i,t}$$
$$+ \alpha_{11} Board_{i,t} + \alpha_{12} Big4_{i,t} + \varepsilon_{i,t} \qquad (9.1)$$

其中，被解释变量为企业研发投入（RD），解释变量（M）为虚拟变量，是公司财务共享服务中心与数字化转型的不同组合。除了企业财务特征和治理特征等一系列控制变量外，模型中还加入了公司层面固定效应和年度层面固定效应。

三、实证结果及分析

（一）描述性统计

表 9-2 显示了变量的描述性统计结果，RD 的最小值和最大值分别为 0.0001 与 0.1172，均值为 0.0256，表明样本企业的研发投入（RD）存在较大差异，HB、HU、LB、LU 的均值分别为 0.02301、0.45473、0.01566、0.50660，表明目前建立财务共享服务中心的企业较少，数字化转型程度低的企业较多，企业之间数字化程度普遍不高。

表 9-2　　　　　　　　　　　　描述性统计

变量	观测值	均值	标准差	中位数	最小值	最大值
RD	9 388	0.02557	0.02202	0.02100	0.00012	0.11717
HB	9 388	0.02301	0.14994	0	0	1
HU	9 388	0.45473	0.49797	0	0	1
LB	9 388	0.01566	0.12416	0	0	1
LU	9 388	0.50660	0.49998	1	0	1
Size	9 388	22.25483	1.31585	22.08958	19.96024	26.40771
TobinQ	9 388	2.35084	2.01835	1.76963	0.15038	10.93841
Indep	9 388	0.37764	0.05383	0.36364	0.33333	0.57143
Top10	9 388	59.88882	15.01339	61.36000	23.95000	90.76000
Age	9 388	1.94479	0.89468	2.07944	0.00000	3.29584
Dual	9 388	0.32275	0.46755	0.00000	0.00000	1.00000
Lev	9 388	0.40005	0.19627	0.39090	0.05710	0.86540
ROA	9 388	0.08085	0.10703	0.08194	-0.43788	0.36017
SOE	9 388	0.25799	0.43755	0	0	1
Board	9 388	2.12098	0.19857	2.19722	1.60944	2.70805
Big4	9 388	0.12857	0.33474	0	0	1

（二）基准回归结果

表9-3列示基准回归的结果，企业既建立财务共享服务中心且数字化转型程度高（HB）的回归系数为0.00335，在1%的水平上显著正向影响企业的研发投入，企业未建财务共享服务中心但数字化转型程度高（HU）的回归系数为0.00083，在1%的水平上显著正向影响企业的研发投入，验证了H9-1、H9-2、H9-3，即与未建立财务共享服务中心但数字化转型程度高的上市公司相比，建立财务共享服务中心且数字化转型程度高的上市公司对研发投入的促进效果更好。企业建立财务共享服务中心但数字化转型程度低（LB）的回归系数为-0.00308，在5%的水平上显著负向影响企业的研发投入，验证了H9-4；企业未建财务共享服务中心且数字化转型程度低（LU）的回归系数为-0.00099，在1%的水平上显著负向影响企业的研发投入，验证了H9-5。上述结果表明财务共享服务中心与数字化转型协同发展才能更好地促进企业研发投入。

表9-3　　　　财务共享服务中心与数字化转型对研发投入的影响

变量	(1) RD	(2) RD	(3) RD	(4) RD
HB	0.00335 *** (3.27)			
HU		0.00083 *** (2.64)		
LB			-0.00308 ** (-2.48)	
LU				-0.00099 *** (-3.07)
Size	-0.00433 *** (-12.58)	-0.00432 *** (-12.55)	-0.00431 *** (-12.51)	-0.00434 *** (-12.59)
TobinQ	0.00070 *** (6.99)	0.00070 *** (6.98)	0.00070 *** (7.05)	0.00069 *** (6.95)
Indep	-0.00268 (-0.66)	-0.00279 (-0.69)	-0.00237 (-0.58)	-0.00290 (-0.71)

变量	(1) RD	(2) RD	(3) RD	(4) RD
Top10	−0.00002 (−1.12)	−0.00002 (−0.97)	−0.00002 (−0.96)	−0.00002 (−1.01)
Age	0.00098** (2.10)	0.00085* (1.83)	0.00094** (2.02)	0.00085* (1.83)
Dual	0.00021 (0.54)	0.00024 (0.61)	0.00022 (0.56)	0.00024 (0.61)
Lev	−0.00027 (−0.20)	−0.00032 (−0.23)	−0.00037 (−0.27)	−0.00029 (−0.21)
ROA	−0.00094 (−0.73)	−0.00109 (−0.84)	−0.00097 (−0.75)	−0.00108 (−0.84)
SOE	0.00060 (0.59)	0.00057 (0.56)	0.00055 (0.54)	0.00059 (0.58)
Board	0.00303** (2.22)	0.00289** (2.12)	0.00313** (2.29)	0.00284** (2.08)
Big4	−0.00065 (−0.88)	−0.00050 (−0.68)	−0.00055 (−0.74)	−0.00053 (−0.71)
Constant	0.11423*** (14.10)	0.11416*** (14.08)	0.11344*** (14.00)	0.11554*** (14.21)
Observations	9 388	9 388	9 388	9 388
R^2	0.8688	0.8688	0.8687	0.8688
Firm FE	YES	YES	YES	YES
Year FE	YES	YES	YES	YES

注：***、**、*分别表示在1%、5%和10%水平上统计量显著。

第三节　进一步研究

企业所制定的战略规划、研发计划不仅受到自身特征和行为的影响，更受到行业性质、企业性质的影响，进一步区分行业、企业股权性质，讨论财务共享服务中心与数字化转型对企业研发投入的影响。具体而言，按行业性质分为高科技行业和非高科技行业，按股权性质分为国有和非国有企业，采用分组的方法进行异质性检验。

一、高科技行业与非高科技行业

本部分在基准回归的基础上将样本企业划分为高科技行业和非高科技行业，检验财务共享服务中心与数字化转型在不同行业间对企业研发投入的影响，若行业属于高科技行业取1，否则为0，回归结果如表9-4所示。列（1）、列（3）、列（5）、列（7）报告了企业为高科技企业时，财务共享服务中心与数字化转型对企业研发投入的影响，结果显著；列（2）、列（4）、列（6）、列（8）报告了企业为非高科技企业时，财务共享服务中心与数字化转型对企业研发投入的影响，结果不显著，表明财务共享服务中心与数字化转型对高科技企业的企业研发投入影响更显著。

表9-4 **异质性分析一：高科技行业与非高科技行业**

变量	(1) HTech = 1 RD	(2) HTech = 0 RD	(3) HTech = 1 RD	(4) HTech = 0 RD	(5) HTech = 1 RD	(6) HTech = 0 RD	(7) HTech = 1 RD	(8) HTech = 0 RD
HB	0.00528 *** (3.68)	0.00001 (0.01)						
HU			0.00096 ** (2.27)	0.00028 (0.78)				
LB					−0.00366 ** (−2.17)	−0.00083 (−0.61)		
LU							−0.00124 *** (−2.87)	−0.00023 (−0.63)
Size	−0.00522 *** (−11.31)	−0.00214 *** (−4.94)	−0.00524 *** (−11.34)	−0.00216 *** (−5.01)	−0.00522 *** (−11.30)	−0.00215 *** (−5.00)	−0.00525 *** (−11.37)	−0.00216 *** (−5.01)
TobinQ	0.00073 *** (5.72)	0.00043 *** (3.07)	0.00071 *** (5.62)	0.00043 *** (3.06)	0.00072 *** (5.70)	0.00043 *** (3.10)	0.00071 *** (5.61)	0.00043 *** (3.04)
Indep	−0.00083 (−0.15)	−0.00517 (−1.06)	−0.00160 (−0.30)	−0.00514 (−1.05)	−0.00104 (−0.19)	−0.00505 (−1.03)	−0.00164 (−0.30)	−0.00522 (−1.07)
Top10	−0.00001 (−0.55)	0.00002 (0.99)	−0.00001 (−0.37)	0.00002 (1.01)	−0.00001 (−0.36)	0.00002 (0.99)	−0.00001 (−0.41)	0.00002 (1.00)

续表

变量	(1) HTech = 1 RD	(2) HTech = 0 RD	(3) HTech = 1 RD	(4) HTech = 0 RD	(5) HTech = 1 RD	(6) HTech = 0 RD	(7) HTech = 1 RD	(8) HTech = 0 RD
Age	0.00122 ** (2.03)	0.00077 (1.33)	0.00101 * (1.67)	0.00074 (1.27)	0.00111 * (1.84)	0.00078 (1.34)	0.00102 * (1.69)	0.00075 (1.28)
Dual	0.00017 (0.33)	−0.00010 (−0.20)	0.00018 (0.36)	−0.00010 (−0.21)	0.00016 (0.32)	−0.00011 (−0.23)	0.00019 (0.38)	−0.00010 (−0.21)
Lev	0.00056 (0.31)	−0.00240 (−1.41)	0.00060 (0.33)	−0.00240 (−1.41)	0.00050 (0.28)	−0.00238 (−1.41)	0.00063 (0.35)	−0.00238 (−1.40)
ROA	−0.00173 (−1.06)	0.00130 (0.78)	−0.00195 (−1.19)	0.00131 (0.79)	−0.00182 (−1.11)	0.00134 (0.81)	−0.00196 (−1.20)	0.00132 (0.79)
Board	0.00326 * (1.80)	0.00156 (0.96)	0.00304 * (1.68)	0.00152 (0.93)	0.00327 * (1.81)	0.00161 (0.98)	0.00298 * (1.65)	0.00151 (0.93)
Big4	−0.00139 (−1.50)	0.00072 (0.70)	−0.00125 (−1.34)	0.00074 (0.71)	−0.00129 (−1.39)	0.00071 (0.69)	−0.00126 (−1.35)	0.00072 (0.70)
Constant	0.13676 *** (12.60)	0.05657 *** (5.58)	0.13790 *** (12.68)	0.05717 *** (5.68)	0.13701 *** (12.61)	0.05684 *** (5.65)	0.13936 *** (12.79)	0.05755 *** (5.67)
Observations	6 446	2 942	6 253	2 795	6 253	2 795	6 253	2 795
R^2	0.8503	0.8511	0.8452	0.8431	0.8452	0.8431	0.8453	0.8431
Firm FE	YES	YES	YES	YES	YES	YES	YES	YES
Year FE	YES	YES	YES	YES	YES	YES	YES	YES

注：***、**、* 分别表示在1%、5%和10%水平上统计量显著。

二、产权性质

本部分在基准回归的基础上将样本企业划分为非国有企业和国有企业，检验财务共享服务中心与数字化转型在不同股权性质的企业间对研发投入的影响，若行业属于国有企业取1，否则为0，回归结果如表9-5所示。在HB、HU、LU组合下，财务共享服务中心与数字化转型对非国有企业的研发投入影响更显著，在LB组合下，财务共享服务中心与数字化转型对国有企业的研发投入影响更显著。相较于非国有企业而言，国有企业对组织变革的接受程度更低、数字化基础建设更薄弱，若在没有财务共享服务中心的建设基础上进行数字化转型，会对企业的负向影响更显著。

表 9 - 5　　　　　　　　　　异质性分析二：国有与非国有

变量	(1) SOE = 0 RD	(2) SOE = 1 RD	(3) SOE = 0 RD	(4) SOE = 1 RD	(5) SOE = 0 RD	(6) SOE = 1 RD	(7) SOE = 0 RD	(8) SOE = 1 RD
HB	0.00399*** (2.73)	0.00256* (1.89)						
HU			0.00081** (2.20)	0.00110* (1.82)				
LB					-0.00006 (-0.03)	-0.00413*** (-2.88)		
LU							-0.00111*** (-2.94)	-0.00090 (-1.47)
Size	-0.00533*** (-13.15)	-0.00035 (-0.48)	-0.00529*** (-13.07)	-0.00034 (-0.47)	-0.00524*** (-12.96)	-0.00042 (-0.58)	-0.00532*** (-13.15)	-0.00033 (-0.45)
TobinQ	0.00091*** (8.07)	0.00007 (0.26)	0.00092*** (8.13)	0.00006 (0.23)	0.00092*** (8.16)	0.00006 (0.24)	0.00091*** (8.10)	0.00006 (0.24)
Indep	-0.00536 (-1.07)	0.00134 (0.20)	-0.00489 (-0.97)	0.00013 (0.02)	-0.00488 (-0.97)	0.00179 (0.26)	-0.00506 (-1.01)	0.00021 (0.03)
Top10	-0.00001 (-0.54)	-0.00008** (-2.00)	-0.00001 (-0.44)	-0.00007* (-1.85)	-0.00001 (-0.41)	-0.00007* (-1.88)	-0.00001 (-0.49)	-0.00007* (-1.91)
Age	0.00212*** (3.91)	-0.00408*** (-3.66)	0.00201*** (3.71)	-0.00412*** (-3.70)	0.00207*** (3.82)	-0.00392*** (-3.51)	0.00199*** (3.68)	-0.00415*** (-3.72)
Dual	0.00070 (1.62)	-0.00201** (-2.16)	0.00072* (1.66)	-0.00202** (-2.16)	0.00070 (1.62)	-0.00202** (-2.16)	0.00072* (1.68)	-0.00202** (-2.16)
Lev	0.00116 (0.75)	-0.00732** (-2.47)	0.00121 (0.78)	-0.00764** (-2.58)	0.00116 (0.74)	-0.00770*** (-2.60)	0.00124 (0.79)	-0.00751** (-2.53)
ROA	-0.00298** (-1.97)	0.00606** (2.47)	-0.00305** (-2.02)	0.00575** (2.34)	-0.00306** (-2.02)	0.00611** (2.49)	-0.00304** (-2.01)	0.00578** (2.35)
Board	0.00611*** (3.67)	-0.00593** (-2.48)	0.00624*** (3.75)	-0.00654*** (-2.74)	0.00636*** (3.82)	-0.00586** (-2.45)	0.00612*** (3.68)	-0.00647*** (-2.71)
Big4	-0.00015 (-0.14)	-0.00136 (-1.32)	0.00013 (0.13)	-0.00136 (-1.32)	0.00010 (0.09)	-0.00135 (-1.31)	0.00008 (0.08)	-0.00136 (-1.32)
Constant	0.12791*** (13.36)	0.05886*** (3.47)	0.12635*** (13.25)	0.06046*** (3.57)	0.12529*** (13.14)	0.06024*** (3.56)	0.12847*** (13.40)	0.06097*** (3.60)
Observations	6 966	2 422	6 733	2 309	6 733	2 309	6 733	2 309
R^2	0.8649	0.8869	0.8601	0.8813	0.8600	0.8817	0.8602	0.8813
Firm FE	YES	YES	YES	YES	YES	YES	YES	YES
Year FE	YES	YES	YES	YES	YES	YES	YES	YES

注：***、**、*分别表示在1%、5%和10%水平上统计量显著。

第四节　小　　结

　　本章以 2007～2020 年中国 A 股上市公司为样本，分析在财务共享服务中心和数字化转型的不同组合下对企业研发投入的影响，以财务共享服务中心是否建立和数字化转型程度高低为标准构建二维四象限组合，通过实证的方法进行研究。从数字化转型和财务共享服务中心分类组合的视角出发，探讨其对研发投入的影响，丰富关于企业研发投入影响因素的研究。

第十章

财务共享服务中心和企业整体价值[*]

第一节 问题引入

随着经济全球化的推进，跨国跨行业的企业出现了资产规模膨胀、资金链条拉长和地域分布日益广泛等问题，如表 10-1 所示，传统的分散式财务管理模式已无法满足集团型企业战略转型需求，如何降低成本、提高效率、加强管控等成为了众多企业集团关注的重点。同一集团下的财务共享服务中心建成的主要目的就是将各种非核心业务进行剥离合并和整合，发挥规模效应和经营协同，最终实现企业价值提升。

表 10-1   传统财务管理模式与财务共享服务模式的比较

比较内容	传统财务管理模式	财务共享服务模式
财务管理人员规模	臃肿	精减
财务管理人员主要工作	日常操作	决策支持
结构性成本	较高	较低
对客户需求的反应	比较迟钝	比较灵活

---

[*] 本章的"企业价值"是指企业的市场价值，有别于前面章节的内部控制、盈余管理、现金持有等某一方面价值。

比较内容	传统财务管理模式	财务共享服务模式
监控各地的财务运作	很难	容易
各地财务服务的水平	参差不齐	不存在差异
分支机构的财务标准	无法统一	可以统一
业务扩张的管理	基本失控	容易控制
各项财务制度向分支机构的推行	无法推行	有效推行
完成监管与内部要求的各种财务信息汇总和披露要求	不及时	比较及时

建成财务共享服务中心不可避免地面临一些挑战和困难，导致失败的案例可能多于成功的案例，其中，一些主要问题包括构建成本、IT 水平压力和组织变革的挑战（Janssen et al.，2007）。许多集团企业对财务共享服务中心或保持观望，或持谨慎态度（陈虎，2011），甚至对其实施效果持怀疑态度。因此财务共享服务中心是否促进了企业价值增长成为当前迫切需要研究的问题，到底财务共享服务中心给企业价值带来的是促进还是抑制作用，需要一个清晰的结论。基于此，立足上述问题，本章以中国 2008～2017 年沪深两市 A 股的上市公司为样本，运用倾向得分匹配（PSM）－双重差分（DID）模型，检验财务共享服务中心对企业价值增长的影响，并进一步识别其影响渠道。

第二节　研究假设和研究设计

一、假设提出

财务共享服务中心借助业务流程重组理论，并结合信息技术和流程改进工具，对业务、财务、税务等流程进行重组和优化。这种重组和优化的方式使得复杂的业务变得虚拟化、简单化和智能化，从而实现了规模效应下的成本降低（张高峰，2001；McDowell and Jim，2011）。此外，选择适当的地点来建设财务共享服务中心也是降低成本的有效策略。通过充分利用欠发达地区相对较低的人力成本和办公成本等成本优势，企业可以降低财务共享服务中心的运营成本。这种成本降低有助于提升企业的竞争力，实现企业价值最大化（Yeneyama，2011；Maria，2012）。因此，通过业务流程重组、IT技术和合适的地点选择，财务共享服务中心能够有效降低企业的运营成本，并提升企业的竞争力和价值。

财务共享服务中心的建立将企业财务组织从分散的层级结构转变为战略财务、业务财务和共享财务三棱柱模型（陈虎等，2017）。这种转变使得财务组织呈现出平台化和扁平化的特点。根据扁平化理论，这种扁平化结构更有利于企业内部各业务单元之间的横向协调和资源调配（李闻一等，2020），同时提供更高质量的财务服务和处理效率（Jackson，1997；李栗，2020）。这种转变能够改善管理层过多应对管理问题的情况，使其能够更加专注于战略性和经营性问题，从而提高经营效率；该模式下不同子公司或机构的财务、业务数据更容易整合（陈虎，2011；李闻一和刘东进，2015），实时传递高质量供应链信息（郭茜等，2013），通过这种高质量数据信息整合和共享提供更高质量的财务分析和财务支持，以提升企业经营效率、决策水平，为企业价值链的增值提供帮助。

财务共享服务中心的集中处理将实现统一的政策、标准和流程，并将其固化在集成平台中（张瑞君和张永冀，2008）。这样做的好处一方面是实现信息流、资金流和物流的一体化，从而减少人为差错和认知偏差，抑制不透明的操作，消除原有财务处理过程中的复杂性和政策执行的不一致性（李闻一和潘珺，2021）。另一方面，通过集成平台的端到端传输机制，财务信息的传递过程中的中间环节不断被弱化（何彦军，2018）。这将使企业的信息更加透明（Selden and Wooters，2011），改善内部控制环境，从而加强集团整体的管控能力。良好的内部控制对于提升企业的价值具有重要作用（Noreen，2000）。通过财务共享服务中心的集中处理和集成平台的应用，企业能够实现政策、标准和流程的统一，提升信息透明度和内部控制环境，加强对整个集团的管控能力，从而提升企业价值和竞争力。因此，提出如下假设：

H10-1a：财务共享服务中心对上市公司企业价值的增长有促进作用。

首先，财务共享服务中心的建成和运营需要场地、资金和人才资源的投入，大部分企业信息化仍停留在数据存储于异构系统的阶段，通过点状开发各个前端接报系统来实现数据的集成，其流程未变，核算形式也未发生根本性的变化，离财务共享服务中心的要求存在较大的差距（黄庆华等，2014），企业必须加大信息技术的投入，应用机器人流程自动化（RPA）等智能化工具以及 PDCA 改进循环、6σ 等流程化工具，产生较高的运营维护成本（王德宇，2015），企业面临成本上升。

其次，财务共享服务中心的建成过程将导致内部组织结构的变革，根据计划变革理论，组织平衡状态将被解冻，部门员工重组可能出现多头领导的现象，同时由于各业务单元财务部门部分权利上收至财务共享服务中心，部分中层管理者并不满意相应管理权利的上收，工作配合不积极，这种企业传统内部文化可能会形成变革阻力。若变革阻力压制驱动力，新的状态难以再冻结，导致企业经营处于混乱状态，运营效率低下。

最后，财务共享服务中心的建设运营涉及人员迁移、岗位职责调整、管理职能调整、工作量变化等多个方面，形成共享财务、业务财务和战略财务的分离，可能导致会计控制与经济业务执行出现脱节，会增加潜在的经营风险和系统性错误风险，企业原有的内控体系受到挑战（姚丹靖等，2014），内部环境带来较大的不确定性，进而对企业价值产生负面影响（申慧慧等，2012；王桂花，2015）。因此，提出如下假设：

H10－1b：财务共享服务中心对上市公司企业价值的增长有抑制作用。

二、研究设计

（一）样本选择与数据来源

考虑到新会计准则 2008 年实施范围扩大到中央国有企业，以及中国交建、中国国旅、美的集团、顺丰控股、华大基因和永辉超市等 18 家建成了财务共享服务中心的企业均在 2007 年之后上市，为保持研究结果的准确性，本部分选择了 2008～2017 年沪深两市 A 股上市公司作为研究样本，并剔除了 ST 公司、金融类企业以及数据缺失的企业观测值。最终，得到了共计

18 956 个年度观测值，涵盖了 2 814 家上市公司。其中，74 家企业建成了财务共享服务中心，而 2 740 家企业未建成财务共享服务中心。

为确定每个上市公司的财务共享服务中心建成时间，研究采用了 Python 编程和手工收集的方法。通过查询公开媒体、网页或企业官网的信息，获取了财务共享服务中心建成的年份数据。例如，通过"中国铁建"相关网络信息，确认了中国铁建财务共享服务中心的正式挂牌成立时间为 2013 年，因此得到确定"中国铁建"建成财务共享服务中心的时间。对于缺失或不确定的财务共享服务中心建成时间，依托湖北省财务共享服务学会进行了电访和实地访谈，以获取准确的样本数据。

上市公司内部控制质量的数据采用"迪博·中国上市公司内部控制指数"。上市公司 Tobin's Q 值、企业当年是否发生并购重组、董事会人数来自 CSMAR 数据库；上市公司纳入合并报表的子公司数量从 Wind 资讯数据库手动整理得出，部分缺失的企业年度子公司数量由相邻年度的子公司数量代替；其余财务数据均来自 Wind 资讯数据库。

（二）模型设计和变量定义

为了缓解测量误差、遗漏变量、反向因果和样本选择偏差等产生的内生性问题，借鉴梅和丹（Mei and Dan，2013）、方和田（Fang and Tian，2014）、余明桂等（2016）、张成和陈宁（2017）等的做法，采用倾向得分匹配（PSM）-双重差分（DID）模型进行实证检验。

首先，为在 2008～2017 年建成财务共享服务中心的企业（实验组）匹配一组在样本期内不建成财务共享服务中心的企业（对照组）。匹配后实验组和对照组企业在可观察到的企业特征上相似。构建 Probit 模型如下：

$$
\begin{aligned}
FSSC_{i,t} = & \alpha + \beta_1 \times IND_{i,t} + \beta_2 \times SOE_{i,t} + \beta_3 \times Asset_{i,t} + \beta_4 \times Age_{i,t} \\
& + \beta_5 \times Grow1_{i,t} + B_6 \times Lev_{i,t} + \beta_7 \times LarS_{i,t} + \beta_8 \times Shr1_{i,t} \\
& + \eta_t + \xi_i + \varepsilon_{i,t}
\end{aligned}
\tag{10.1}
$$

其中，FSSC 为虚拟变量，若为企业当年建成了财务共享服务中心取 1，否则取 0；为了保证匹配过程的准确性，选取能够影响企业是否建成财务共享服务中心的因素来进行样本筛选和匹配，根据安永（2015）、李闻一等

（2017）调查报告，选取行业（IND）、企业性质（SOE）、总资产（Asset）、上市年限（Age）、经营业务成长性（Grow）、董事会规模（LarS）、资产负债率（Lev）和股权集中度（Shr1）作为主要匹配变量。以模型的回归结果作为每个企业建成财务共享服务中心的倾向得分（此得分为企业建成财务共享服务中心的概率），根据得分进行匹配，产生实验组和对照组。倾向得分匹配极大地减小了潜在的选择偏见的影响。

其次，构建如下 DID 模型：

$$DTobinsQ_{i,t} = \alpha + \beta_1 \times FSSC_{i,t} \times After + \beta_2 \times FSSC_{i,t} + \beta_3 \times After$$
$$+ \gamma \times Controls_{i,t} + \eta_t + \xi_i + \varepsilon_{i,t} \tag{10.2}$$

其中，被解释变量为企业价值，采用相邻两期的 Tobin's Q 增长值衡量，避免企业价值增长率变异较大对实证结果的影响（陈冬华等，2010）。由于财务共享服务中心建成后，还需要一定时间的试运行或者适应调整期，因此，分别采用当期（DTobinsQ）、未来一期（F. DTobinsQ）和未来两期（F2. DTobinsQ）上市公司的 Tobin's Q 的增长值作为企业价值的代理变量。解释变量（FSSC）设置为虚拟变量，若企业当年建成财务共享服务中心则为 1，否则为 0，After 为虚拟变量，若为建成财务共享服务中心后的年份取 1，否则取 0。Controls 为控制变量，借鉴姜付秀和黄继承（2011）、池国华等（2013）、何瑛和张大伟（2015）、王琳琳（2016）等研究，选取了公司性质（SOE）、盈利能力（ROA）、上市年限（Age）、经营业务成长性（Grow）、董事会规模（LarS）、资产负债率（Lev）、股权集中度（Shr1）、企业规模（Size）、是否交叉上市（Cross）、是否并购重组（MA）、当年是否亏损（Loss）、是否四大审计（Big4）、子公司数量（Nos）等控制变量；考虑到不同地区的经济发展水平会影响企业经营（Fan et al.，2007），企业价值很可能受到外部市场环境的影响，研究引入了市场化程度作为控制变量，该变量采用王小鲁、樊纲和余静编制的《中国分省份市场化指数报告（2016）》中所提供的 2008～2014 年市场化总指数评分。对于 2015 年的指数计算，用 2014 年的指数加上 2008～2014 年这五年相对于前一年指数增加值的平均数，依此类推，计算了 2015～2017 年的指数。另外，还控制了年度（Year）和行业（IND）因素。主要变量的具体定义，如表 10-2 所示。

表 10 - 2   主要变量含义

变量	变量符号	变量名称	计算方式
被解释变量	TobinsQ	企业价值	市值/资产总计
	DTobinsQ	企业价值的增长	当期与上一期的 TobinsQ 之差 $TobinsQ_{t+1} - TobinsQ_t$
	F. DTobinsQ	未来一期企业价值的增长	未来一期与当期的 TobinsQ 之差 $TobinsQ_{t+1} - TobinsQ_t$
	F2. DTobinsQ	未来两期企业价值增长	未来两期与未来一期的 TobinsQ 之差 $TobinsQ_{t+2} - TobinsQ_{t+1}$
	Cost	成本	(管理费用 + 财务费用)/营业成本
	Eff	经营效率	LP 法计算的全要素生产率
	IC	内部控制质量	迪博内部控制指数的自然对数
解释变量	FSSC	是否建成财务共享服务中心	虚拟变量，若上市公司当年建成了财务共享服务中心则为1，否则为0
控制变量	SOE	企业性质	虚拟变量，若上市公司为国企则为1，否则为0
	LarS	董事会规模	董事人数的自然对数
	ROA	盈利能力	净利润/年末总资产
	Lev	资产负债率	年末负债总额/年末总资产
	Size	企业规模	总资产的自然对数
	Age	上市年限	企业上市年限
	Grow	经营业务成长性	营业收入增长率
	Loss	是否亏损	虚拟变量，若当年净利润小于 0 则为1，否则为0
	Cross	是否交叉上市	虚拟变量，若上市公司当年同时发行 A 股和 H 股则为1，否则为0
	MA	是否并购重组	虚拟变量，若当年发生并购重组则为1，否则为0
	Mar	市场化程度	由王小鲁等（2016）构建的分省份市场化指数评分计算而来

续表

变量	变量符号	变量名称	计算方式
控制变量	Shr1	股权集中度	第一大股东持股比例
	Big4	是否四大审计	虚拟变量，若四大审计则为1，否则为0
	Nos	子公司数量	上市公司纳入合并报表子公司数量的自然对数

三、实证结果及分析

（一）描述性统计

表10-3提供了匹配前各主要变量的描述性统计，为消除极端值的影响，已对所有连续变量均进行上下1%的Winsorize处理。可以看到DTobinsQ的均值为-0.216，说明近年来上市公司的企业价值处于下滑状态。表10-4为已建成财务共享服务中心的样本观测值行业—年度分布。

表10-3　　　　　　　　　　描述性统计

变量	N	mean	sd	min	p25	p50	p75	max
FSSC	18 956	0.018	0.132	0.000	0.000	0.000	0.000	1.000
TobinsQ	18 956	2.157	1.922	0.225	0.889	1.601	2.741	11.555
DTobinsQ	18 956	-0.216	1.502	-5.552	-0.750	-0.108	0.353	5.149
Cost	18 956	0.202	0.269	0.015	0.078	0.133	0.218	2.367
Eff	18 956	15.685	1.069	12.629	14.954	15.596	16.329	18.355
IC	18 956	6.498	0.130	5.821	6.447	6.519	6.565	6.832
SOE	18 956	0.448	0.497	0.000	0.000	0.000	1.000	1.000
LarS	18 956	2.159	0.198	1.386	2.079	2.197	2.197	2.708
ROA	18 956	4.466	5.646	-19.365	1.514	3.857	7.012	34.214
Lev	18 956	44.551	21.085	5.519	27.819	44.350	60.690	100.964
Size	18 956	22.053	1.273	18.325	21.140	21.890	22.803	25.497
Age	18 956	9.757	6.292	1.000	4.000	9.000	15.000	22.000
Grow	18 956	0.200	0.464	-0.606	-0.014	0.120	0.290	3.157

· 219 ·

变量	N	mean	sd	min	p25	p50	p75	max
Loss	18 956	0.079	0.270	0.000	0.000	0.000	0.000	1.000
Cross	18 956	0.030	0.169	0.000	0.000	0.000	0.000	1.000
MA	18 956	0.005	0.069	0.000	0.000	0.000	0.000	1.000
Mar	18 956	7.848	1.864	2.790	6.610	7.947	9.440	10.650
Shr1	18 956	35.670	15.191	9.230	23.460	33.770	46.285	78.890
Big4	18 956	0.059	0.236	0.000	0.000	0.000	0.000	1.000
Nos	18 956	2.122	1.169	0.000	1.386	2.197	2.944	4.477

表 10 - 4　　　建成财务共享服务中心的样本观测值行业—年度分布

行业 年份	信息 技术	公用 事业	医疗 保健	可选 消费	工业	房地产	日常 消费	材料	电信 服务	能源	累计 合计
2008	1	0	1	6	0	1	0	2	1	1	13
2009	1	0	3	6	0	2	0	3	1	1	30
2010	1	0	2	6	2	2	0	3	1	1	48
2011	4	0	3	6	4	2	1	2	1	1	72
2012	4	0	3	7	4	2	2	2	1	1	98
2013	5	0	4	9	6	3	2	4	1	1	133
2014	5	0	5	9	7	3	2	4	1	1	170
2015	5	0	6	8	10	3	2	3	1	4	212
2016	5	1	7	11	13	4	3	3	1	4	264
2017	5	1	5	17	18	7	8	4	1	4	334
合计	36	2	39	85	64	29	20	30	10	19	334

（二）倾向得分匹配（PSM）匹配结果分析

根据模型（10.1）的回归计算出的结果，研究选用"最近邻匹配法"，根据倾向得分值对全部样本上市公司进行 1∶3 匹配，为建成财务共享服务中心的上市公司匹配建成前一年倾向得分值最相近的对照样本上市公司，由于部分样本企业建成前后数据不连续，最终为 61 家建成了财务共享服务中心的上市公司寻找了 150 家未建成财务共享服务中心的上市公司，共得到 1 205 个样本观测值。

表 10 – 5 提供了匹配后各主要变量的描述性统计，为消除极端值的影响，已对所有连续变量均进行上下 1% 的 Winsorize 处理。图 10 – 1 为倾向得分匹配后的样本数据所作平行趋势图，匹配后对照组和实验组的企业价值增长值在建成财务共享服务中心前基本是平行的。表明倾向得分匹配的结果有效，可以进行双重差分。

表 10 – 5 　　　　　　　　　　　　　　**描述性统计**

变量	N	mean	sd	min	p25	p50	p75	max
FSSC	1 205	0. 129	0. 335	0. 000	0. 000	0. 000	0. 000	1. 000
TobinsQ	1 205	1. 877	1. 949	0. 225	0. 667	1. 281	2. 324	11. 555
DTobinsQ	1 205	− 0. 046	1. 268	− 5. 552	− 0. 369	− 0. 020	0. 315	5. 149
Cost	1 205	0. 211	0. 299	0. 015	0. 064	0. 121	0. 213	2. 367
Eff	1 205	16. 184	1. 251	12. 629	15. 336	16. 152	17. 051	18. 355
IC	1 205	6. 522	0. 159	5. 821	6. 463	6. 537	6. 594	6. 832
SOE	1 205	0. 473	0. 499	0. 000	0. 000	0. 000	1. 000	1. 000
LarS	1 205	2. 206	0. 208	1. 609	2. 079	2. 197	2. 398	2. 708
ROA	1 205	4. 836	5. 559	− 19. 365	1. 866	4. 049	6. 993	34. 214
Lev	1 205	51. 339	20. 129	5. 519	35. 644	52. 891	66. 710	100. 964
Size	1 205	22. 709	1. 538	18. 325	21. 606	22. 620	23. 611	25. 497
Age	1 205	13. 639	6. 076	1. 000	9. 000	15. 000	18. 000	22. 000
Grow	1 205	0. 190	0. 488	− 0. 606	− 0. 006	0. 111	0. 248	3. 157
Loss	1 205	0. 052	0. 223	0. 000	0. 000	0. 000	0. 000	1. 000
Cross	1 205	0. 073	0. 260	0. 000	0. 000	0. 000	0. 000	1. 000
MA	1 205	0. 001	0. 029	0. 000	0. 000	0. 000	0. 000	1. 000
Mar	1 205	7. 857	1. 824	2. 790	6. 610	8. 088	9. 388	10. 650
Shrl	1 205	36. 262	16. 402	9. 230	23. 240	34. 110	47. 000	78. 890
Big4	1 205	0. 122	0. 327	0. 000	0. 000	0. 000	0. 000	1. 000
Nos	1 205	2. 621	1. 200	0. 000	1. 792	2. 773	3. 497	4. 477

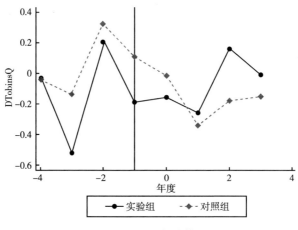

图 10 -1　平行趋势图

（三）双重差分（DID）回归结果分析

从表 10 -6 的回归结果可以看出，当期和未来一期的 FSSC × After 的系数均在 1% 的水平上显著为正，未来两期的 FSSC × After 的系数在 5% 的水平上显著为正，表示财务共享服务中心建成后，实验组的当年和未来一期的企业价值增长值明显提升，而在经过两年时间运营后，未来两期企业价值增长的促进作用有所减弱，但是仍然显著，H10 -1a 得到验证，表明财务共享服务中心对上市公司企业价值的增长有促进作用。

表 10 -6　　　　　　　　　　模型（10.2）DID 回归结果

变量	当期	未来一期	未来两期
	DTobinsQ	F. DTobinsQ	F2. DTobinsQ
$FSSC_{i,t}$ × After	0. 366 ***	0. 534 ***	0. 456 **
	（3. 13）	（3. 74）	（2. 13）
$FSSC_{i,t}$	- 0. 115	- 0. 247 **	- 0. 044
	（ - 1. 55）	（ - 2. 42）	（ - 0. 58）
After	- 0. 151 *	- 0. 261 ***	- 0. 162
	（ - 1. 81）	（ - 2. 89）	（ - 1. 45）
SOE	0. 069	- 0. 053	- 0. 058
	（1. 36）	（ - 1. 04）	（ - 0. 89）

续表

变量	当期	未来一期	未来两期
	DTobinsQ	F. DTobinsQ	F2. DTobinsQ
LarS	0.097	−0.096	0.01
	(0.82)	(−0.69)	(0.05)
ROA	0.005	−0.001	−0.012
	(0.49)	(−0.04)	(−1.33)
Lev	0.002	0.002	−0.0003
	(0.84)	(0.47)	(−0.10)
Size	−0.100 **	−0.054	0.004
	(−2.24)	(−1.05)	(0.07)
Age	0.005	0.011 **	0.01
	(0.99)	(2.21)	(1.46)
Grow	−0.241 *	−0.11	−0.033
	(−1.74)	(−0.96)	(−0.34)
Loss	0.338	0.147	0.169
	(1.60)	(0.58)	(0.59)
Cross	0.07	−0.042	−0.016
	(0.88)	(−0.53)	(−0.20)
MA	0.304	−0.301	0.088
	(1.11)	(−1.21)	(0.36)
Mar	−0.006	−0.021	−0.009
	(−0.41)	(−1.13)	(−0.49)
Shr1	0.004 **	0.003 *	0.002
	(2.11)	(1.83)	(0.85)
Big4	0.044	0.194 **	0.008
	(0.45)	(2.15)	(0.09)
Nos	−0.013	−0.01	−0.002
	(−0.48)	(−0.25)	(−0.04)
_cons	−0.317	2.392 **	−0.625
	(−0.34)	(2.23)	(−0.56)
IND	YES	YES	YES
Year	YES	YES	YES
N	1 205	981	774
R^2	0.2764	0.2209	0.2032

注：*** 、** 、* 分别表示在1%、5%和10%水平上统计量显著。

（四）稳健性检验

1. 替换企业价值代理变量为相邻两期企业价值增长值之差

考虑到企业价值增长具有一定的惯性，因此将 t - 1 期的企业价值增长从 t 期企业价值增长中减去，将相邻两期的企业价值增长之差 DDTobinsQ 作为企业价值的替代变量，再次进行双重差分（DID），检验结果的稳健性，结果如表 10 - 7 所示，可以看出，财务共享服务中心建成的当期和未来一期，DDTobinsQ 的系数均在 1% 的水平上显著为正，H10 - 1a 进一步得到验证。但是建成的未来两期的系数并不显著，进一步说明财务共享服务中心对企业价值增长的促进作用在未来两期后会逐渐减弱。

表 10 - 7　　　　　稳健性检验一：替换企业价值增长代理变量

变量	当期	未来一期	未来两期
	DDTobinsQ	F. DDTobinsQ	F2. DDTobinsQ
$FSSC_{i,t} \times After$	0. 395 ***	0. 441 ***	0. 349
	(2. 93)	(2. 77)	(1. 21)
$FSSC_{i,t}$	- 0. 09	- 0. 213 *	0. 219 *
	(- 0. 89)	(- 1. 82)	(1. 77)
After	- 0. 248 **	- 0. 173	- 0. 06
	(- 2. 25)	(- 1. 50)	(- 0. 39)
SOE	- 0. 037	- 0. 140 *	0. 065
	(- 0. 63)	(- 1. 84)	(0. 79)
LarS	- 0. 305	- 0. 285	0. 072
	(- 1. 08)	(- 1. 25)	(0. 31)
ROA	0. 011	0. 008	- 0. 013
	(0. 99)	(0. 46)	(- 0. 57)
Lev	0. 003	0. 0004	- 0. 0002
	(0. 99)	(0. 09)	(- 0. 05)
Size	- 0. 011	0. 085	0. 061
	(- 0. 24)	(1. 40)	(0. 89)
Age	0. 008	0. 014 **	0. 003
	(1. 27)	(2. 59)	(0. 53)

续表

变量	当期	未来一期	未来两期
	DDTobinsQ	F. DDTobinsQ	F2. DDTobinsQ
Grow	−0.27 (−1.14)	0.258 (1.08)	0.181 (1.07)
Loss	0.321 (1.03)	0.254 (0.56)	−0.099 (−0.18)
Cross	−0.018 (−0.17)	−0.149 (−1.18)	−0.012 (−0.10)
MA	0.581 (1.26)	−0.461 (−1.24)	0.387 (1.10)
Mar	−0.025 (−1.51)	−0.038** (−2.27)	−0.002 (−0.09)
Shr1	0.005** (2.16)	0.001 (0.46)	−0.001 (−0.43)
Big4	0.053 (0.51)	0.267* (1.68)	−0.203* (−1.87)
Nos	−0.038 (−1.00)	−0.069 (−1.40)	−0.01 (−0.19)
_cons	−2.849** (−2.13)	1.852 (1.44)	−3.227** (−2.27)
IND	YES	YES	YES
Year	YES	YES	YES
N	1 166	981	774
R^2	0.3232	0.2769	0.2210

注：***、**、*分别表示在1%、5%和10%水平上统计量显著。

2. 控制地区因素的影响

在模型（10.2）中加入省份地区虚拟变量（Area），控制地区因素的影响，进一步检验结果的稳健性。DID结果如表10−8所示，基本结论未发生变化。

表 10 – 8　　　　　　　　稳健性检验二：控制地区因素的影响

变量	当期	未来一期	未来两期
	DDTobinsQ	F. DDTobinsQ	F2. DDTobinsQ
$FSSC_{i,t} \times After$	0.343 ***	0.524 ***	0.432 *
	(2.80)	(3.72)	(1.90)
$FSSC_{i,t}$	-0.078	-0.215 **	0.015
	(-1.04)	(-2.33)	(0.17)
After	-0.132	-0.268 ***	-0.153
	(-1.51)	(-2.82)	(-1.35)
SOE	0.092 *	-0.037	-0.003
	(1.66)	(-0.61)	(-0.05)
LarS	0.086	-0.211	-0.037
	(0.70)	(-1.09)	(-0.17)
ROA	0.00002	-0.012	-0.022 **
	(0.00)	(-0.98)	(-2.28)
Lev	0.001	-0.00003	-0.002
	(0.37)	(-0.07)	(-0.60)
Size	-0.085 *	-0.023	0.014
	(-1.91)	(-0.49)	(0.28)
Age	0.005	0.013 ***	0.015 **
	(0.97)	(2.72)	(2.00)
Grow	-0.227	-0.067	0.012
	(-1.55)	(-0.63)	(0.12)
Loss	0.280	-0.013	0.103
	(1.33)	(-0.05)	(0.35)
Cross	0.032	-0.078	-0.100
	(0.39)	(-0.69)	(-0.86)
MA	0.353	-0.658	0.138
	(1.38)	(-1.55)	(0.59)
Mar	-0.095	-0.118	-0.015
	(-0.84)	(-1.05)	(-0.08)
Shr1	0.004 **	0.002	0.001
	(2.04)	(1.27)	(0.56)

变量	当期	未来一期	未来两期
	DDTobinsQ	F. DDTobinsQ	F2. DDTobinsQ
Big4	0.028 (0.27)	0.188 (1.65)	0.071 (0.55)
Nos	−0.021 (−0.73)	−0.024 (−0.55)	0.004 (0.07)
_cons	0.264 (0.20)	3.020** (2.01)	−0.700 (−0.33)
IND	YES	YES	YES
Year	YES	YES	YES
Area	YES	YES	YES
N	1 205	981	774
R^2	0.2894	0.2435	0.2260

注：***、**、*分别表示在1%、5%和10%水平上统计量显著。

3. 政策前后分样本回归

考虑到财政部发布的《企业会计信息化工作规范》明确表示支持和鼓励我国集团企业建成财务共享服务中心，该项政策可能会影响财务共享服务中心对上市公司企业价值增长的影响，因此，本部分按照2013年前后，分为2008~2012年和2013~2017年样本，重新进行PSM-DID回归，结果如表10-9所示。

表10-9   稳健性检验三：2008~2012年和2013~2017年分样本检验

变量	2008~2012年分样本			2013~2017年分样本		
	当期	未来一期	未来两期	当期	未来一期	未来两期
	DTobinsQ	F. DTobinsQ	F2. DTobinsQ	DTobinsQ	F. DTobinsQ	F2. DTobinsQ
$FSSC_{i,t} \times After$	−0.33 (−1.25)	0.244 (1.17)	−0.198 (−0.43)	0.668*** (3.63)	0.867*** (3.54)	0.772** (2.15)
$FSSC_{i,t}$	0.085 (0.55)	−0.280*** (−3.15)	−0.037 (−0.18)	−0.159 (−1.49)	−0.244 (−1.28)	−0.112 (−0.95)

续表

变量	2008～2012 年分样本			2013～2017 年分样本		
	当期	未来一期	未来两期	当期	未来一期	未来两期
	DTobinsQ	F. DTobinsQ	F2. DTobinsQ	DTobinsQ	F. DTobinsQ	F2. DTobinsQ
After	0.197 (1.13)	−0.214 (−1.16)	0.121 (0.37)	−0.356* (−1.94)	−0.483*** (−2.76)	−0.399 (−1.35)
SOE	0.098 (0.83)	−0.076 (−0.65)	0.017 (0.10)	0.034 (0.44)	−0.158* (−1.78)	−0.217* (−1.94)
LarS	0.341 (1.61)	0.126 (0.68)	0.268 (1.17)	−0.013 (−0.08)	−0.08 (−0.40)	−0.052 (−0.17)
ROA	−0.003 (−0.23)	−0.042** (−2.44)	−0.027 (−1.34)	0.006 (0.48)	−0.009 (−0.45)	0.004 (0.24)
Lev	−0.001 (−0.18)	0.004 (0.95)	0.003 (0.51)	0.003 (0.59)	−0.001 (−0.09)	−0.001 (−0.17)
Size	0.034 (0.78)	0.007 (0.11)	0.195*** (2.81)	−0.149* (−1.91)	−0.015 (−0.16)	0.038 (0.33)
Age	−0.002 (−0.23)	0.020** (2.41)	0.0002 (0.01)	0.007 (1.12)	0.019** (2.37)	0.013 (1.31)
Grow	−0.475** (−2.26)	0.016 (0.13)	0.045 (0.40)	−0.208 (−1.09)	−0.075 (−0.42)	−0.097 (−0.48)
Loss	0.127 (0.39)	−0.171 (−0.41)	−0.152 (−0.31)	0.348 (1.17)	0.081 (0.20)	0.543 (1.16)
Cross	0.196 (0.79)	−0.003 (−0.02)	−0.420* (−1.84)	0.18 (1.39)	−0.026 (−0.19)	0.103 (0.77)
MA	0.477 (1.56)	−0.543** (−2.11)	0.079 (0.32)	0.303 (0.41)	−0.305 (−0.45)	−0.309 (−0.72)
Mar	0.04 (1.19)	0.006 (0.21)	0.063 (1.30)	−0.015 (−0.89)	−0.022 (−0.77)	−0.011 (−0.35)
Shr1	0.001 (0.27)	0.001 (0.35)	0.002 (0.62)	0.005** (2.02)	0.004 (1.65)	0.0003 (0.09)
Big4	−0.171 (−1.07)	0.218* (1.73)	−0.138 (−0.57)	−0.005 (−0.03)	0.065 (0.44)	−0.113 (−0.89)
Nos	0.023 (0.60)	−0.008 (−0.24)	−0.06 (−1.06)	−0.037 (−0.82)	0.01 (0.13)	−0.063 (−0.50)

续表

变量	2008～2012 年分样本			2013～2017 年分样本		
	当期	未来一期	未来两期	当期	未来一期	未来两期
	DTobinsQ	F. DTobinsQ	F2. DTobinsQ	DTobinsQ	F. DTobinsQ	F2. DTobinsQ
_cons	− 3. 945 ***	0. 572	− 5. 558 ***	3. 229 **	0. 534	0. 399
	（− 3. 98）	（0. 46）	（− 3. 88）	（2. 08）	（0. 30）	（0. 17）
IND	YES	YES	YES	YES	YES	YES
Year	YES	YES	YES	YES	YES	YES
N	304	214	142	708	545	391
R^2	0. 5274	0. 5205	0. 2781	0. 2006	0. 2135	0. 2300

注：*** 、** 、* 分别表示在 1%、5% 和 10% 水平上统计量显著。

从表 10 - 9 中可以看出，2013 年之前，上市公司当期、未来一期和未来两期的 $FSSC_{i,t} \times After$ 的系数均不显著，2013 年之后上市公司当期、未来一期和未来两期的 $FSSC_{i,t} \times After$ 的系数分别在 1%、1% 和 5% 的水平上显著为正，说明政策发布后，上市公司更加积极实施财务共享服务中心的建设，促进了企业价值的增长，而政策发布前，并未达到这样的效果，一方面由于 2013 年之前上市公司对财务共享服务中心缺乏了解和认识不到位，并且当时的财务共享相关人才缺乏、信息系统搭建较为简单、业财税融的流程没有打通、影像扫描和云技术等不成熟；另一方面由于 2013 年之前财务共享服务中心数量较少，样本中仅有 19 家已建成财务共享服务中心的企业 49 个观测值，实证结果可能受到样本量大小的限制。

4. 延长样本数据年限

考虑到 2005 年 8 月中兴通讯开展财务共享服务试点，2006 年 2 月其财务共享服务中心作为国内首家财务共享服务中心正式成立的情况，同时考虑到采用财务共享服务中心建成年度的前一年进行样本匹配，因此，将数据年限延长至 2005～2017 年，再次进行 PSM - DID，基本结论未发生变化，具体回归结果如表 10 - 10 所示。

表 10 - 10   **稳健性检验四：延长数据年限至 2005 ~ 2017 年**

变量	当期	未来一期	未来两期
	DTobinsQ	F. DTobinsQ	F2. DTobinsQ
$FSSC_{i,t} \times After$	0.260 **	0.403 ***	0.329 **
	(2.48)	(2.97)	(1.98)
$FSSC_{i,t}$	0.002	-0.168 *	-0.002
	(0.03)	(-1.76)	(-0.04)
After	-0.097	-0.203 **	-0.140
	(-1.36)	(-2.52)	(-1.46)
SOE	0.033	-0.059	-0.062
	(0.77)	(-1.27)	(-1.16)
LarS	0.077	-0.19	0.013
	(0.75)	(-1.57)	(0.08)
ROA	0.003	-0.009	-0.004
	(0.41)	(-0.69)	(-0.49)
Lev	0.003	0.001	0.003
	(1.16)	(0.31)	(1.12)
Size	-0.128 ***	-0.037	-0.046
	(-3.37)	(-0.86)	(-1.22)
Age	0.006	0.012 ***	0.011 *
	(1.52)	(2.65)	(1.84)
Grow	-0.223 *	-0.045	-0.154
	(-1.85)	(-0.45)	(-1.57)
Loss	0.207	0.17	-0.031
	(1.24)	(0.84)	(-0.13)
Cross	0.090	-0.016	0.024
	(1.36)	(-0.22)	(0.38)
MA	-0.025	0.064	-0.098
	(-0.21)	(0.26)	(-0.31)
Mar	0.0003	-0.006	-0.008
	(0.03)	(-0.37)	(-0.48)
Shr1	0.003 *	0.003 **	0.002
	(1.67)	(2.07)	(1.27)

续表

变量	当期	未来一期	未来两期
	DTobinsQ	F. DTobinsQ	F2. DTobinsQ
Big4	0.008	0.08	−0.047
	(0.11)	(0.96)	(−0.70)
Nos	−0.004	−0.014	0.029
	(−0.17)	(−0.43)	(0.71)
_cons	1.973 ***	1.584 *	2.526 ***
	(2.60)	(1.81)	(3.01)
IND	YES	YES	YES
Year	YES	YES	YES
N	1 453	1 196	959
R^2	0.3723	0.3696	0.3650

注：*** 、** 、* 分别表示在1%、5%和10%水平上统计量显著。

5. 固定面板效应回归

为了进一步检验结果的稳健性，根据模型（10.2）进行固定面板效性回归，具体结果如表10-11所示，基本结论未发生变化。

表 10-11　　　　　　稳健性检验五：固定面板效应回归

变量	当期	未来一期	未来两期
	DTobinsQ	F. DTobinsQ	F2. DTobinsQ
$FSSC_{i,t} \times After$	0.349 **	0.573 ***	0.638 **
	(2.06)	(2.75)	(2.21)
After	−0.228	−0.346 **	−0.288
	(−1.62)	(−2.24)	(−1.47)
SOE	0.531	−0.362	−0.575
	(1.20)	(−0.68)	(−0.98)
LarS	−0.102	−0.415	−0.143
	(−0.26)	(−0.84)	(−0.22)
ROA	0.001	−0.043 ***	−0.045 **
	(0.10)	(−3.09)	(−2.47)

续表

变量	当期	未来一期	未来两期
	DTobinsQ	F. DTobinsQ	F2. DTobinsQ
Lev	0.014 ***	0.006	0.0003
	(2.95)	(1.15)	(0.04)
Size	−0.400 ***	0.485 ***	0.287
	(−3.56)	(3.40)	(1.42)
Age	0.091	0.135	0.736 **
	(0.76)	(0.69)	(2.01)
Grow	−0.147 *	−0.055	0.195
	(−1.73)	(−0.58)	(1.54)
Loss	0.228	−0.268	−0.230
	(1.11)	(−1.10)	(−0.77)
Cross	0.194	−0.085	0.356
	(−0.36)	(−0.14)	(0.42)
MA	0.462	−0.487	−0.235
	(0.36)	(−0.37)	(−0.16)
Mar	−0.138	−0.049	0.089
	(−0.97)	(−0.29)	(0.42)
Shr1	0.024 ***	0.026 ***	0.027 **
	(3.42)	(2.82)	(2.11)
Big4	−0.106	1.232 **	0.396
	(−0.26)	(2.37)	(0.59)
Nos	−0.009	−0.079	0.032
	(−0.12)	(−0.94)	(0.31)
_cons	5.181 *	−10.457 ***	−13.989 **
	(1.86)	(−2.82)	(−2.46)
IND	YES	YES	YES
Year	YES	YES	YES
FE	YES	YES	YES
N	1 205	981	774
R^2	0.2993	0.2761	0.2481

注: ***、**、* 分别表示在1%、5%和10%水平上统计量显著。

6. 对匹配前的样本进行检验

根据上市公司的基本情况和其建成财务共享服务中心的相关数据，借鉴何瑛等（2013）、池国华等（2013）的研究思路，对匹配前的样本进行固定面板效应回归，进行稳健性检验，基本结论未发生变化。模型设计如模型（10.3）所示，检验结果如表 10－12 所示，基本结论未发生变化：

$$DTobinsQ_{i,t} = \alpha + \beta_1 \times FSSC_{i,t} + \gamma \times Controls_{i,t} + \eta_t + \xi_i + \varepsilon_{i,t} \qquad (10.3)$$

表 10－12 　　　　　　　稳健性检验六：匹配前固定面板效应回归

变量	当期	未来一期	未来两期
	DTobinsQ	F. DTobinsQ	F2. DTobinsQ
$FSSC_{i,t}$	0.356 ***	0.500 ***	0.550 ***
	(2.70)	(3.12)	(2.63)
SOE	−0.016	−0.06	−0.007
	(−0.20)	(−0.63)	(−0.06)
LarS	−0.098	−0.116	−0.009
	(−1.01)	(−1.08)	(−0.07)
ROA	0.006 **	−0.038 ***	−0.036 ***
	(2.24)	(−12.09)	(−9.97)
Lev	0.003 ***	0.004 ***	−0.005 ***
	(3.24)	(3.56)	(−3.83)
Size	−0.448 ***	−0.012	0.283 ***
	(−17.38)	(−0.40)	(7.52)
Age	0.033	0.083	0.068
	(0.80)	(1.22)	(0.52)
Grow	−0.229 ***	0.002	−0.014
	(−10.41)	(0.07)	(−0.50)
Loss	0.025	−0.172 ***	−0.234 ***
	(0.57)	(−3.50)	(−4.32)
Cross	0.342	0.16	0.071
	(1.25)	(0.55)	(0.21)
MA	0.062	0.196	−0.193
	(0.32)	(0.94)	(−0.77)

变量	当期	未来一期	未来两期
	DTobinsQ	F. DTobinsQ	F2. DTobinsQ
Mar	−0.028 (−0.97)	−0.028 (−0.86)	−0.046 (−1.25)
Shr1	0.0002 (0.12)	0.005 ** (2.42)	0.003 (1.51)
Big4	0.180 * (1.71)	0.201 * (1.67)	0.161 (1.16)
Nos	0.003 (0.20)	−0.050 *** (−2.66)	−0.029 (−1.36)
_cons	7.683 *** (12.18)	1.291 (1.63)	−5.804 *** (−5.17)
IND	YES	YES	YES
Year	YES	YES	YES
FE	YES	YES	YES
N	18 956	15 582	12 896
R^2	0.3927	0.3140	0.2843

注：*** 、** 、* 分别表示在 1%、5% 和 10% 水平上统计量显著。

第三节　财务共享服务中心的建成影响
企业价值的渠道识别

根据上述文献的梳理，财务共享服务中心主要实现了规模效应下的成本降低、高质量数据支撑下的运营效率提高和全流程监控下的管控力度加强。因此，采用 DID 模型，识别财务共享服务中心的建成影响企业价值的成本、经营效率和内部控制质量等渠道。模型构建如下：

$$Z_{i,t} = \alpha + \beta_1 \times FSSC_{i,t} \times After + \beta_2 \times FSSC_{i,t} + \beta_3 \times After +$$
$$\gamma \times Controls_{i,t} + \eta_t + \xi_i + \varepsilon_{i,t} \tag{10.4}$$

被解释变量（Z）为影响渠道，包括成本（Cost）、经营效率（Eff）和内部控制质量（IC）；由于财务共享服务中心建成后，主要通过流程和人员的标准化整合实现管理费用的大幅降低，同时通过资金管理的集中化和全流程监控，实现资金利用效率提升和财务费用下降，进而有效节省成本。因此，采用管理费用和财务费用在营业成本中的占比来衡量成本；采用 LP 法测算的全要素生产率来衡量经营效率（童锦治等，2016），采用迪博内部控制指数衡量内部控制质量（逯东等，2015；许瑜等，2017），该指数涵盖合法合规、资产安全、财务报告可靠、经营效率、发展战略五大方面，并根据内部控制重大缺陷进行补充与修正，充分反映了内部控制质量。为了进一步验证三种影响渠道，还检验了未来一期（F. Cost、F. Eff、F. IC）、未来两期（F2. Cost、F2. Eff、F2. IC）的渠道变量。通过模型（10.4）中的系数 β_1 的显著性和符号来探究财务共享服务中心的建成是通过成本、经营效率和内部控制质量中哪一种或哪几种渠道影响企业价值。具体结果如表 10 - 13 所示。

表 10 - 13　　　　　　　　模型（10.4）影响渠道 DID 回归结果

变量	当期			未来一期			未来两期		
	Cost	Eff	IC	F. Cost	F. Eff	F. IC	F2. Cost	F2. Eff	F2. IC
$FSSC_{i,t} \times$ After	- 0.061	0.192 ***	0.016	- 0.098 **	0.291 ***	0.034	- 0.079 *	0.266 **	0.067 ***
	(- 1.64)	(2.63)	(0.72)	(- 2.06)	(2.87)	(1.46)	(- 1.72)	(2.06)	(2.62)
$FSSC_{i,t}$	0.0004	0.038	0.001	- 0.001	0.072	0.001	- 0.040	0.199	0.006
	(0.01)	(0.36)	(0.08)	(- 0.02)	(0.65)	(0.08)	(- 0.93)	(1.56)	(0.31)
After	- 0.015	- 0.045	0.007	0.008	- 0.104	- 0.006	0.028	- 0.171 **	- 0.022
	(- 0.48)	(- 0.74)	(0.66)	(0.25)	(- 1.61)	(- 0.45)	(0.84)	(- 2.28)	(- 1.42)
SOE	0.009	0.040	0.028 **	- 0.0002	0.024	0.025 *	0.003	- 0.035	0.036 **
	(0.27)	(0.48)	(2.56)	(- 0.01)	(0.27)	(1.94)	(0.09)	(- 0.34)	(2.47)
LarS	0.022	- 0.307 *	- 0.029	0.023	- 0.284 *	- 0.052	0.046	- 0.298	- 0.071 **
	(0.31)	(- 1.80)	(- 1.06)	(0.29)	(- 1.67)	(- 1.61)	(0.48)	(- 1.53)	(- 1.98)
ROA	0.005	0.033 ***	0.005 ***	0.004	0.030 ***	0.003 *	0.005	0.020 **	0.001
	(1.13)	(4.35)	(3.91)	(0.81)	(3.62)	(1.93)	(0.91)	(2.07)	(0.98)
Lev	- 0.002 **	0.010 ***	- 0.001	- 0.003 **	0.011 ***	- 0.001 **	- 0.002 *	0.009 ***	- 0.001 ***
	(- 2.07)	(4.59)	(- 1.50)	(- 2.33)	(4.71)	(- 2.17)	(- 1.89)	(3.37)	(- 2.96)
Size	- 0.072 ***	0.639 ***	0.031 ***	- 0.066 ***	0.627 ***	0.037 ***	- 0.070 ***	0.624 ***	0.031 ***
	(- 3.22)	(16.20)	(4.91)	(- 2.98)	(14.76)	(5.30)	(- 3.06)	(13.13)	(4.01)
Age	0.006 **	- 0.016 ***	- 0.002	0.006 **	- 0.017 ***	- 0.002	0.006 **	- 0.017 **	- 0.002
	(2.42)	(- 2.65)	(- 1.63)	(2.33)	(- 2.74)	(- 1.41)	(2.07)	(- 2.30)	(- 0.92)

变量	当期			未来一期			未来两期		
	Cost	Eff	IC	F. Cost	F. Eff	F. IC	F2. Cost	F2. Eff	F2. IC
Grow	-0.051** (-2.48)	0.062 (1.54)	0.019** (2.27)	-0.025 (-1.13)	0.056 (1.15)	-0.010 (-0.65)	-0.0005 (-0.02)	0.018 (0.26)	0.028*** (2.70)
Loss	0.113** (2.03)	0.094 (0.85)	-0.117*** (-4.13)	0.192** (2.35)	-0.060 (-0.49)	-0.015 (-0.57)	0.105 (1.21)	0.110 (0.74)	-0.031 (-0.94)
Cross	-0.155* (-1.81)	0.187 (1.60)	-0.007 (-0.18)	-0.108 (-1.08)	0.193 (1.52)	0.004 (0.12)	-0.073 (-0.57)	0.180 (1.16)	0.021 (0.62)
MA	-0.154** (-2.12)	0.180 (1.16)	-0.019 (-0.70)	-0.158** (-2.22)	0.316** (1.98)	0.013 (0.43)	-0.220*** (-2.62)	0.454** (2.40)	0.024 (0.73)
Mar	-0.021* (-1.90)	0.035* (1.71)	0.005 (1.51)	-0.018 (-1.65)	0.029 (1.27)	0.006* (1.74)	-0.017 (-1.54)	0.030 (1.13)	0.006 (1.58)
Shr1	-0.002* (-1.76)	0.004* (1.83)	-0.000006 (-0.02)	-0.002 (-1.61)	0.006** (2.12)	-0.0001 (-0.35)	-0.002 (-1.50)	0.006** (2.05)	-0.0004 (-0.81)
Big4	0.333** (2.54)	-0.291* (-1.88)	0.032 (1.12)	0.306** (2.25)	-0.316* (-1.94)	0.018 (0.63)	0.295** (2.05)	-0.304 (-1.62)	0.022 (0.77)
Nos	0.033 (1.60)	0.046 (1.19)	0.012* (1.76)	0.035* (1.72)	0.026 (0.64)	0.009 (1.17)	0.037* (1.91)	-0.006 (-0.14)	0.009 (1.20)
_cons	1.987*** (3.43)	1.377 (1.40)	5.911*** (44.41)	1.836*** (3.11)	1.549 (1.47)	5.839*** (37.05)	1.835*** (2.95)	1.860 (1.54)	6.022*** (34.35)
IND	YES	YES	YES	YES	YES	YES	YES	YES	YES
Year	YES	YES	YES	YES	YES	YES	YES	YES	YES
N	1 205	1 205	1 205	981	981	981	774	774	774
R^2	0.2696	0.7959	0.3840	0.2550	0.7718	0.2899	0.2243	0.7172	0.2623

注：***、**、*分别表示在1%、5%和10%水平上统计量显著。

从表10-13的结果可以看出，在财务共享服务中心建成当期中，只有运营效率（Eff）的系数在1%的水平上显著为正，说明建成当期，财务共享服务中心主要通过提高经营效率来促进企业价值的增长；在未来一期中，成本（Cost）的系数在5%的水平上显著为负，运营效率（Eff）的系数在1%的水平上显著为正，说明在建成的未来一期，财务共享服务中心能够有效降低成本，并且提高经营效率的效果更加显著；在未来两期中，成本（Cost）系数在10%的水平上显著为负，运营效率（Eff）在5%的水平上显著为正，内部控制质量（IC）在1%的水平上显著为正，说明在建成后的未来两期，财务共享服务中心将改善内部控制质量，进一步促进企业价值的增长。

第四节　进一步研究

一、国有和非国有上市公司样本检验

国务院国资委《关于加强中央公司财务信息化工作的通知》中提出具备条件的企业应当在集团层面探索开展共享会计服务，财政部发布的《公司会计信息化工作规范》中明确表示支持和鼓励我国集团企业建成财务共享服务中心，因此国有上市公司更多地受到政策的驱动建成财务共享服务中心，而非国有上市公司可能更多是因为降低成本、提升经营效率和加强管控等价值提升导向的驱动力。因此，为了研究这个问题，本研究在 2008～2017 年样本匹配的基础上，将国有和非国有上市公司分样本进行 DID 回归，同时还将 Tobins' Q 也加以验证，具体结果如表 10 – 14 和表 10 – 15 所示。

表 10 – 14　　国有和非国有上市公司（DTobinsQ，2008～2017 年）分样本检验

变量	国有（2008～2017 年）			非国有（2008～2017 年）		
	当期	未来一期	未来两期	当期	未来一期	未来两期
	DTobinsQ	F. DTobinsQ	F2. DTobinsQ	DTobinsQ	F. DTobinsQ	F2. DTobinsQ
$FSSC_{i,t} \times After$	0.165 (1.42)	0.185 (1.58)	0.171 (0.64)	0.569 ** (2.56)	0.725 *** (3.05)	0.934 ** (2.28)
$FSSC_{i,t}$	0.037 (0.30)	-0.017 (-0.31)	0.055 (0.75)	-0.192 (-1.34)	-0.284 ** (-2.51)	-0.095 (-0.77)
After	-0.050 (-0.74)	-0.047 (-0.68)	-0.018 (-0.18)	-0.230 (-1.58)	-0.401 ** (-2.52)	-0.347 (-1.56)
LarS	-0.113 (-0.99)	-0.248 ** (-2.43)	-0.286 * (-1.80)	0.195 (0.90)	0.125 (0.40)	0.356 (0.91)
ROA	-0.010 (-0.85)	-0.008 (-0.81)	0.003 (0.36)	0.017 (1.30)	-0.002 (-0.11)	-0.025 (-1.66)
Lev	0.000 (0.13)	0.001 (0.41)	0.001 (0.27)	0.005 (1.12)	0.006 (0.88)	0.005 (0.75)

变量	国有（2008～2017年）			非国有（2008～2017年）		
	当期	未来一期	未来两期	当期	未来一期	未来两期
	DTobinsQ	F. DTobinsQ	F2. DTobinsQ	DTobinsQ	F. DTobinsQ	F2. DTobinsQ
Size	−0.036 （−0.82）	−0.002 （−0.04）	0.015 （0.45）	−0.131* （−1.84）	−0.173** （−2.10）	−0.089 （−1.00）
Age	0.012** （2.33）	0.015*** （2.95）	0.011** （2.20）	−0.001 （−0.08）	0.005 （0.67）	0.005 （0.47）
Grow	0.058 （0.32）	−0.029 （−0.35）	−0.154 （−1.62）	−0.369* （−1.98）	−0.033 （−0.23）	0.065 （0.50）
Loss	0.096 （0.50）	0.188 （0.99）	−0.048 （−0.23）	0.662* （1.78）	0.418 （0.97）	0.479 （0.74）
Cross	−0.070 （−1.08）	−0.019 （−0.29）	−0.050 （−0.70）	0.446 （1.53）	0.081 （0.29）	0.448 （1.43）
MA	0.204 （0.70）	−0.098 （−0.34）	0.211 （1.19）	0.047 （1.55）	0.028 （0.70）	0.078 （1.55）
Mar	0.007 （0.37）	−0.029 （−1.54）	−0.031 （−1.61）	−0.008 （−0.36）	−0.007 （−0.30）	0.001 （0.02）
Shr1	0.001 （0.58）	0.003* （1.91）	0.003* （1.90）	0.005* （1.77）	0.005 （1.52）	0.002 （0.44）
Big4	0.082 （1.01）	0.026 （0.31）	−0.065 （−0.81）	−0.050 （−0.32）	0.339* （1.71）	0.059 （0.39）
Nos	−0.031 （−1.49）	−0.041 （−1.43）	0.015 （0.57）	−0.028 （−0.57）	0.052 （0.66）	0.033 （0.29）
_cons	−0.820 （−0.85）	1.497 （1.27）	−0.260 （−0.37）	−0.578 （−0.39）	4.156*** （2.77）	0.281 （0.17）
IND	YES	YES	YES	YES	YES	YES
Year	YES	YES	YES	YES	YES	YES
N	570	466	370	635	509	396
R^2	0.3881	0.3064	0.2405	0.3050	0.2779	0.2830

注：***、**、*分别表示在1%、5%和10%水平上统计量显著。

从表10-14中可以看出，非国有上市公司当期、未来一期和未来两期的 $FSSC_{i,t} \times After$ 的系数分别在5%、1%和5%的水平上显著为正，而国有上市公司的系数均不显著，说明非国有上市公司通过建成财务共享服务中心能促进企业价值的增长，而国有上市公司并未从财务共享服务中心获取更多的企业价值增长的提升。

表 10-15　　全样本、国有和非国有上市公司（TobinsQ，2008~2017 年）检验

变量	全样本（2008~2017 年）			国有（2008~2017 年）			非国有（2008~2017 年）		
	当期	未来一期	未来两期	当期	未来一期	未来两期	当期	未来一期	未来两期
	TobinsQ	F. TobinsQ	F2. TobinsQ	TobinsQ	F. TobinsQ	F2. TobinsQ	TobinsQ	F. TobinsQ	F2. TobinsQ
$FSSC_{i,t} \times$ After	-0.185 (-1.08)	-0.044 (-0.24)	0.151 (0.62)	-0.256 (-1.50)	-0.147 (-0.88)	-0.084 (-0.39)	0.200 (0.65)	0.461 (1.29)	1.127** (2.23)
$FSSC_{i,t}$	0.308 (1.44)	0.074 (0.37)	0.073 (0.33)	0.524* (1.93)	0.312 (1.61)	0.313* (1.77)	0.280 (0.93)	0.091 (0.29)	0.147 (0.42)
After	-0.044 (-0.30)	-0.104 (-0.72)	-0.246 (-1.55)	0.044 (0.42)	0.048 (0.47)	-0.032 (-0.25)	-0.289 (-1.14)	-0.455* (-1.76)	-0.846*** (-2.78)
SOE	-0.164 (-1.22)	-0.205 (-1.44)	-0.276* (-1.71)	——	——	——	——	——	——
LarS	-0.414 (-1.24)	-0.555 (-1.54)	-0.555 (-1.43)	0.046 (0.18)	0.055 (0.23)	-0.108 (-0.47)	-0.315 (-0.56)	-0.421 (-0.69)	-0.253 (-0.37)
ROA	0.122*** (4.92)	0.124*** (5.11)	0.085*** (3.58)	0.068*** (3.15)	0.065*** (3.28)	0.052*** (3.20)	0.152*** (4.50)	0.158*** (4.88)	0.103*** (3.18)
Lev	-0.002 (-0.37)	0.0005 (0.06)	-0.0004 (-0.05)	-0.012*** (-2.83)	-0.016*** (-3.13)	-0.020*** (-5.08)	0.004 (0.41)	0.012 (1.04)	0.017* (1.74)
Size	-0.797*** (-7.52)	-0.821*** (-7.35)	-0.802*** (-6.64)	-0.475*** (-4.55)	-0.351*** (-3.70)	-0.299*** (-3.43)	-1.058*** (-7.20)	-1.189*** (-7.30)	-1.244*** (-7.72)
Age	0.015 (1.05)	0.02 (1.18)	0.025 (1.32)	-0.005 (-0.32)	0.005 (0.30)	0.012 (0.74)	0.035** (1.99)	0.033 (1.56)	0.036 (1.49)
Grow	0.154 (1.24)	0.127 (1.08)	0.168 (0.92)	0.523* (1.96)	0.180* (1.81)	0.095 (0.87)	-0.073 (-0.55)	0.005 (0.03)	0.110 (0.45)
Loss	1.806*** (4.66)	1.732*** (3.91)	1.479*** (2.75)	0.941*** (3.09)	0.680*** (2.94)	0.546** (2.42)	2.538*** (4.23)	2.718*** (3.83)	3.028*** (2.83)
Cross	0.15 (0.61)	0.196 (0.77)	0.192 (0.68)	0.240 (1.34)	0.332* (1.71)	0.267 (1.19)	-1.000 (-1.30)	-0.868 (-1.28)	-0.665 (-0.95)
MA	-0.629* (-1.69)	-0.826* (-1.90)	-0.592 (-1.30)	-0.203 (-0.77)	-0.244 (-0.57)	0.191 (0.61)	-0.262* (-1.08)	-0.294 (-1.45)	-0.075 (-0.31)
Mar	0.008 (0.18)	0.003 (0.06)	0.033 (0.63)	-0.044 (-0.87)	-0.064 (-1.35)	-0.060 (-1.22)	0.064 (1.13)	0.070 (1.02)	0.102 (1.32)
Shr1	0.00006 (0.02)	0.003 (0.60)	0.004 (0.87)	0.002 (0.47)	0.003 (0.78)	0.006 (1.30)	-0.003 (-0.44)	-0.001 (-0.12)	0.001 (0.06)

变量	全样本（2008~2017年）			国有（2008~2017年）			非国有（2008~2017年）		
	当期	未来一期	未来两期	当期	未来一期	未来两期	当期	未来一期	未来两期
	TobinsQ	F. TobinsQ	F2. TobinsQ	TobinsQ	F. TobinsQ	F2. TobinsQ	TobinsQ	F. TobinsQ	F2. TobinsQ
Big4	0.543 ***	0.621 ***	0.609 **	0.072	−0.073	−0.114	0.445	0.434	0.257
	(2.64)	(2.85)	(2.58)	(0.35)	(−0.34)	(−0.50)	(1.18)	(1.14)	(0.68)
Nos	0.011	−0.01	−0.048	−0.027	−0.063	−0.041	0.083	0.089	0.007
	(0.12)	(−0.10)	(−0.48)	(−0.29)	(−0.64)	(−0.45)	(0.62)	(0.66)	(0.05)
_cons	19.618 ***	21.396 ***	20.415 ***	11.588 ***	10.012 ***	8.634 ***	23.735 ***	27.592 ***	27.779 ***
	(8.45)	(8.45)	(7.71)	(5.06)	(4.56)	(4.47)	(7.89)	(8.41)	(8.38)
IND	YES	YES	YES	YES	YES	YES	YES	YES	YES
Year	YES	YES	YES	YES	YES	YES	YES	YES	YES
N	1 205	981	774	570	466	370	635	509	396
R^2	0.5003	0.4845	0.4545	0.5552	0.5839	0.5949	0.5311	0.5266	0.5206

注：*** 、 ** 、 * 分别表示在 1%、5% 和 10% 水平上统计量显著。

从表 10 - 15 的结果可以看出，虽然全样本和国有上市公司样本的当期、未来一期和未来两期的 $FSSC_{i,t}$ × After 系数均不显著，但是对应的 t 值逐渐变大。非国有上市公司当期和未来一期的 $FSSC_{i,t}$ × After 系数均不显著，而未来两期的 $FSSC_{i,t}$ × After 系数在 5% 的水平上显著为正，说明非国有上市公司财务共享服务中心在经过两期的运营调整后，在未来两期促进了企业价值的提升。表 10 - 2 和表 10 - 4 的描述性统计都显示上市公司企业价值处于下滑状态，综合表 10 - 14 和表 10 - 15 的结果来看，财务共享服务中心建成后，虽然 Tobins' Q 并未得到显著的提升，但是 DTobins' Q 显著增加，说明上市公司企业价值下滑的态势得到了一定的遏制，这种遏制的效果在非国有上市公司中更为显著，并且经过两期运营调整时间后，Tobins' Q 显著增加，上市公司的企业价值得到了显著的提升。

为了进一步研究这个问题，本研究还对 2013 ~ 2017 年的国有和非国有上市公司分样本进行 PSM - DID 检验，具体结果如表 10 - 16 和表 10 - 17 所示。

表 10 - 16　　国有和非国有上市公司（DTobinsQ，2013～2017 年）分样本检验

变量	国有（2013～2017 年）			非国有（2013～2017 年）		
	当期	未来一期	未来两期	当期	未来一期	未来两期
	DTobinsQ	F. DTobinsQ	F2. DTobinsQ	DTobinsQ	F. DTobinsQ	F2. DTobinsQ
FSSC$_{i,t}$ × After	0.316	0.442*	0.245	0.925***	1.084***	1.807**
	(1.62)	(1.98)	(0.80)	(2.90)	(2.85)	(2.43)
FSSC$_{i,t}$	0.158	0.063	0.086	-0.420**	-0.380**	-0.29
	(0.83)	(0.61)	(0.97)	(-2.28)	(-2.07)	(-1.51)
After	-0.226	-0.184	-0.356	-0.369	-0.589**	-0.501
	(-1.58)	(-1.03)	(-1.38)	(-1.20)	(-2.07)	(-0.98)
LarS	-0.321*	-0.297*	-0.441**	0.04	0.163	0.344
	(-1.86)	(-1.85)	(-2.03)	(0.14)	(0.42)	(0.63)
ROA	-0.012	-0.020*	0.013	0.022	-0.032	-0.024
	(-0.73)	(-1.85)	(0.95)	(1.24)	(-1.48)	(-0.89)
Lev	0.002	-0.002	0.001	0.004	0.007	0.006
	(0.66)	(-1.03)	(0.37)	(0.54)	(0.69)	(0.58)
Size	-0.136	0.084*	0.062	-0.161	-0.204	-0.109
	(-1.66)	(1.99)	(0.95)	(-1.43)	(-1.60)	(-0.66)
Age	0.020**	0.018*	0.010	-0.001	0.013	0.003
	(2.46)	(1.88)	(1.17)	(-0.16)	(1.25)	(0.22)
Grow	0.444	0.081	-0.309	-0.337	0.049	0.052
	(1.34)	(0.52)	(-1.36)	(-1.51)	(0.25)	(0.21)
Loss	0.152	-0.026	0.110	0.693	0.124	0.587
	(0.73)	(-0.10)	(0.56)	(1.49)	(0.21)	(0.60)
Cross	0.082	0.079	-0.023	0.199	0.408	0.470*
	(0.78)	(0.81)	(-0.19)	(0.74)	(1.38)	(1.81)
MA	0.002	0.007	0.044	0.044	-0.406	-0.097
	(0.07)	(0.16)	(0.92)	(0.21)	(-1.49)	(-0.34)
Mar	-0.020	-0.040*	-0.039*	-0.021	0.012	0.006
	(-0.91)	(-1.81)	(-1.84)	(-0.81)	(0.33)	(0.14)
Shr1	0.002	0.004	0.002	0.008**	0.006	0.002
	(0.53)	(1.47)	(0.82)	(2.15)	(1.42)	(0.38)
Big4	0.052	-0.263**	-0.146	0.071	0.353	-0.157
	(0.41)	(-2.09)	(-1.25)	(0.32)	(1.10)	(-0.62)

变量	国有（2013～2017年）			非国有（2013～2017年）		
	当期	未来一期	未来两期	当期	未来一期	未来两期
	DTobinsQ	F. DTobinsQ	F2. DTobinsQ	DTobinsQ	F. DTobinsQ	F2. DTobinsQ
Nos	−0.045 （−1.07）	−0.071 （−1.56）	0.015 （0.30）	−0.035 （−0.48）	0.169 （1.27）	0.036 （0.15）
_cons	3.782** （2.22）	−1.038 （−1.08）	−0.268 （−0.19）	3.209 （1.40）	3.108 （1.51）	2.303 （0.80）
IND	YES	YES	YES	YES	YES	YES
Year	YES	YES	YES	YES	YES	YES
N	295	229	167	413	314	222
R²	0.2363	0.2547	0.2738	0.2647	0.3011	0.3358

注：***、**、*分别表示在1%、5%和10%水平上统计量显著。

表 10 - 17　全样本、国有和非国有上市公司（TobinsQ，2013～2017年）检验

变量	全样本（2013～2017年）			国有（2013～2017年）			非国有（2013～2017年）		
	当期	未来一期	未来两期	当期	未来一期	未来两期	当期	未来一期	未来两期
	TobinsQ	F. TobinsQ	F2. TobinsQ	TobinsQ	F. TobinsQ	F2. TobinsQ	TobinsQ	F. TobinsQ	F2. TobinsQ
$FSSC_{i,t} \times$ After	−0.215 （−0.87）	−0.082 （−0.28）	0.174 （0.37）	−0.221 （−0.77）	0.048 （0.20）	0.165 （0.45）	−0.004 （−0.01）	0.121 （0.25）	1.159 （1.48）
$FSSC_{i,t}$	0.448 （1.42）	0.237 （0.84）	0.185 （0.48）	0.66 （1.64）	0.398* （1.81）	0.511** （2.21）	0.207 （0.49）	−0.002 （−0.00）	−0.057 （−0.09）
After	−0.03 （−0.13）	−0.12 （−0.53）	−0.405 （−1.25）	0.106 （0.64）	0.066 （0.34）	−0.299 （−1.06）	−0.033 （−0.09）	−0.135 （−0.40）	−0.662 （−1.42）
SOE	−0.267 （−1.31）	−0.447** （−2.01）	−0.718** （−2.53）	—	—	—	—	—	—
LarS	−0.348 （−0.90）	−0.58 （−1.22）	−0.85 （−1.47）	−0.336 （−0.88）	−0.226 （−0.66）	−0.473 （−1.48）	−0.441 （−0.66）	−0.731 （−0.84）	−1.038 （−0.92）
ROA	0.146*** （3.83）	0.148*** （4.08）	0.116*** （2.87）	0.078*** （2.91）	0.066*** （3.93）	0.067*** （3.44）	0.173*** （3.94）	0.168*** （3.64）	0.095 （1.48）
Lev	−0.003 （−0.28）	−0.002 （−0.17）	−0.003 （−0.25）	−0.011* （−1.90）	−0.021*** （−5.37）	−0.021*** （−4.61）	0.001 （0.05）	0.007 （0.47）	0.016 （1.02）
Size	−0.929*** （−5.52）	−0.955*** （−5.29）	−0.916*** （−4.32）	−0.683*** （−4.14）	−0.427*** （−3.93）	−0.465*** （−3.09）	−1.138*** （−5.27）	−1.361*** （−5.46）	−1.443*** （−5.02）
Age	0.029 （1.58）	0.045** （2.05）	0.055* （1.96）	0.022 （1.25）	0.025 （1.38）	0.031 （1.59）	0.034 （1.49）	0.041 （1.41）	0.036 （0.98）

续表

变量	全样本（2013~2017年）			国有（2013~2017年）			非国有（2013~2017年）		
	当期	未来一期	未来两期	当期	未来一期	未来两期	当期	未来一期	未来两期
	TobinsQ	F. TobinsQ	F2. TobinsQ	TobinsQ	F. TobinsQ	F2. TobinsQ	TobinsQ	F. TobinsQ	F2. TobinsQ
Grow	0.111 (0.61)	0.124 (0.72)	0.191 (0.58)	1.188** (2.15)	0.547** (2.63)	0.280 (1.26)	−0.13 (−0.76)	0.048 (0.23)	0.152 (0.43)
Loss	2.146*** (3.82)	1.965*** (3.37)	2.389*** (2.62)	1.081** (2.50)	0.520** (2.36)	0.562* (1.91)	2.997*** (3.85)	2.942*** (3.70)	3.829** (2.45)
Cross	0.475 (1.13)	0.629 (1.49)	0.842* (1.72)	0.672** (2.52)	0.536* (1.86)	0.358 (1.04)	−2.413*** (−3.08)	−1.258 (−1.62)	−0.947 (−1.00)
MA	0.139 (0.61)	−0.127 (−0.41)	0.225 (0.72)	0.121 (0.67)	0.126 (0.68)	0.156 (1.21)	−0.192 (−0.57)	0.117 (0.09)	0.191 (0.37)
Mar	0.053 (0.96)	0.043 (0.68)	0.086 (1.05)	−0.021 (−0.44)	−0.031 (−0.76)	−0.026 (−0.57)	0.102 (1.45)	0.087 (1.00)	0.142 (1.23)
Shr1	−0.004 (−0.72)	−0.001 (−0.11)	0.0003 (0.04)	−0.0004 (−0.08)	−0.002 (−0.45)	−0.002 (−0.36)	−0.005 (−0.68)	−0.004 (−0.38)	−0.003 (−0.22)
Big4	0.591* (1.87)	0.652* (1.96)	0.666* (1.73)	0.258 (0.92)	−0.001 (−0.01)	0.103 (0.32)	0.33 (0.64)	0.433 (0.67)	0.124 (0.16)
Nos	−0.081 (−0.56)	−0.082 (−0.48)	−0.237 (−1.27)	−0.191 (−1.35)	−0.222 (−1.35)	−0.139 (−0.94)	0.158 (0.79)	0.320 (1.35)	0.164 (0.57)
_cons	22.943*** (6.50)	24.065*** (6.19)	24.794*** (5.48)	17.908*** (4.81)	12.548*** (5.32)	14.086*** (4.29)	26.040*** (6.04)	31.363*** (6.18)	35.001*** (5.86)
IND	YES	YES	YES	YES	YES	YES	YES	YES	YES
Year	YES	YES	YES	YES	YES	YES	YES	YES	YES
N	708	545	391	295	229	167	413	314	222
R^2	0.5219	0.5005	0.4818	0.6322	0.6855	0.6986	0.5503	0.5329	0.5390

注：***、**、*分别表示在1%、5%和10%水平上统计量显著。

从表10－16的结果可以看出，2013~2017年非国有上市公司当期、未来一期和未来两期的 $FSSC_{i,t} \times After$ 的系数分别在5%、1%和5%的水平上显著为正，而国有上市公司仅有未来一期的系数在10%的水平上显著为正，说明政策发布后，国有上市公司的企业价值增长也略有上升，但是非国有上市公司通过建成财务共享服务中心企业价值的增长更显著。从表10－17的结果可以看出，2013~2017年全样本、国有和非国有上市公司样本的当期、未来一期和未来两期的 $FSSC_{i,t} \times After$ 系数均不显著，但是随着财务共享服务中心的建设运营，对应的t值仍然在逐渐变大。总体来说，财务共享服务中心对非国有上市公司企业价值的增长促进作用更大，对国有上市公司企业价值增长的促进作用不明显。一方面可能是因为国有上市公司建成财务共享服务中心首要目的是加强集团管控，而财务共享服务中心带来的公司内部控制质量的改善效果在建成后未来两期才逐步显现，因此在建成后的近三期中，国有上市公司获得的价值提升并未能体现；另一方面，现有样本量仍然存在限制，实证结果可能会受到一定影响，因此，该问题仍然有待进一步观察和研究。

二、分地区样本检验

由于上市公司企业价值受到外部市场环境的影响，而中国各地区的经济活力、市场化水平等各项因素均存在较大差异，为了进一步研究这个问题，根据中国三大经济带区域的划分①，在 2008～2017 年样本匹配的基础上，将样本按照东中西部进行划分并再次进行 DID，同时将 Tobins' Q 也加以验证，具体结果如表 10－18 和表 10－19 所示。

表 10－18　　东部、中部和西部上市公司 （DTobinsQ，2008～2017 年） 检验

变量	东部 （2008～2017 年）			中部 （2008～2017 年）			西部 （2008～2017 年）		
	当期	未来一期	未来两期	当期	未来一期	未来两期	当期	未来一期	未来两期
	DTobinsQ	F. DTobinsQ	F2. DTobinsQ	DTobinsQ	F. DTobinsQ	F2. DTobinsQ	DTobinsQ	F. DTobinsQ	F2. DTobinsQ
FSSC$_{i,t}$ × After	0.349 *** (2.92)	0.596 *** (3.37)	0.439 * (1.69)	−0.283 (−0.90)	0.492 (1.36)	0.778 (1.22)	0.842 (1.43)	1.039 ** (2.19)	0.290 (0.49)
FSSC$_{i,t}$	−0.100 (−1.50)	−0.301 ** (−2.37)	−0.033 (−0.36)	0.299 (1.35)	−0.300 (−1.09)	−0.163 (−0.59)	0.045 (0.08)	−0.209 (−0.47)	0.158 (0.32)
After	−0.132 (−1.37)	−0.282 ** (−2.52)	−0.190 (−1.31)	0.009 (0.07)	0.02 (0.08)	−0.275 (−0.79)	−0.445 (−1.16)	−0.649 ** (−2.15)	−0.057 (−0.18)
SOE	0.071 (1.18)	−0.086 (−1.52)	−0.056 (−0.89)	0.261 (1.11)	0.213 (0.74)	−0.078 (−0.24)	0.016 (0.08)	0.122 (0.40)	0.329 (0.75)

---

① 东部地区包括北京、天津、河北、辽宁、上海、江苏、浙江、福建、山东、广东、海南；中部地区包括山西、吉林、黑龙江、安徽、江西、河南、湖北、湖南；西部地区包括内蒙古、广西、重庆、四川、贵州、云南、西藏、陕西、甘肃、青海、宁夏、新疆。

续表

变量	东部（2008~2017年）			中部（2008~2017年）			西部（2008~2017年）		
	当期	未来一期	未来两期	当期	未来一期	未来两期	当期	未来一期	未来两期
	DTobinsQ	F. DTobinsQ	F2. DTobinsQ	DTobinsQ	F. DTobinsQ	F2. DTobinsQ	DTobinsQ	F. DTobinsQ	F2. DTobinsQ
LarS	0.093 (0.70)	-0.102 (-0.65)	-0.021 (-0.10)	-0.357 (-0.75)	0.129 (0.28)	0.229 (0.36)	0.774 (1.32)	-0.195 (-0.26)	-0.196 (-0.21)
ROA	0.007 (0.75)	-0.011 (-0.82)	-0.020 (-1.64)	-0.005 (-0.14)	-0.068* (-1.94)	-0.012 (-0.28)	-0.012 (-0.35)	0.036 (0.81)	0.012 (0.55)
Lev	0.004 (1.30)	0.001 (0.46)	0.001 (0.52)	-0.006 (-1.26)	-0.014 (-1.64)	-0.016** (-2.25)	-0.003 (-0.26)	0.001 (0.08)	-0.001 (-0.08)
Size	-0.128*** (-2.74)	-0.024 (-0.62)	-0.006 (-0.14)	-0.113 (-1.14)	0.180 (1.16)	0.286* (1.73)	-0.147 (-0.69)	-0.336* (-1.71)	-0.370 (-1.15)
Age	-0.001 (-0.24)	0.006 (1.21)	0.008 (1.16)	0.016 (0.73)	0.004 (0.14)	0.026 (0.80)	0.012 (0.56)	0.004 (0.13)	-0.029 (-0.87)
Grow	-0.257 (-1.36)	-0.107 (-0.74)	0.038 (0.29)	-0.231 (-0.79)	0.014 (0.06)	-0.252* (-1.71)	-0.139 (-0.55)	0.078 (0.31)	-0.084 (-0.23)
Loss	-0.073 (-0.37)	0.087 (0.33)	0.105 (0.38)	0.676 (0.82)	-1.558 (-1.09)	-0.637 (-0.69)	1.087 (1.57)	0.377 (0.69)	0.157 (0.18)
Cross	0.102 (1.10)	-0.052 (-0.62)	0.029 (0.33)	0.105 (0.87)	0.099 (0.71)	0.216 (0.93)	0.274 (0.33)	-0.592 (-0.53)	-1.731 (-1.04)
MA	-0.511 (-0.51)	-0.462 (-0.63)	0.239 (0.72)	0.333 (0.41)	-0.235 (-0.45)	-0.459 (-0.72)	0.663 (0.54)	-1.496 (-1.67)	-1.086 (-0.96)
Mar	0.021 (1.01)	0.024 (0.92)	0.042* (1.85)	0.072 (0.43)	0.024 (0.15)	0.165 (0.51)	-0.059 (-0.55)	-0.001 (-0.01)	-0.060 (-0.33)
Shr1	0.002 (1.15)	0.003* (1.73)	0.002 (0.68)	0.011 (1.11)	-0.001 (-0.11)	0.008 (0.76)	0.009 (1.46)	0.004 (0.30)	-0.003 (-0.23)
Big4	0.035 (0.33)	0.216** (2.33)	0.066 (0.70)	-0.188 (-0.55)	0.132 (0.28)	-0.558 (-0.90)	-0.121 (-0.27)	0.213 (0.30)	0.277 (0.31)
Nos	0.013 (0.42)	-0.021 (-0.54)	-0.036 (-0.73)	0.061 (0.67)	-0.100 (-1.00)	-0.125 (-1.08)	-0.089 (-0.56)	0.137 (0.50)	0.444 (1.02)
_cons	0.431 (0.50)	1.362* (1.76)	-0.569 (-0.54)	-0.244 (-0.13)	-1.617 (-0.51)	-7.820** (-2.17)	-1.555 (-0.34)	8.211* (2.01)	7.713 (1.14)
IND	YES	YES	YES	YES	YES	YES	YES	YES	YES
Year	YES	YES	YES	YES	YES	YES	YES	YES	YES
N	861	703	555	160	130	101	184	148	118
R²	0.2683	0.2334	0.2249	0.4977	0.3986	0.3745	0.3358	0.2615	0.2413

注：***、**、*分别表示在1%、5%和10%水平上统计量显著。

表 10-19　　东部、中部和西部上市公司（TobinsQ，2008～2017 年）检验

变量	东部（2008～2017 年）			中部（2008～2017 年）			西部（2008～2017 年）		
	当期	未来一期	未来两期	当期	未来一期	未来两期	当期	未来一期	未来两期
	TobinsQ	F. TobinsQ	F2. TobinsQ	TobinsQ	F. TobinsQ	F2. TobinsQ	TobinsQ	F. TobinsQ	F2. TobinsQ
$FSSC_{i,t} \times$ After	-0.382 **	-0.015	0.312	-0.841 **	-0.615	-0.239	1.010 *	1.490 **	1.469
	(-2.00)	(-0.07)	(1.13)	(-2.20)	(-1.44)	(-0.46)	(1.71)	(2.05)	(1.43)
$FSSC_{i,t}$	0.172	-0.169	-0.236	1.445 ***	1.159 **	0.82	2.338 **	1.697 *	2.006 **
	(0.77)	(-0.86)	(-0.98)	(3.87)	(2.38)	(1.44)	(2.51)	(1.80)	(2.21)
After	0.176	0.028	-0.167	-0.225	-0.038	-0.129	-1.177 **	-1.229 **	-0.732
	(1.02)	(0.17)	(-0.93)	(-0.79)	(-0.15)	(-0.40)	(-2.61)	(-2.53)	(-1.49)
SOE	-0.224	-0.276 *	-0.342 *	-0.704 *	-0.54	-0.521	0.207	0.016	-0.099
	(-1.57)	(-1.75)	(-1.87)	(-1.75)	(-0.86)	(-0.58)	(0.36)	(0.03)	(-0.22)
LarS	-0.321	-0.457	-0.416	1.622 ***	1.193	1.302	-1.424	-1.795 *	-1.925
	(-0.86)	(-1.09)	(-0.90)	(3.28)	(1.45)	(1.21)	(-1.42)	(-1.73)	(-1.57)
ROA	0.113 ***	0.104 ***	0.064 **	0.136 ***	0.06	0.01	0.066 *	0.120 ***	0.091
	(3.30)	(3.48)	(2.52)	(4.04)	(0.90)	(0.12)	(1.83)	(2.87)	(1.63)
Lev	-0.009 *	-0.008	-0.006	-0.015	-0.024 **	-0.039 ***	0.015	0.032 **	0.038 **
	(-1.82)	(-1.35)	(-0.96)	(-1.35)	(-2.12)	(-2.95)	(1.47)	(2.54)	(2.70)
Size	-0.682 ***	-0.727 ***	-0.771 ***	-1.173 ***	-0.999 ***	-0.624 *	-1.287 ***	-1.090 ***	-1.015 ***
	(-6.65)	(-6.68)	(-6.35)	(-5.73)	(-4.98)	(-2.01)	(-2.95)	(-2.77)	(-2.77)
Age	-0.008	-0.006	-0.002	0.077 **	0.087	0.084	0.116 **	0.105 **	0.113 **
	(-0.54)	(-0.35)	(-0.11)	(2.07)	(1.49)	(1.03)	(2.52)	(2.72)	(2.42)
Grow	0.202	0.159	0.237	-0.474 *	-0.264	-0.572	0.144	0.017	-0.032
	(1.24)	(1.58)	(1.19)	(-1.96)	(-0.89)	(-1.43)	(0.53)	(0.10)	(-0.11)
Loss	1.115 ***	1.088 **	1.035 *	1.745 ***	0.383	-0.188	1.491 **	1.875 *	1.220
	(2.70)	(2.51)	(1.68)	(2.85)	(0.34)	(-0.27)	(2.64)	(1.92)	(1.35)
Cross	0.101	0.155	0.161	0.115	0.099	0.236	0.38	0.118	-0.039
	(0.38)	(0.55)	(0.53)	(0.87)	(0.71)	(0.93)	(0.25)	(0.06)	(-0.02)
MA	0.417	-0.371	0.581	-0.303	-0.548	0.586	-0.483	-1.292	-1.097
	(0.06)	(-1.15)	(1.51)	(-0.33)	(-1.21)	(1.10)	(-0.48)	(-1.32)	(-0.85)
Mar	0.102	0.102	0.136	-0.347	-0.089	0.099	0.1	0.116	0.115
	(1.63)	(1.47)	(1.55)	(-1.39)	(-0.26)	(0.24)	(0.39)	(0.38)	(0.48)
Shr1	-0.001	0.002	0.005	0.022	0.028	0.027	0.006	0.009	0.013
	(-0.28)	(0.51)	(0.87)	(0.99)	(1.04)	(0.96)	(0.60)	(0.65)	(0.78)
Big4	0.510 **	0.636 ***	0.704 ***	-1.647 **	-1.535	-1.642	-0.126	-0.008	0.249
	(2.43)	(2.77)	(2.71)	(-2.29)	(-1.64)	(-1.29)	(-0.13)	(-0.01)	(0.21)
Nos	0.125	0.136	0.097	-0.061	-0.223	-0.355 *	-0.391	-0.557 *	-0.651 **
	(1.44)	(1.51)	(1.03)	(-0.47)	(-1.44)	(-1.72)	(-1.17)	(-1.89)	(-2.05)

续表

变量	东部（2008～2017年）			中部（2008～2017年）			西部（2008～2017年）		
	当期	未来一期	未来两期	当期	未来一期	未来两期	当期	未来一期	未来两期
	TobinsQ	F. TobinsQ	F2. TobinsQ	TobinsQ	F. TobinsQ	F2. TobinsQ	TobinsQ	F. TobinsQ	F2. TobinsQ
_cons	16.741***	18.849***	19.211***	24.283***	22.154***	13.073**	28.850***	26.853***	25.049***
	(7.30)	(7.18)	(6.76)	(5.82)	(4.83)	(2.07)	(3.24)	(2.99)	(2.97)
IND	YES	YES	YES	YES	YES	YES	YES	YES	YES
Year	YES	YES	YES	YES	YES	YES	YES	YES	YES
N	861	703	555	160	130	101	184	148	118
R^2	0.5255	0.5112	0.4932	0.7949	0.7266	0.6930	0.6834	0.7129	0.6927

注：*** 、** 、* 分别表示在1%、5%和10%水平上统计量显著。

从表10-18中的DTobinsQ回归结果可以看出，东部地区的当期、未来一期和未来两期的$FSSC_{i,t}$×After系数分别在1%、1%和10%的水平上显著为正，与全样本的结果一致。中部地区$FSSC_{i,t}$×After系数均不显著，西部地区仅在建成后未来一期的$FSSC_{i,t}$×After系数在5%的水平上显著为正，说明财务共享服务中心建成后对上市公司企业价值增长的促进作用在经济较为发达的东部地区和较为落后的西部地区比较显著，而对中部地区上市公司的影响并不显著。此外，中、西部地区$FSSC_{i,t}$×After系数对应的t值在建成当期、未来一期和未来两期仍然呈现先上升后下降的趋势，与全样本的结果一致。

从表10-19中的TobinsQ回归结果可以看出，东、中部地区当期的$FSSC_{i,t}$×After系数均在5%的水平上显著为负，而未来一期和未来两期的$FSSC_{i,t}$×After系数均不显著。西部地区当期和未来一期的$FSSC_{i,t}$×After系数分别在10%和5%的水平上显著为正，未来两期的系数不显著，同时所有地区对应的t值在建成当期、未来一期和未来两期不断变大。说明东、中部地区上市公司财务共享服务中心建成当期显著降低了其企业价值，而未来一期和未来两期没有这种影响，这可能是由于财务共享服务中心建成当期，上市公司投入大量资金、人力等资源，并且内部组织正处于变革调整的状态，因此其TobinsQ有所下降，但是经过一期时间的调整，这种负向的影响已经消失。而对于西部地区的上市公司，财务共享服务中心建成当期和未来一期都显著提高了其企业价值，在未来两期这种促进作用减弱。这可能是由于西部地区企业运营成本相对较低，建成财务共享服务中心当期所降低的成本远高于投入的成本。

第五节　小　　结

本章以 2008～2017 年沪深两市 A 股的上市公司为研究对象，实证检验财务共享服务中心对企业价值增长的影响，并进一步识别财务共享服务中心影响企业价值增长的渠道。实证结果表明：第一，上市公司财务共享服务中心在建成当期、未来一期和未来两期显著促进了企业价值的增长，这种促进作用在未来两期有所减弱，实证结果在更换替代变量、控制地区效应、延长数据年限、使用固定效应回归等情况下仍然稳健；第二，在 2013 年财政部明确发文表示支持集团企业建成财务共享服务中心前，财务共享服务中心并未对上市公司企业价值增长产生显著影响，而在之后，其对企业价值的增长影响显著；第三，上市公司财务共享服务中心建成当期和未来一期主要是通过降低成本和提高运营效率来实现这种促进作用，未来两期时，企业内部控制质量也得到了显著改善，持续促进企业价值的增长；第四，上市公司财务共享服务中心对企业价值的增长促进作用主要表现在非国有上市公司样本，国有上市公司样本企业价值增长无显著变化，而在政策发布后，国有上市公司的企业价值增长值在财务共享服务中心建成的未来一期也有所上升；第五，所有上市公司和国有上市公司的企业价值在建成财务共享服务中心前后无显著变化，而非国有上市公司在建成的未来两期企业价值有所上升；第六，上市公司财务共享服务中心对企业价值增长的促进作用在东、西部地区更为显著，中部地区没有显著的影响；第七，东、中部地区上市公司财务共享服务中心建成当期显著降低了其企业价值，而未来一期和未来两期没有这种影响。而对于西部地区的上市公司，财务共享服务中心建成当期和未来一期都显著提高了其企业价值，在未来两期这种促进作用减弱。

|第十一章|

结论和建议

第一节　结　　论

　　基于财务共享服务理论等诸多理论，以中国沪深 A 股上市公司为样本，构建理论分析框架，针对财务共享服务中心建立期选址的关键因素及其经济后果进行实证检验，针对财务共享服务中心运营期讨论了对企业内部控制、企业盈余质量、企业现金持有、商业信用融资及企业市场价值的影响，并进一步评估其服务质量，得出以下主要结论。

　　第一，财务共享服务中心选址的关键影响因素为人力资源、政府优惠政策、房产价格、与总部沟通的便利四个因素；而且所有制性质、行业性质、规模、地区不同，关键影响因素也会有所不同；选址在非一线城市的管理费用率、营业成本率相较于一线城市更低。

　　第二，上市公司建立财务共享服务中心后，可以显著改善企业的内部控制有效性。这种改善可以通过以下五个方面来实现，从而促进企业在合法合规目标、资产安全目标和经营效率目标方面的进一步提升。其一，财务共享服务中心有助于减少企业立案调查情况，从而降低了法律风险。其二，财务共享服务中心改善了企业的投资损益情况。其三，财务共享服务中心可以提高企业的总资产周转率。其四，财务共享服务中心有助于提高企业的净利润率。其五，财务共享服务中心促进了竞争优势的形成。此外，随着财务共享服务中心的运营时间的增长，企业的内部控制有效性也会逐步提升。

第三，上市公司建立财务共享服务中心后，有助于改善企业的盈余质量。尤其对于信息不对称程度较高和内部控制较差的企业而言，财务共享服务中心的建成对提升盈余质量的效果更加显著。此外，国有企业和受媒体监督程度较低的企业，财务共享服务中心的建成对改善盈余质量的作用更加明显。财务共享服务中心的建成能够通过影响企业的盈余质量来缓解企业的融资约束问题。然而，需要注意的是，财务共享服务中心并不能直接提高企业的投资效率。

第四，上市公司建立财务共享服务中心可以有效降低企业的现金持有水平。在这个过程中，产品市场竞争和市场化水平分别在财务共享服务中心与企业现金持有之间发挥负向和正向的调节作用。尤其是在国有企业中，财务共享服务中心对降低企业现金持有水平的影响更加显著。此外，财务共享服务中心的建立不仅可以降低现金持有水平，同时也能提升企业的价值。

第五，上市公司财务共享服务中心建成后显著提高了企业商业信用融资规模，这种正相关关系主要集中在内部控制质量低、供应商集中度高子样本中，即财务共享服务中心建立确能通过提高企业内部控制质量和降低企业供应商集中度的机制影响企业商业信用融资规模；财务共享服务中心对企业商业信用融资规模的促进作用主要表现在非国有企业、机构投资者持股比例低、参控股企业家数较多、董事网络程度中心度较低、经济政策不确定性高时期及货币政策紧缩时期子样本；此外，财务共享服务中心建成后通过提高企业商业信用融资规模还能进一步提高企业未来投资水平，改善企业经营绩效。

第六，财务共享服务中心与客户期望的服务之间存在一致性，一线服务人员能够有效传递所承诺的服务水平。尽管在财务共享服务中心感知客户期望服务和服务质量标准之间，以及服务质量标准与一线服务人员实际传递的服务水平之间存在差距，但客户仍然认可财务共享服务中心的服务质量。这表明客户对财务共享服务中心的服务质量有一定的容忍度。然而，这也提示财务共享服务中心在业务流程标准化和服务质量方面仍有改进的空间，尤其对于初期或快速发展阶段的财务共享服务中心。

第七，上市公司财务共享服务中心建成后促进了企业价值的增长，尤其是在 2013 年财政部明确发文表示支持集团企业建立财务共享服务中心之后。财务共享服务中心主要是通过减少成本、提高运营效率、内部控制质量持续促进企业价值的增长。财务共享服务中心对企业价值的增长促进作用主要表现在非国有上市公司样本，以及东、西部地区的企业样本。

第二节　建　　议

基于以上结论，可以得出以下建议。

第一，财务共享服务中心的选址应综合考虑人才质量、政府优惠政策、房产价格和与总部沟通的便利，提升财务共享服务中心的综合效益。重点关注当地人才储备和素质情况，预先评估运营成本，确保选址成本可承受，并确保与总部沟通便捷。此外，企业应加强新技术的研发与运用，降低选址带来的办公楼租金成本和沟通成本，通过智能支持系统和数智化技术提升工作效率和沟通流程，从而提高财务共享服务中心的综合效益。

第二，上市公司可以建立财务共享服务中心，通过减少企业立案调查情况、改善投资损益、提高资产周转率和净利润率、促进竞争优势形成等方式，改善企业合法合规目标、资产安全目标和经营效率目标的实现程度，进而提高内部控制有效性。在设计和规划财务共享服务中心时，集团企业应注重与内部控制目标的协同，确保财务共享服务中心与企业发展战略和财务战略相匹配。政府应加大对集团企业建立财务共享服务中心的支持力度，以促进企业内部控制有效性，减少错误和欺诈风险，并推动资本市场的健康发展。同时，鼓励上市公司财务共享服务中心采用数智化技术，如 RPA 和智能监控，以减少人为操作因素，确保财务报告的可靠性。

第三，上市公司尤其是国有企业和受媒体关注较多的企业可以建立财务共享服务中心，通过降低信息不对称程度和加强内部控制，进而改善企业盈余质量。政府部门应制定具体的政策和指南，新闻媒体则应有选择性地发挥监督作用，重点关注尚未建立财务共享服务中心的公司，这些举措将有助于促进企业盈余质量的改善，推动公司的健康发展。具体地，对于正在筹建或已建立财务共享服务中心的公司，除了解决成本和效率等问题外，还应重视公司治理标准、流程和制度的建设，确保整个集团信息的一致性、准确性、有效性和及时性，提高公司的盈余质量，进而缓解融资约束，促进健康经营。政府部门应进一步制定企业财务共享服务中心建立的条件、性质等具体政策和指南，并提升财务共享服务中心利好宣传的准确性，以提高政策的实施效果。新闻媒体应选择性地发挥监督和跟进作用，特别关注那些尚未建立财务共享服务中心的公司。作为非正式市场参与者，财经新闻媒体在资本市场上扮演着重要的信息传递角色。对于那些缺乏媒体监督的公司来说，财务共享服务中心的建立对改善盈余质量的作用更加显著。因此，媒体应更加关注这些公司，有选择性地发挥自身的监督作用，以推动财务共享服务中心的建立和优化。

第四，上市公司尤其是国有企业和高透明度的企业可以建立财务共享服务中心，通过整合和集中处理企业的资金流和信息流、优化内部资源配置效率等方式，降低代理成本和经营风险，从而降低现金持有水平。从公司治理的角度来看，选择财务共享服务中心作为治理机制，可以优化现金持有决策。国有集团公司应当充分利用财务共享服务中心进行科学有效的资金管理，以避免国有资产的流失。通过资金集中管理和技术应用，实时追踪集团内多种货币流动，改善分散低效的财务管理现状，提供基本的现金管理，并对企业整体现金流进行预测和规划，改善自由现金流管理，监控整个组织的现金和风险，并充分发挥监督和控制职能。

第五，上市公司尤其是债务融资能力较弱、银行贷款资源不充足的民营企业可以建立财务共享服务中心，通过提高企业内部控制质量和降低企业供应商集中度，提升企业商业信用融资规模，从而解决当前"融资难"的问题。在当前经济不确定性较高的环境中，上市公司建立财务共享服务中心可以提升商业信用融资规模，帮助企业应对重大突发事件导致收入下降和银行融资困难等挑战。商业信用融资作为一种便利、成本较低、限制条件较少的自然性融资方式，相对于其他筹资方式具有更大的选择空间。因此，已经建立了财务共享服务中心的公司应该认真规划资金用途，审慎考虑各项长短期投资项目，以充实营运资金并提升未来的投资水平，进一步改善公司的经营绩效。

第六，上市公司应通过改进服务质量管理、应用移动互联网技术、提升员工职业技能、改进服务质量考核内容和方式来持续改善财务共享服务中心的服务质量。首先，持续改进服务质量管理，建立全面质量管理循环，采用六西格玛等方法改进业务流程，并设立客户服务部门对服务质量进行对标。其次，应用移动互联网技术，实现随时随地的客户服务，通过线上线下业务整合和移动客户端建设提升服务质量。再次，提升员工职业技能，改善客户接触体验，建立员工教育和训练制度，并考虑将新员工放置在一线业务岗位一年以评估其业务处理能力，降低信息不对称带来的摩擦，并可定期进行员工与一线业务财务人员的轮岗。最后，改进服务质量考核内容和方式，激励员工主动提供精准的客户服务，通过修改考核内容和增加客户服务评估的方式来激励财务共享服务中心和员工更好地服务客户。这些举措有助于提升财务共享服务中心的服务质量，满足客户需求，并提供精准的服务传递。

第七，上市公司应积极尝试建立财务共享服务中心，并在建设过程中注重成本控制、资源整合和内部控制的优化，以提升企业的综合竞争力和价值创造能力。对于那些对财务共享服务中心持观望和怀疑态度的集团公司来说，应该尝试实施财务共享服务中心，以提高企业的价值创造能力为目标。在建设财务共享服务中心的过程中，公司应注重加强标准化分工，实现规模效应下的成本降低，并严格控制财务共享服务中心的建设和运营成本。同时，优化内部资源的整合配置，确保财务共享服务中心的工作效率。此外，科学重组内部组织架构，改善内部控制环境，提升经营效果，以支撑财务转型，并进一步提升企业的价值创造能力。在国有上市公司建立财务共享服务中心的过程中，应该引导其提供经典案例和经验总结，发挥标杆带头作用。国有上市公司应明确财务共享服务中心的战略定位，优化组织架构，合理进行人员分流和引进，最大限度地发挥财务共享服务中心的优势。同时，总结成功的运营经验，主动发挥标杆作用，为尚未建立或正在建立财务共享服务中心的非国有公司提供参考和指导。帮助非国有上市公司加快财务共享服务中心的建设进程，提供可借鉴的成功经验，根据自身业务特点和经营管理特色，尝试应用财务共享服务模式，促进公司整体价值的增长。

第三节　启　示

第一，政府相关部门如国资委和证券监管机构应积极鼓励上市公司建立财务共享服务中心，并要求这些公司披露财务共享服务中心的建立情况和运营情况。财务共享服务中心对企业各个方面产生重要影响，特别是在企业价值创造方面。证券监管机构可以要求上市公司披露是否已建立财务共享服务中心，以及该中心的运营情况，例如内部控制流程的变化、内部信息传递方式、现金持有状况等。这样的披露要求有助于政府、投资者、债权人和其他利益相关方更全面地了解企业的情况，便于投资者调整投资策略和政府进行监管。这种透明度和信息披露有助于促进投资者的决策和政府的监管工作。

第二，地方政府可以借助财务共享服务中心创造更为稳健的区域经济环境。财务共享服务中心不仅通过其资金管理系统将子分公司的现金资源与信息资源统一管理并统一配置，使企业资金数据更加快捷精准，而且实时穿透供应商、生产商、客户等信息，维度更加丰富，从而更好设计现金持有计划。政府在获取企业更为全面、准确的财务数据之后，整合分析企业经营、税务、水电、物流等数据，从而在宏观层面上对区域内企业的财务状况、现金持有进行更加准确的分析，采取更为有效的财政政策工具，支持企业发行债券和合并重组等，帮助处于迷茫中的企业渡过现金流动性管理的险区，从而保证整个区域经济的稳定。

第三，地方政府应当因势利导地推动所在地区财务共享的建设。财务共享服务中心具有降本增效、加强管控等诸多利好，且是支持企业现金管理的有效工具，但由于其搭建需要大量技术和人工投入，许多企业对于其建成还处于观望状态。因此，地方政府应当基于地区法律环境、社会信任和金融发展水平制定不同政策，对于地区法律环境、社会信任和金融发展水平较好的地区，可以采取宽松政策，推动建成财务共享服务中心；对于地区法律环境、社会信任和金融发展水平较低的地区，应当采取更为强硬的财务共享服务中心搭建政策，强制大型集团企业建成财务共享服务中心。

第四，地方政府可以根据自身的优势制定优惠政策，以吸引财务共享服务中心的入驻。财务共享服务中心对地方服务业的升级和促进服务业的增长具有积极影响。各地方政府可以根据地区的资源特点和企业需求，制定相应的优惠政策，并进行有效宣传，以吸引更多的财务共享服务中心在其地区建立。例如，在人力资源丰富且成本较低的城市如武汉，可以推出税收优惠和引才政策，以吸引财务共享服务中心入驻；而在人才素质较高的城市如北京、上海，可以利用高素质人才资源，提供高增值服务如流程外包和研发，吸引全球共享服务中心为亚太地区提供服务；而三、四线城市如珠海，则可以依托邻近的一线省会城市，充分利用成本低廉和交通便利等优势，吸引财务共享服务中心在该地驻扎。地方政府的这些举措有助于促进地方经济发展和服务业的提升。

第五，在筹建财务共享服务中心时，企业需要科学选择合适的位置。根据建立财务共享服务中心的目标，综合考虑以下关键因素进行选址：如果降低成本和提高效率是主要目标，那么选择人力成本和房产价格较低的地区，但也需要确保该地区有足够的人才满足财务共享服务中心的需求；如果提升服务质量是主要目标，那么应选择人才素质较高、人才储备充足的地区，以确保财务职能的高效运作，并能创新应用数智化技术；如果加强管控是主要目标，那么应将财务共享服务中心建立在与总部相近的地区，以便于与集团进行沟通和响应，并确保管控制度的有效实施。这样的选址决策对企业的发展和价值提升具有重要影响。

第六，初期运营的财务共享服务中心，应关注优化内部流程、提高服务质量和降低成本，其是财务共享服务中心成功落地的关键。在财务共享服务中心建设和运营初期，需要加快业务流程标准化的优化和完善，同时培养一线工作人员的服务思维，以提升服务质量并获得客户认可。即使公司发现财务共享服务中心在初期阶段的服务成本较高，也不应立即否定其价值，因为随着成熟度的提高，服务成本会逐步降低。同时，应尽快打破老旧的业务处理惯性，降低单据传送成本，以实现运营初期明显降低服务成本的目标，从而为财务共享服务中心的后期发展奠定良好的基础，并推动其进一步发展。

第七，企业在考虑是否建立财务共享服务中心时，应根据其实际情况做出选择，并明确建立的侧重点。根据企业性质的不同，国有上市公司建立财务共享服务中心后在改善企业盈余质量和降低现金持有水平方面发挥更为明显的作用，而非国有上市公司则在内部控制有效性和企业价值提升方面的作用较为明显。在考虑内部透明度和外部媒体监督时，对于高透明度的企业，财务共享服务中心建成后可以显著降低企业的现金持有水平，但对于低透明度的企业，这种作用不太明显。受到媒体监督程度较低的上市公司，财务共享服务中心能够显著改善企业的盈余质量。因此在内部环境透明度低、外部环境监督力度不够的企业中，建立财务共享服务中心的帮助更为显著。此外，财务共享服务中心建成后对于企业价值的提升在经济较为发达的东部地区和相对落后的西部地区都具有显著作用。在财务共享服务中心建设过程中，东部和西部地区的上市公司需要控制前期投入成本，明确财务共享服务中心与企业组织结构其他部分的权责关系，进行内部知识和技术培训，以实现业务的稳定过渡。

参考文献

［1］ ACCA. 2017 中国共享服务领域调研报告［R］. https：//cn. acca-global. com/insights/ c89/2017_GBS－89－729. Html，2017.

［2］ Accenture. 数字化颠覆：从被动到主动［R］. https：//mp. weixin. qq. com/s /0uxOdrHyy V38FJOGuVPzGA，2014.

［3］安同良，闻锐. 中国企业数字化转型对创新的影响机制及实证［J］. 现代经济探讨，2022（5）：1－14.

［4］边志强. 网络基础设施的溢出效应及作用机制研究［J］. 山西财经大学学报，2014，36（9）：72－80.

［5］薄仙慧，吴联生. 国有控股与机构投资者的治理效应：盈余管理视角［J］. 经济研究，2009，44（2）：81－91，160.

［6］Bryan Bergeron. 共享服务精要［M］. 北京：中国人民大学出版社，2004：1－187.

［7］蔡宇欣，任永平. 企业短期业绩预期对盈余管理的影响分析——基于中国 A 股市场的经验证据［J］. 上海大学学报（社会科学版），2016，33（2）：102－114.

［8］车德欣，戴美媛，吴非. 企业数字化转型对融资成本的影响与机制研究［J］. 金融监管研究，2021（12）：56－74.

［9］陈德球，李思飞，王丛. 政府质量、终极产权与公司现金持有［J］. 管理世界，2011（11）：127－141.

［10］陈汉文，张宜霞. 企业内部控制的有效性及其评价方法［J］. 审

计研究，2008（3）：48 - 54.

[11] 陈汉文，周中胜. 内部控制质量与企业债务融资成本 [J]. 南开管理评论，2014，17（3）：103 - 111.

[12] 陈汉文，黄轩昊. 中国上市公司内部控制指数：逻辑、构建与验证 [J]. 审计研究，2019（1）：55 - 63.

[13] 陈红，陈玉秀，杨燕雯. 表外负债与会计信息质量、商业信用——基于上市公司表外负债监察角度的实证研究 [J]. 南开管理评论，2014，17（1）：69 - 75.

[14] 陈虎，孙苗. 以共享服务为基础的创造价值的财务管理体系 [J]. 财务与会计（理财版），2011（7）：52 - 54.

[15] 陈虎，孙彦丛. 财务共享服务 [M]. 北京：中国财政经济出版社，2014.

[16] 陈虎. 基于共享服务的财务转型 [J]. 财务与会计，2016（21）：23 - 26.

[17] 陈克兢. 媒体监督、法治水平与上市公司盈余管理 [J]. 管理评论，2017，29（7）：3 - 18.

[18] 陈胜蓝，马慧. 贷款可获得性与公司商业信用——中国利率市场化改革的准自然实验证据 [J]. 管理世界，2018，34（11）：108 - 120，149.

[19] 陈宋生，董旌瑞，潘爽. 审计监管抑制盈余管理了吗？[J]. 审计与经济研究，2013，28（3）：10 - 20.

[20] 陈小鹏，谭阳波，周文彬. 财务共享服务中心服务满意度测评模型之构建 [J]. 财会月刊，2016（22）：27 - 30.

[21] 陈新巧. 财务共享服务中心选址的关键影响因素及经济后果研究 [D]. 湖北：华中师范大学，2019.

[22] 陈运森，王玉涛. 审计质量、交易成本与商业信用模式 [J]. 审计研究，2010（6）：77 - 85.

[23] 池国华，王志，杨金. EVA 考核提升了企业价值吗？——来自中国国有上市公司的经验证据 [J]. 会计研究，2013（11）：60 - 66，96.

[24] 池国华，郭芮佳，王会金. 政府审计能促进内部控制制度的完善

吗——基于中央企业控股上市公司的实证分析 ［J］．南开管理评论，2019，22（1）：31－41．

［25］褚剑，方军雄，秦璇．政府审计能促进国有企业创新吗？［J］．审计与经济研究，2018，33（6）：10－21．

［26］楚有为．激进战略与企业现金持有——预防性动机还是代理动机［J］．财经理论与实践，2019，40（1）：90－98．

［27］崔九九．党委参与治理、内部控制质量与国有企业绩效 ［J］．贵州财经大学学报，2021（4）：15－23．

［28］邓春梅，赵冲．基于多视角的国内外财务共享服务中心比较分析［J］．财务与会计，2018（17）：50－53．

［29］杜传忠，姜莹．数字技术对制造业创新效率的影响机制与效应研究 ［J］．湖南科技大学学报（社会科学版），2022，25（3）：71－82．

［30］杜剑，史艳敏，杨杨．柔性税收征管对企业价值的影响——基于研发投入的遮掩效应 ［J］．管理学刊，2021，34（3）：105－125．

［31］杜兴强，赖少娟，裴红梅．女性高管总能抑制盈余管理吗？——基于中国资本市场的经验证据 ［J］．会计研究，2017（1）：39－45，95．

［32］段培阳．财务共享服务中心的典型案例分析与研究 ［J］．金融会计，2009（9）：21－26．

［33］方红星，金玉娜．高质量内部控制能抑制盈余管理吗？——基于自愿性内部控制鉴证报告的经验研究 ［J］．会计研究，2011（8）：53－60，96．

［34］方红星，楚有为．公司战略与商业信用融资 ［J］．南开管理评论，2019，22（5）：142－154．

［35］冯明．经济政策不确定性、企业金融化与公司价值 ［J］．贵州财经大学学报，2022（2）：48－59．

［36］冯展斌．盈余质量、政治冲击与债务融资成本 ［J］．华东经济管理，2017，31（9）：45－52．

［37］付剑茹，王可．企业数字化发展何以促进创新 ［J］．产业经济评论，2022（5）：51－69．

［38］高明华，方芳．董事会治理和财务治理的作用效应——基于应计与真实活动盈余管理的实证检验［J］．经济与管理研究，2014（8）：108–119.

［39］高增亮，张俊瑞．国际金融危机、审计费用溢价与审计质量［J］．财经理论与实践，2019，40（2）：112–117.

［40］古朴，翟士运．监管不确定性与企业盈余质量——基于证监会换届的准自然实验［J］．管理世界，2020，36（12）：186–202.

［41］郭茜，王章莉，周莉．应收应付业务在财务共享服务中的管理变革［J］．财务与会计（理财版），2013（9）：17–19.

［42］郝翠红．我国东部三大经济带 FDI 区位选择差异因素的实证分析——基于环渤海、长三角、珠三角 10 个省份的面板数据［J］．天津经济，2014（5）：20–23.

［43］贺京同，范若滢．社会信任水平与企业现金持有——基于权衡理论的解读［J］．上海财经大学学报，2015，17（4）：30–41.

［44］何威风，陈莉萍，刘巍．业绩考核制度会影响企业盈余管理行为吗［J］．南开管理评论，2019，22（1）：17–30.

［45］何亚伟，徐虹．非整合审计可以提高盈余质量吗？——来自 PSM 的新证据［J］．南京审计大学学报，2020，17（2）：22–31.

［46］何彦军．中国电科集团财务管理信息化研究［D］．黑龙江：哈尔滨工业大学，2018.

［47］何瑛．企业财务流程再造新趋势：财务共享服务［J］．财会通讯，2010（6）：110–113.

［48］何瑛．基于云计算的公司集团财务流程再造的路径与方向［J］．管理世界，2013（4）：182–183.

［49］何瑛，周访．我国企业集团实施财务共享服务的关键因素的实证研究［J］．会计研究，2013（10）：59–66，97.

［50］何瑛，张大伟．管理者特质、负债融资与企业价值［J］．会计研究，2015（8）：65–72，97.

［51］侯青川，靳庆鲁，刘阳．放松卖空管制与公司现金价值——基于中国资本市场的准自然实验［J］．金融研究，2016（11）：112–127.

［52］侯锐，赵世峰，朱枫涛．财务共享服务在中国电信的实践［J］．财务与会计（理财版），2010（5）：41 – 43.

［53］胡靖．集团财务共享模式下风险管控的挑战及应对［J］．财务与会计，2016（8）：56.

［54］胡明霞，干胜道．生命周期效应、CEO 权力与内部控制质量——基于家族上市公司的经验证据［J］．会计研究，2018（3）：64 – 70.

［55］胡亚峰，冯科．金融发展、现金持有水平及其市场价值［J］．中央财经大学学报，2018（9）：34 – 45.

［56］黄波，王满．分析师跟踪影响了商业信用融资吗——基于我国上市公司的实证分析［J］．山西财经大学学报，2018，40（8）：42 – 55.

［57］黄大禹，谢获宝，孟祥瑜，等．数字化转型与企业价值——基于文本分析方法的经验证据［J］．经济学家，2021（12）：41 – 51.

［58］黄梅，夏新平．操纵性应计利润模型检测盈余管理能力的实证分析［J］．南开管理评论，2009，12（5）：136 – 143.

［59］黄庆华，杜舟，段万春，等．财务共享服务中心模式探究［J］．经济问题，2014（7）：108 – 112.

［60］黄肖琦，柴敏．新经济地理学视角下的 FDI 区位选择——基于中国省际面板数据的实证分析［J］．管理世界，2006（10）：7 – 13，26，171.

［61］汲昌霖，刘艺宁．经济政策不确定性、权属性质与企业研发投入——以新能源行业为例［J］．世界经济与政治论坛，2020（5）：154 – 172.

［62］吉瑞，陈震．产品市场竞争与企业现金持有水平［J］．财经问题研究，2020（9）：122 – 129.

［63］江海潮，张彬．中国地区竞争力，收入分配博弈与地区居民收入差距［J］．华南农业大学学报（社会科学版），2008（2）：27 – 37.

［64］江伟，曾业勤．金融发展、产权性质与商业信用的信号传递作用［J］．金融研究，2013（6）：89 – 103.

［65］姜付秀，黄继承．经理激励、负债与企业价值［J］．经济研究，2011，46（5）：46 – 60.

［66］姜付秀，蔡文婧，蔡欣妮，等．银行竞争的微观效应：来自融资

约束的经验证据 [J]. 经济研究, 2019, 54 (6): 72-88.

[67] 姜武希. 中国物流现状和应对方案 [J]. 科技创新导报, 2011 (9): 251-252.

[68] 姜亚琳, 陈茜, 吴应宇. 基于结构洞理论的财务共享服务中心信息渠道优化 [J]. 财会月刊, 2019 (13): 7-13.

[69] 姜一涵. 财务共享服务中心建立与会计信息透明度提升 [J]. 经济问题, 2022 (10): 120-129.

[70] 蒋含明. 市场潜能、要素价格扭曲与异质性企业选址——来自于中国微观企业的经验证据 [J]. 产业经济研究, 2015 (4): 51-59.

[71] 金灿灿, 王竹泉, 王海龙. 财务共享模式下企业营运资金管理绩效研究——基于海尔集团 2007~2014 年的纵向案例 [J]. 财会通讯, 2017 (2): 98-103, 129.

[72] 柯明. 财务共享管控服务模式的探讨 [J]. 会计之友 (上旬刊), 2008 (12): 60-62.

[73] 兰君. 财务共享服务中心对企业现金持有的影响研究 [D]. 武汉: 华中师范大学, 2021.

[74] 赖黎, 唐芸茜, 夏晓兰, 等. 董事高管责任保险降低了企业风险吗?——基于短贷长投和信贷获取的视角 [J]. 管理世界, 2019, 35 (10): 160-171.

[75] 黎文靖, 严嘉怡. 谁利用了内部资本市场: 企业集团化程度与现金持有 [J]. 中国工业经济, 2021 (6): 137-154.

[76] 李百兴, 王博, 卿小权. 企业社会责任履行、媒体监督与财务绩效研究——基于 A 股重污染行业的经验数据 [J]. 会计研究, 2018 (7): 64-71.

[77] 李春涛, 赵磊, 余金馨. 走马观花 VS. 明察秋毫: 机构调研与企业盈余管理 [J]. 财经问题研究, 2018 (5): 52-60.

[78] 李慧云, 符少燕, 高鹏. 媒体关注、碳信息披露与企业价值 [J]. 统计研究, 2016, 33 (9): 63-69.

[79] 李健, 崔雪, 陈传明. 家族企业并购商誉、风险承担水平与创新

投入——基于信号传递理论的研究［J］. 南开管理评论，2022，25（1）：135－146.

［80］李九斤，叶雨晴，徐畅. 盈余质量、风险投资与企业绩效——基于深交所2009——2012年创业板IPO公司经验数据［J］. 西安财经学院学报，2016，29（4）：93－100.

［81］李栗. 财务共享服务中心、内部控制和债务融资成本［D］. 湖北：华中师范大学，2020.

［82］李立成，付梦然，李彦庆. 企业集团财务共享服务中心效益研究［J］. 财会月刊，2020（7）：24－29.

［83］李倩，吴昊，郭梦婷，等. 媒体情绪与公司风险承担关系研究——基于媒体情绪的"掩饰"效应［J］. 中央财经大学学报，2022（2）：65－77.

［84］李清，闫世刚. 公司治理对内部控制指数的影响研究［J］. 吉林大学社会科学学报，2020，60（6）：167－178，235.

［85］李荣锦，雷婷婷. 盈余质量、股权集中度、企业性质与资本结构动态调整——来源于房地产上市公司的数据［J］. 南京审计大学学报，2019，16（3）：82－91.

［86］李瑞敬，党素婷，李百兴，等. CEO的信息技术背景与企业内部控制质量［J］. 审计研究，2022（1）：118－128.

［87］李卫兵，张凯霞. 空气污染对企业生产率的影响——来自中国工业企业的证据［J］. 管理世界，2019，35（10）：95－112，119.

［88］李闻一，刘东进. 大土木行业财务管理模式创新与案例研讨——中交二航局财务共享服务中心服务的实践［J］. 财会月刊，2015（4）：16－25.

［89］李闻一，朱媛媛，刘梅玲. 财务共享服务中心服务质量研究［J］. 会计研究，2017（4）：59－65，96.

［90］李闻一，徐庆东，陈新巧. 国有、跨国、私营企业财务共享服务对标调查评析［J］. 财会月刊，2018（3）：115－125.

［91］李闻一，高康，冯仕聪，等. 财务共享服务中心之PEST分析

[J]. 财会月刊, 2018 (11): 36 - 39.

[92] 李闻一, 刘姣, 卢文. 财务共享服务中心建设的回顾、趋势与建议 [J]. 会计之友, 2020 (9): 14 - 20.

[93] 李闻一, 刘勤, 范文林, 等. 智能财务赋能经济高质量发展——第十九届全国会计信息化学术年会主要观点综述 [J]. 会计研究, 2020 (11): 187 - 189.

[94] 李闻一, 潘珺. 财务共享服务中心与公司商业信用融资——基于异时 DID 模型研究 [J]. 华中师范大学学报 (人文社会科学版), 2021, 60 (04): 59 - 72.

[95] 李心愉, 赵景涛, 段志明. 盈余管理行为与股票定价——基于中国 A 股市场的检验 [J]. 金融论坛, 2018, 23 (3): 66 - 80.

[96] 李艳平. 企业地位、供应链关系型交易与商业信用融资 [J]. 财经论丛, 2017 (4): 47 - 54.

[97] 李志斌. 市场化进程、实际控制人与内部控制有效性——来自我国上市公司的经验证据 [J]. 财经科学, 2013 (6): 63 - 70.

[98] 连玉君, 程建. 不同成长机会下资本结构与经营绩效之关系研究 [J]. 当代经济科学, 2006 (2): 97 - 103, 128.

[99] 林爱梅, 杨丹. 商誉减值、股票流动性与企业价值 [J]. 中国矿业大学学报 (社会科学版), 2022, 24 (3): 145 - 160.

[100] 林长泉, 毛新述, 刘凯璇. 董秘性别与信息披露质量——来自沪深 A 股市场的经验证据 [J]. 金融研究, 2016 (9): 193 - 206.

[101] 林钟高, 邱悦旻. 审计约谈有效吗?——基于企业内部控制质量的实证检验 [J]. 财经理论与实践, 2019, 40 (2): 99 - 105.

[102] 刘桂春, 叶陈刚, 邹亚生. 审计质量、产权性质与内部控制——基于中国上市公司的经验证据 [J]. 北京工商大学学报 (社会科学版), 2013, 28 (5): 70 - 76.

[103] 刘国庆, 黎美媚, 刘海燕. 企业财务集中管理模式研究 [J]. 会计之友, 2012 (12): 23 - 25.

[104] 刘慧龙, 王成方, 吴联生. 决策权配置、盈余管理与投资效率

［J］．经济研究，2014，49（8）：93-106.

［105］刘建秋，盛梦雅．战略性社会责任与企业可持续竞争优势［J］．经济与管理评论，2017，33（1）：36-49.

［106］刘姣，财务共享服务中心和公司盈余质量——基于沪深A股上市公司的经验证据［D］．湖北：华中师范大学，2022.

［107］刘俊勇，韩琦，杨笑玉．DD集团建立财务共享服务中心的实践与启示［J］．财务与会计，2015（6）：32-35.

［108］刘梅玲，黄虎，佟成生，等．智能财务的基本框架与建设思路研究［J］．会计研究，2020（3）：179-192.

［109］刘启亮，罗乐，何威风，等．产权性质、制度环境与内部控制［J］．会计研究，2012（3）：52-61，95.

［110］刘启亮，罗乐，张雅曼，等．高管集权、内部控制与会计信息质量［J］．南开管理评论，2013，16（1）：15-23.

［111］刘瑞明，赵仁杰．国家高新区推动了地区经济发展吗？——基于双重差分方法的验证［J］．管理世界，2015（8）：30-38.

［112］刘维奇，李建莹．媒体热议度能有效降低股价暴跌风险吗？——基于公司透明度调节作用的研究［J］．中国管理科学，2019，27（11）：39-49.

［113］刘西国，赵莹，李丽华．政府审计、内部控制与企业创新［J］．南京审计大学学报，2020，17（5）：20-28.

［114］刘行，赵晓阳．最低工资标准的上涨是否会加剧企业避税？［J］．经济研究，2019，54（10）：121-135.

［115］刘娅，干胜道．财务共享、内部控制质量与企业绩效［J］．财经问题研究，2021（5）：93-101.

［116］刘义鹍，郑文强．基于融资成本视角的盈余质量对投资效率影响研究［J］．财会通讯，2017（15）：102-107.

［117］刘正模，朱静，张璐瑶．基于价值增值的财务共享服务模式——来自毕节烟草商业的管理实践［J］．会计之友，2018（11）：154-158.

［118］柳学信，李胡扬，孔晓旭．党组织治理对企业ESG表现的影响研究［J］．财经论丛，2022（1）：100-112.

[119] 卢盛峰，陈思霞．政府偏袒缓解了企业融资约束吗？——来自中国的准自然实验［J］．管理世界，2017（5）：51-65，187-188.

[120] 卢太平，张东旭．融资需求、融资约束与盈余管理［J］．会计研究，2014（1）：35-41，94.

[121] 卢文彬，官峰，张佩佩，等．媒体曝光度、信息披露环境与权益资本成本［J］．会计研究，2014（12）：66-71，96.

[122] 逯东，王运陈，付鹏．CEO激励提高了内部控制有效性吗？——来自国有上市公司的经验证据［J］．会计研究，2014（6）：66-72，97.

[123] 陆建桥．中国亏损上市公司盈余管理实证研究［J］．会计研究，1999（9）：25-35.

[124] 陆正飞，杨德明．商业信用：替代性融资，还是买方市场？［J］．管理世界，2011（4）：6-14，45.

[125] 罗栋心，陆正飞，伍利娜．"退而不休"的独立董事发挥余热了吗？——审计委员会中退休独立董事对盈余质量的影响研究［J］．会计与经济研究，2020，34（1）：3-20.

[126] 吕劲松．关于中小企业融资难、融资贵问题的思考［J］．金融研究，2015（11）：115-123.

[127] 马桂芬．股权激励、内部控制有效性与企业创新绩效［J］．会计之友，2020（11）：59-65.

[128] 马健，李连军．企业财务共享模式的经济后果研究［J］．现代经济探讨，2020（2）：50-57.

[129] 马黎珺，张敏，伊志宏．供应商—客户关系会影响企业的商业信用吗——基于中国上市公司的实证检验［J］．经济理论与经济管理，2016（2）：98-112.

[130] 马瑞光，温军．高管持股促进了企业创新吗？——基于2005-2017年上市公司的经验证据［J］．人文杂志，2019（11）：74-84.

[131] 马壮，李延喜，王云，等．媒体监督、异常审计费用与企业盈余管理［J］．管理评论，2018，30（4）：219-234.

[132] 梅洁，张明泽．基金主导了机构投资者对上市公司盈余管理的治理

作用？——基于内生性视角的考察［J］．会计研究，2016（4）：55－60，96.

　　［133］孟庆斌，李昕宇，张鹏．员工持股计划能够促进企业创新吗？——基于企业员工视角的经验证据［J］．管理世界，2019，35（11）：209－228.

　　［134］莫冬燕．媒体关注：市场监督还是市场压力——基于企业盈余管理行为的研究［J］．宏观经济研究，2015（11）：106－118.

　　［135］南晓莉，杨智伟．多元化经营、代理冲突与公司现金持有水平［J］．山西财经大学学报，2016，38（1）：112－124.

　　［136］牛殿峰，邝素清，朱华建．关于电网企业实施财务共享服务中心的思考［J］．财务与会计，2013（12）：22－23.

　　［137］牛冬梅．盈余质量、分析师与股票价格暴跌风险［J］．当代经济科学，2014，36（4）：94－100，127－128.

　　［138］欧阳筱萌．会计信息化背景下的财务共享模式探析［J］．财务与会计，2014（4）：55－57.

　　［139］潘红波，高金辉．数字化转型与企业创新——基于中国上市公司年报的经验证据［J］．中南大学学报（社会科学版），2022，28（5）：107－121.

　　［140］潘泽清．国有资本投资运营公司财务共享服务中心的构建［J］．财政科学，2021（11）：101－107.

　　［141］彭涛，黄福广，孙凌霞．经济政策不确定性与风险承担：基于风险投资的证据［J］．管理科学学报，2021，24（3）：98－114.

　　［142］彭俞超，黄志刚．经济"脱实向虚"的成因与治理：理解十九大金融体制改革［J］．世界经济，2018，41（9）：3－25.

　　［143］戚聿东，张任之．金融资产配置对企业价值影响的实证研究［J］．财贸经济，2018，39（5）：38－52.

　　［144］乔朋华，谢红，张莹．双元创新对企业价值的影响：领导者调节焦点的调节作用［J］．科技进步与对策，2022，39（7）：93－102.

　　［145］饶品贵，姜国华．货币政策对银行信贷与商业信用互动关系影响研究［J］．经济研究，2013，48（1）：68－82，150.

［146］申慧慧，于鹏，吴联生．国有股权、环境不确定性与投资效率［J］．经济研究，2012，47（7）：113－126.

［147］申毅，阮青松．薪酬管制对企业盈余管理影响的研究——基于应计及真实盈余管理的检验［J］．经济经纬，2017，34（6）：105－110.

［148］施新政，高文静，陆瑶，等．资本市场配置效率与劳动收入份额——来自股权分置改革的证据［J］．经济研究，2019，54（12）：21－37.

［149］史学智，阳镇．企业金融化与企业创新——基于产业政策视角的重新审视［J］．科研管理，2021，42（4）：147－157.

［150］宋美丽．城乡居民人力资本投资的比较研究［J］．技术经济与管理研究，2010（S1）：140－144.

［151］苏柯，张超林，刘可．金融发展、融资约束与公司流动性——来自中国上市公司的经验证据［J］．经济问题，2014（8）：59－64.

［152］苏坤，张俊瑞，杨淑娥．终极控制权、法律环境与公司财务风险——来自我国民营上市公司的证据［J］．当代经济科学，2010，32（5）：80－87，127.

［153］孙光国，刘爽，赵健宇．大股东控制、机构投资者持股与盈余管理［J］．南开管理评论，2015，18（5）：75－84.

［154］孙建秀．交通集团企业财务共享服务中心构建探究——以山西交通控股集团为例［J］．会计之友，2021，666（18）：32－37.

［155］孙健，王百强，曹丰，等．公司战略影响盈余管理吗？［J］．管理世界，2016（3）：160－169.

［156］孙兰兰，翟士运，王竹泉．供应商关系、社会信任与商业信用融资效应［J］．软科学，2017，31（2）：71－74.

［157］孙浦阳，李飞跃，顾凌骏．商业信用能否成为企业有效的融资渠道——基于投资视角的分析［J］．经济学（季刊），2014，13（4）：1637－1652.

［158］孙雪娇，翟淑萍，甦叶．CFO兼任董事能抑制企业极端避税行为吗？［J］．中南财经政法大学学报，2021（1）：67－76，160.

［159］孙曌君．财务共享服务中心的内部控制体系构建［D］．北京：

首都经济贸易大学，2017.

［160］谭伟强. 商业信用：基于企业融资动机的实证研究［J］. 南方经济，2006（12）：50 - 60.

［161］唐建荣. 企业财务共享服务中心机器人流程自动化应用研究［J］. 财会通讯，2020（12）：164 - 168.

［162］唐勇. 财务共享服务的"四问四六"建设管理模式构想［J］. 财会月刊，2016（25）：16 - 20.

［163］田高良，陈虎，孙彦丛，等."大智移云物"背景下的财务转型研究［J］. 财会月刊，2019（20）：3 - 7.

［164］田素华，杨烨超. FDI 进入中国区位变动的决定因素：基于 D - G 模型的经验研究［J］. 世界经济，2012，35（11）：59 - 87.

［165］田雪丰，徐成凯，田昆儒. 资本市场开放与公司内部控制质量——基于"沪港通"的证据［J］. 南京审计大学学报，2021，18（6）：51 - 60.

［166］王兵，鲍圣婴，阚京华. 国家审计能抑制国有企业过度投资吗？［J］. 会计研究，2017（9）：83 - 89，97.

［167］王道兵. 财务共享服务在 A 企业的实践探讨［J］. 财务与会计，2016（21）：34 - 36.

［168］王德宇. 财务共享服务与企业管理研究［J］. 山东社会科学，2015（5）：160 - 163.

［169］王凡林，郭宇航. 业财融合对会计信息质量的影响——基于年报文本分析的经验证据［J］. 财会月刊，2023，44（5）：60 - 68.

［170］王福胜，宋海旭. 终极控制人、多元化战略与现金持有水平［J］. 管理世界，2012（7）：124 - 136，169.

［171］王桂花. 会计稳健性、企业投资效率与企业价值——来自中国上市公司的经验证据［J］. 山西财经大学学报，2015，37（4）：115 - 124.

［172］王慧，夏天添，马勇，等. 中小企业数字化转型如何提升创新效率？——基于经验取样法的调查［J］. 科技管理研究，2021，41（18）：168 - 174.

［173］王佳，张林．盈余信息质量对企业创新的影响研究——基于债务异质性的中介效应检验［J］．商业研究，2020（6）：135 – 143.

［174］王美英，曾昌礼，刘芳．国家审计、国有企业内部治理与风险承担研究［J］．审计研究，2019（5）：15 – 22.

［175］王守海，徐晓彤，刘烨炜．企业数字化转型会降低债务违约风险吗？［J］．证券市场导报，2022（4）：45 – 56.

［176］王晓珂，王艳艳，于李胜，等．审计师个人经验与审计质量［J］．会计研究，2016（9）：75 – 81.

［177］王雅，刘希成．会计盈余、经济增加值与企业价值相关性——来自中国上市公司的经验证据［J］．现代管理科学，2010（10）：117 – 119.

［178］王雁．建筑施工企业财务共享服务中心问题探究［J］．山西财经大学学报，2018，40（S2）：49 – 50.

［179］王莹，董付堂．数字经济时代集团化公司财务转型的一些做法［J］．财务与会计，2019，588（12）：81 – 82.

［180］王莹，刘建江，熊智桥．数字经济对企业现金持有水平影响研究——基于"宽带中国战略"的准自然实验［J］．财经理论与实践，2022，43（3）：96 – 103.

［181］王运运，胡本源．财务共享服务中心建设流程探究［J］．财会月刊，2017（1）：34 – 37.

［182］韦浪，宋浩．国有股权参股对民营企业现金持有的影响研究［J］．财经科学，2020（9）：28 – 39.

［183］韦庄禹．数字经济发展对制造业企业资源配置效率的影响研究［J］．数量经济技术经济研究，2022，39（3）：66 – 85.

［184］魏明海，岳勇坚，雷倩华．盈余质量与交易成本［J］．会计研究，2013（3）：36 – 42，95.

［185］温倩，余林昕．现金持有、风险投资支持与企业价值［J］．统计与决策，2020，36（24）：151 – 155.

［186］邬贺铨．大数据时代的机遇与挑战［J］．信息安全与通信保密，2013，231（3）：9 – 10.

［187］吴海民，吴淑娟，陈辉．城市文明、交易成本与企业"第四利润源"——基于全国文明城市与民营上市公司核匹配倍差法的证据［J］．中国工业经济，2015（7）：114 - 129.

［188］吴红军，吴世农．股权制衡、大股东掏空与企业价值［J］．经济管理，2009，31（3）：44 - 52.

［189］吴联生．国有股权、税收优惠与公司税负［J］．经济研究，2009，44（10）：109 - 120.

［190］吴秋生，刘沛．企业文化对内部控制有效性影响的实证研究——基于丹尼森企业文化模型的问卷调查［J］．经济问题，2015（7）：106 - 114.

［191］吴勇，林悦．非平衡面板数据模型的估计方法及应用［J］．统计与决策，2013（8）：76 - 78.

［192］冼依婷，赵兴楣．盈余管理程度、现金股利与非效率投资［J］．统计与决策，2020，36（24）：170 - 174.

［193］肖作平．公司特征对公司现金持有量的影响研究——来自中国上市公司的经验证据［J］．证券市场导报，2008（11）：52 - 59.

［194］谢德仁，崔宸瑜，汤晓燕．业绩型股权激励下的业绩达标动机和真实盈余管理［J］．南开管理评论，2018，21（1）：159 - 171.

［195］谢获宝，黄大禹．会计信息透明度，会计稳健性与上市公司价值关系的实证研究［J］．预测，2021，40（4）：88 - 94.

［196］谢琨，张正銮．企业数字化、政府补贴与企业技术创新投入［J］．哈尔滨商业大学学报（社会科学版），2022（3）：57 - 64.

［197］谢志华，姜锡明，程恺之．公司财务管理目标的本质：价值共生和价值共享［J］．财务研究，2022（2）：3 - 13.

［198］熊正德，顾晓青．财务柔性、投资效率与企业价值——基于数字创意产业上市公司的经验证据［J］．中国流通经济，2022，36（1）：80 - 91.

［199］徐晨阳，王满，沙秀娟，等．财务共享、供应链管理与业财融合——中国会计学会管理会计专业委员会2017年度专题研讨会［J］．会计研究，2017（11）：93 - 95.

[200] 徐晨阳. 存款利率市场化改革与企业资金配置效率——基于现金持有的视角 [J]. 中国软科学, 2020 (8): 184 - 192.

[201] 许汉友, 姜亚琳, 徐香. 基于 DEA 的我国集团公司财务共享服务实施效率研究 [J]. 审计与经济研究, 2017, 32 (5): 74 - 84.

[202] 许汉友, 韦希. 财务共享实施能降低企业的财务风险吗? [J]. 财会通讯, 2021 (4): 92 - 97.

[203] 许年行, 李哲. 高管贫困经历与企业慈善捐赠 [J]. 经济研究, 2016, 51 (12): 133 - 146.

[204] 许致维, 李少育, 彭维瀚. 会计信息质量与企业的商业信用融资——基于未解释审计费用度量的实证研究 [J]. 经济与管理研究, 2017, 38 (8): 124 - 135.

[205] 薛光, 王丽丛, 李延喜. 盈余质量、高管集权与企业投资效率——面板数据固定效应模型的分析 [J]. 现代财经 (天津财经大学学报), 2016, 36 (2): 87 - 100.

[206] 杨柏贞. 关于国有企业集团财务共享服务中心建设的思考 [J]. 企业导报, 2013 (20): 86 - 88.

[207] 杨俊杰, 曹国华. CEO 声誉、盈余管理与投资效率 [J]. 软科学, 2016, 30 (11): 71 - 75.

[208] 杨棉之, 刘洋. 盈余质量、外部监督与股价崩盘风险——来自中国上市公司的经验证据 [J]. 财贸研究, 2016, 27 (5): 147 - 156.

[209] 杨水利, 陈娜, 李雷. 数字化转型与企业创新效率——来自中国制造业上市公司的经验证据 [J]. 运筹与管理, 2022, 31 (5): 169 - 176.

[210] 杨兴全, 张丽平, 吴昊旻. 市场化进程、管理层权力与公司现金持有 [J]. 南开管理评论, 2014, 17 (2): 34 - 45.

[211] 杨兴全, 赵锐. 连锁股东如何影响企业现金持有? [J]. 会计与经济研究, 2022, 36 (2): 3 - 21.

[212] 杨寅, 刘勤. 企业财务转型与价值创造影响因素分析——基于力场模型视角的财务共享服务中心多案例研究 [J]. 会计研究, 2020 (7): 23 - 37.

［213］杨有红．质量效益型增长方式、企业创新与财务管理转型［J］．北京工商大学学报（社会科学版），2021，36（6）：53－63．

［214］姚丹靖，金颖，汪雅琼，等．财务共享服务中心模式下的内控深化建设与实施应用［J］．华东电力，2014，42（9）：1902－1906．

［215］姚耀军，董钢锋．中小企业融资约束缓解：金融发展水平重要抑或金融结构重要？——来自中小企业板上市公司的经验证据［J］．金融研究，2015（4）：148－161．

［216］叶永卫，云锋．利率市场化如何影响企业的现金持有行为［J］．中国经济问题，2021（3）：145－159．

［217］殷杰，尹占娥，许世远，等．灾害风险理论与风险管理方法研究［J］．灾害学，2009，24（2）：7－11．

［218］殷群，田玉秀．数字化转型影响高技术产业创新效率的机制［J］．中国科技论坛，2021（3）：103－112．

［219］于波，王威，霍永强．媒体报道、内部控制与商业信用融资——基于内外部协同治理机制检验［J］．南方金融，2021（9）：44－56．

［220］于连超，张卫国，毕茜．盈余信息质量影响企业创新吗？［J］．现代财经（天津财经大学学报），2018，38（12）：128－145．

［221］于忠泊，田高良，齐保垒，等．媒体关注的公司治理机制——基于盈余管理视角的考察［J］．管理世界，2011（9）：127－140．

［222］余明桂，钟慧洁，范蕊．业绩考核制度可以促进央企创新吗？［J］．经济研究，2016，51（12）：104－117．

［223］袁广达，裘元震．公司环境风险管控的财务共享平台研究——基于重污染公司财务战略的思考［J］．会计之友，2019（6）：44－50．

［224］袁蓉丽，陈黎明，文雯．上市公司内部控制审计报告自愿披露的经济效果研究——基于倾向评分匹配法和双重差分法的分析［J］．经济理论与经济管理，2014（6）：71－83．

［225］曾春华，闫明．产融结合战略与企业现金持有水平——基于企业持股非上市金融机构的经验证据［J］．金融论坛，2021，26（6）：71－80．

［226］曾敏，李常青，李宇坤．国有资本参股何以影响民营企业现金持

有？——基于合作优势和竞争制衡的双重视角［J］.经济管理，2022，44
（4）：134-152.

［227］翟慎瀛.ZCL集团公司财务共享服务中心建设路径［J］.财务与
会计，2020（10）：80-81.

［228］翟胜宝，邹民，唐玮.融资需求、银行关联与真实盈余管理——
来自A股市场的经验证据［J］.财经问题研究，2015（7）：66-72.

［229］翟胜宝，聂小娟，童丽静，等.竞争战略、企业生命周期和企业
价值［J］.系统工程理论与实践，2021，41（4）：846-860.

［230］翟淑萍，白冠男，白素文.企业战略定位影响现金持有策略吗？
［J］.中央财经大学学报，2019（5）：62-73.

［231］张纯，曾爱民.管理层持股对企业价值的影响——基于金融危机
冲击视角［J］.求索，2014（6）：114-119.

［232］张高峰，吕巍，张颖.服务共享中心——超越集权化的组织模式
［J］.企业研究，2003（3）：74-75.

［233］张国清，马威伟.强制性、自愿性财务报告内部控制审计提高了
公司内部控制质量吗？［J］.会计研究，2020（7）：131-143.

［234］张海燕，朱文静.股权特征、社会责任与企业价值的关系测度
［J］.企业经济，2018，37（5）：49-55.

［235］张会丽，吴有红.内部控制、现金持有及经济后果［J］.会计研
究，2014（3）：71-78，96.

［236］张吉昌，龙静.数字化转型、动态能力与企业创新绩效——来自
高新技术上市企业的经验证据［J］.经济与管理，2022，36（3）：74-83.

［237］张继德，纪佃波，孙永波.企业内部控制有效性影响因素的实证
研究［J］.管理世界，2013（8）：179-180.

［238］张霁若，杨金凤.公司战略对内部控制缺陷信息披露的影响研究
［J］.会计研究，2020（6）：171-180.

［239］张钦宇.企业集团财务共享服务中心构建与运用——以北京汽车
集团为例［J］.财会通讯，2018（17）：86-90.

［240］张庆龙.财务共享服务中心的优势及局限性［J］.中国注册会计

师，2017（11）：114－116.

［241］张瑞琛，温磊，宋敏丽，等. 减税降费、企业金融化和企业价值创造［J］. 经济问题，2022（8）：79－85.

［242］张瑞君，陈虎，胡耀光，等. 财务共享服务模式研究及实践［J］. 管理案例研究与评论，2008（3）：19－27.

［243］张瑞君，张永冀. 构建财务共享服务模式的策略［J］. 财务与会计，2008（13）：60－61.

［244］张瑞君，陈虎，张永冀. 公司集团财务共享服务的流程再造关键因素研究——基于中兴通讯集团管理实践［J］. 会计研究，2010（7）：57－64，96.

［245］张天舒，陈信元，黄俊. 政治关联、风险资本投资与企业绩效［J］. 南开管理评论，2015，18（5）：18－27.

［246］张伟华，毛新述，刘凯璇. 利率市场化改革降低了上市公司债务融资成本吗？［J］. 金融研究，2018（10）：106－122.

［247］张先美，张春怡，蔡晓珺. 上市公司内部控制有效性的影响因素——来自沪市 A 股上市公司的证据［J］. 经济与管理研究，2013（8）：66－73.

［248］张先治，戴文涛. 公司治理结构对内部控制影响程度的实证分析［J］. 财经问题研究，2010（7）：89－95.

［249］章卫东. 定向增发新股与盈余管理——来自中国证券市场的经验证据［J］. 管理世界，2010（1）：54－63，73.

［250］赵纯祥，杨快. 货币政策、银行监督与企业盈余管理［J］. 经济经纬，2019，36（3）：102－109.

［251］赵卫斌. 政策不确定性、融资约束与企业现金持有动态调整［J］. 统计与决策，2022，38（10）：167－170.

［252］郑建明，孙诗璐，靳小锋. 盈余质量、CEO 背景特征与股价崩盘风险［J］. 财经问题研究，2018（12）：82－89.

［253］郑军，林钟高，彭琳. 高质量的内部控制能增加商业信用融资吗？——基于货币政策变更视角的检验［J］. 会计研究，2013（6）：62－

68，96.

[254] 支晓强，周艳坤. 媒体报道语调与公司超额现金持有 [J]. 厦门大学学报（哲学社会科学版），2021（5）：118－131.

[255] 钟凯，梁鹏，彭雯. 货币政策不确定性与企业现金持有——现金股利视角的新解释 [J]. 科学决策，2021（8）：38－54.

[256] 周春梅. 盈余质量对资本配置效率的影响及作用机理 [J]. 南开管理评论，2009，12（5）：109－117.

[257] 周泰云，邢斐，李根丽. 机构交叉持股与企业金融化：促进还是抑制 [J]. 现代财经（天津财经大学学报），2021，41（12）：33－48.

[258] 周泰云，邢斐，姚刚. 机构交叉持股对企业价值的影响 [J]. 证券市场导报，2021（2）：30－40.

[259] 周文辉，王鹏程，杨苗. 数字化赋能促进大规模定制技术创新 [J]. 科学学研究，2018，36（8）：1516－1523.

[260] 周晓苏，陈沉，杜萌. 融资需求、企业生命周期与盈余管理——基于非金融行业 A 股的经验证据 [J]. 山西财经大学学报，2016，38（9）：25－38.

[261] 朱大鹏，陈鑫. 房产价格，家庭财富再分配与货币政策有效性——基于动态随机一般均衡模型的分析 [J]. 南方金融，2017，1（5）：18－36.

[262] 朱建明，郝奕博，宋彪. 基于区块链的财务共享模式及其效益分析 [J]. 经济问题，2019（10）：113－120.

[263] 朱荣恩，应唯，吴承刚，等. 关于企业内部会计控制应用效果的问卷调查 [J]. 会计研究，2004（10）：19－24.

[264] 朱武祥，张平，李鹏飞，等. 疫情冲击下中小微企业困境与政策效率提升——基于两次全国问卷调查的分析 [J]. 管理世界，2020，36（4）：13－26.

[265] 朱秀梅，林晓玥，王天东. 企业数字化转型战略与能力对产品服务系统的影响研究 [J]. 外国经济与管理，2022，44（4）：137－152.

[266] 朱志标. 盈余信息质量、债务期限结构与投资效率 [J]. 商业研

究，2016（12）：24 - 33.

［267］宗文娟，王伯伦. 基于业财融合的企业财务共享模式研究——以华为为例［J］. 财会通讯，2020（12）：173 - 176.

［268］邹萍. 会计盈余质量与资本结构动态调整［J］. 中南财经政法大学学报，2014（3）：115 - 122，159 - 160.

［269］Accenture. Location Strategy：Expanding Shared Services Location Alternatives in Latin America［R］. www. accenture. com/sharedservicesgcc，2014：1 - 5.

［270］Almeida H，Campello M，Weisbach M S. The cash flow sensitivity of cash［J］. The Journal of Finance，2004，59（4）：1777 - 1804.

［271］Alvarez R，De Gregorio J. Understanding differences in growth performance in Latin America and developing countries between the Asian and the global financial crises［J］. IMF Economic Review，2014，62（4）：494 - 525.

［272］Amiruddin，R. ，Aman，A. ，Hamzah，N. ，et al. Mitigating risks in a shared service relationship：The case of a Malaysian bank［J］. Qualitative Research in Accounting & Management，2013，10（1）：78 - 93.

［273］Anyu Wang. The Construction of Haier Financial Shared Service Center under the "Integrating Order with Personnel" Model［C］//. Proceedings of 2nd International Conference on Economic Development and Innovation（EDI 2021），2021：349 - 354.

［274］Arrow K J. Informational Structure of the Firm［J］. American Economic Review，1985，75（75）：303 - 307.

［275］Ashbaugh - Skaife H，Collins D W，LaFond R. The effects of corporate govern - ance on firms' credit ratings［J］. Journal of Accounting and Economics，2006，42（1）：203 - 243.

［276］Ashbaugh - Skaife H，D. W. Collins，W. R. Kinney，et al. The Effect of SOX Internal Control Deficiencies and Their Remediation on Accrual Quality［J］. The Accounting Review，2008，83（1）：217 - 250.

［277］Asubonteng P，McCleary K J，Swan J E. SERVQUAL revisited：a critical review of service quality [J]. Journal of Services Marketing, 1996, 10 (6): 62 – 81.

[278] Ball R, Kothari S P, Robin A. The effect of international institutional factors on properties of accounting earnings [J]. Journal of Accounting and Economics, 2000, 29 (1): 1 – 51.

[279] Ball R, Shivakumar L. The Role of Accruals in Asymmetrically Timely Gain and Loss Recognition [J]. Journal of Accounting Research, 2006, 44 (1): 207 – 242.

[280] Baum C F, Caglayan M, Ozkan N, et al. The impact of macroeconomic uncertainty on non – financial firms' demand for liquidity [J]. Review of Financial Economics, 2006, 15 (4): 289 – 304.

[281] Bentley K A, Omer T C, Sharp N Y. Business Strategy, Financial Reporting Irregularities, and Audit Effort [J]. Contemporary Accounting Research, Research, 2012, 30 (2): 780 – 817.

[282] Bhaumik S K, Gregoriou A. Family' ownership, tunnelling and earnings management: a review of the literature [J]. Journal of Economic Surveys, 2010, 24 (4): 705 – 730.

[283] Biddle G, G Hilary. Accounting quality and firm – level capital investment [J]. The Accounting Review, 2006, 81 (5): 963 – 982.

[284] Biddle G, Hilary G, Verdi R. How does financial reporting quality relate to investment efficiency? [J]. Journal of Accounting and Economics, 2009, 48 (2): 112 – 131.

[285] Booth L, Aivazian V, Demirguc Kunt A, et al. Capital Structures in Developing Countries [J]. Journal of Finance, 2001, 56 (1): 87 – 130.

[286] Borman M, Janssen M. Similarities and Differences in Critical Success Factors across Context and Time: An Examination in the Setting of Shared Services [J]. e – Service Journal: A Journal of Electronic Services in the Public and Private Sectors, 2013, 9 (1): 85 – 105.

[287] Braam G, M Nandy, U Weitzel, et al. Accrual – based and real

earnings management and political connections [J]. The International Journal of Accounting, 2015, 50 (2): 111 – 141.

[288] Brahmana R K, Setiawan D, Hooy C W. Controlling shareholders and the effect of diversification on firm value: Evidence from Indonesian listed firms [J]. Journal of Asia Business Studies, 2019, 13 (3): 362 – 383.

[289] Briel F V, Davidsson P, Recker J. Digital technologies as external enablers of new venture creation in the IT hardware sector [J]. Entrepreneurship Theory and Practice, 2018, 42 (1): 47 – 69.

[290] Bushman R M, Smith A J. Financial Accounting Research and Corporate Governance [J]. Ssrn Electronic Journal, 2001, 32 (1 – 3): 335 – 347.

[291] Callen J, M Morel, G Richardson. Do culture and religion mitigate earnings management? Evidence from a cross – country analysis [J]. International Journal of Disclosure and Governance, 2011, 8 (2): 103 – 121.

[292] Chen K Y, Elder R J, Hung S. The Investment Opportunity Set and Earnings Management: Evidence from the Role of Controlling Shareholders [J]. Corporate Governance: An International Review, 2010, 18 (3): 193 – 211.

[293] Chen Y, Gul F A, Truong C, et al. Audit Quality and Internal Control Weakness: Evidence from SOX 404 Disclosures [J]. Social Science Electronic Publishing, 2012, 1 (18): 1 – 61.

[294] Chen Y, Wang Y, Nevo S, et al. IT capabilities and product innovation performance: The roles of corporate entrepreneurship and competitive intensity [J]. Information & Management, 2015, 52 (6): 643 – 657.

[295] Cheng M, Dan D, Zhang Y. Does investment efficiency improve after the disclosure of material weaknesses in internal control over financial reporting? [J]. Journal of Accounting and Economics, 2013, 56 (1): 1 – 18.

[296] Chu Y, Chi M, Wang W, et al. The impact of information technology capabilities of manufacturing enterprises on innovation performance: Evidences from SEM and fsQCA [J]. Sustainability, 2019, 11 (21): 5946.

[297] Claessens S, Djankov S, Joseph P H Fan, et al. Disentangling the

Incentive and Entrenchment Effects of Large Shareholdings [J]. The Journal of Finance, 2002, 57 (6): 2741 – 2771.

[298] Cohen D, Dey A, Lys T. Real and accrual – based earnings management in the pre – and post – Sarbanes – Oxley periods [J]. The Accounting Review, 2008, 83 (3): 757 – 787.

[299] Cornaggia, J., Li, J. Y. The value of access to finance: Evidence from M&As [J]. Journal of Financial Economics, 2019, 131 (1): 232 – 250.

[300] Costello, A. M. , Wittenberg Moerman, R. The impact of financial reporting quality on debt contracting: Evidence from internal control weakness reports [J]. Journal of Accounting Research, 2011, 49 (1): 97 – 136.

[301] Danielsen B, Harrison D, Van Ness R. Liquidity, Accounting Transparency, and the cost of capital: evidence from real estate investment trusts [J]. Journal of Real Estate Research, 2014, 36 (2): 221 – 252.

[302] Davis, S. J. , Liu, D. , Sheng, X. S. Economic Policy Uncertainty in China Since 1946: The View from Mainland Newspapers [J]. Working Paper, 2019.

[303] Davis, T. R. Integrating shared services with the strategy and operations of MNEs [J]. Journal of General Management, 2005, 31 (2): 1 – 17.

[304] Dechow P, Sloan R, Sweeney A. Detecting earnings management [J]. The Accounting Review, 1995, 70 (2): 193 – 225.

[305] DeFond M, J Jiambalvo. Debt Covenant Violation and Manipulation of Accruals [J]. Journal of Accounting and Economics, 1994, 17 (1): 145 – 176.

[306] Degeorge F, Ding Y, Jeanjean T, et al. Analyst coverage, earnings management and financial development: An international study [J]. Journal of Accounting and Public Policy, 2013, 32 (1): 1 – 25.

[307] Del Vecchio P, Di Minin A, Petruzzelli A M, et al. Big data for open innovation in SMEs and large corporations: Trends, opportunities, and challenges [J]. Creativity and Innovation Management, 2018, 27 (1): 6 – 22.

[308] Deloitte. Global Shared Services Survey Results [R]. www. deloit-

te. com, 2011.

[309] Deloitte. Global Shared Services Survey results [R]. https: //www2. deloitte. com/global/en/pages/operations/articles/global – shared – services – survey. html, 2015.

[310] Deloitte. What's next in shared services location strategy? [R]. https: // www2. deloitte. com/hu/en/pages/operations/articles/shared – services – location. html, 2017.

[311] Demerjian P R, Lev B, Lewis M F, et al. Managerial ability and earnings quality [J]. The Accounting Review, 2013, 88 (2): 463 –498.

[312] Dittmar A, Mahrt – Smith J, Servaes H. International corporate governance and corporate cash holdings [J]. Journal of Financial and Quantitative analysis, 2003, 38 (1): 111 –133.

[313] Dollery B, Akimov A, Byrnes J. Shared services in Australian local government: rationale, alternative models and empirical evidence [J]. Australian Journal of Public Administration, 2009, 68 (2): 208 –219.

[314] Donaldson L, Davis J H. Stewardship theory or agency theory: CEO governance and shareholder returns [J]. Australian Journal of Management, 1991, 16 (1): 49 –64.

[315] Doupnik T. Influence of culture on earnings management [J]. A note. Abacus, 2008, 44 (3): 317 –340.

[316] Dowlatshahi, S. argaining power in buyer – supplier relationships [J]. Production and Inventory Management Journal, 1999, 40 (1): 27.

[317] Doyle J T, Ge W, McVay S. Accruals Quality and Internal Control over Financial Reporting [J]. The Accounting Review, 2007, 82 (5): 1141 –1170.

[318] Doyle J, Ge W, Mcvay S. Determinants of weaknesses in internal control over financial reporting [J]. Journal of Accounting and Economics, 2007b, 44 (1): 193 –223.

[319] Duchin R. Cash Holdings and Corporate Diversification [J]. Journal of Finance, 2010, 65 (3): 955 –992.

［320］Duong L, Evans J, Truong T P. Getting CFO on board – its impact on firm performance and earnings quality ［J］. Accounting Research Journal, 2020, 30 (2): 435 – 454.

［321］Dyck A, Zingales L. Private benefits of control: an international comparison ［J］. The Journal of Finance, 2004, 59 (2): 537 – 600.

［322］DYCK A, Volchkova N, Zingales L. The Corporate Governance Role of the Media: Evidence from Russia ［J］. Working Papers, 2005.

［323］Easley D, O'Hara M. Information and the Cost of Capital ［J］. The Journal of Finance, 2004, 59 (4): 1553 – 1583.

［324］Easley D, O'Hara M. Microstructure and ambiguity ［J］. The Journal of Finance, 2010, 65 (5): 1817 – 1846.

［325］Elzahaby M A. How firms' performance mediates the relationship between corporate governance quality and earnings quality? ［J］. Journal of Accounting in Emerging Economies, 2021, 11 (2): 278 – 311.

［326］Enomoto M, F Kimura, T Yamaguchi. A cross – country study on the relationship between financial development and earnings management ［J］. Journal of International Financial Management and Accounting, 2018, 29 (2): 166 – 194.

［327］Ewert R, A Wagenhofer. Economic effects of tightening accounting standards to restrict earnings management ［J］. The Accounting Review, 2005, 80 (4): 1101 – 1124.

［328］Fabbri, D. , Menichini, A. M. C. Trade credit, collateral liquidation, and borrowing constraints ［J］. Journal of Financial Economics, 2010, 96 (3): 413 – 432.

［329］Fabbri, D. , Klapper, L. F. Bargaining power and trade credit ［J］. Journal of Corporate Finance, 2016 (41): 66 – 80.

［330］Faccio M, Masulis R W, McConnell J J. Political connections and corporate bailouts ［J］. The journal of Finance, 2006, 61 (6): 2597 – 2635.

［331］Fahy M J, Donovan M. Shared service centers: The Irish experience ［J］. Accountancy Ireland, 1999, 31 (4): 7 – 9.

［332］Fahy M. The Financial Future ［J］. Financial Management，2005，21（5）：210 –219.

［333］Fang V W，Tian X，Tice S. Does Stock Liquidity Enhance or Impede Firm Innovation? ［J］. Journal of Finance，2014，69（5）：2085 –2125.

［334］Faulkender M，Wang R. Corporate Financial Policy and the Value of Cash ［J］. Journal of Finance，2006，61（4）：1957 –1900.

［335］Finkelstein S. Power in top management teams：Dimensions，measurement，and validation ［J］. Academy of Management Journal，1992，35（3）：505 –538.

［336］Francis B，Hasan I，Li L. A cross – country study of legal – system strength and real earnings management ［J］. Journal of Accounting and Public Policy，2016，35（5）：477 –512.

［337］Francis J，Nanda D，Olsson P. Voluntary disclosure，earnings quality，and cost of capital ［J］. Journal of Accounting Research，2008，46（1）：53 –99.

［338］Frank A G，Mendes G H S，Ayala N F，et al. Servitization and Industry 4. 0 convergence in the digital transformation of product firms：A business model innovation perspective ［J］. Technological Forecasting and Social Change，2019（141）：341 –351.

［339］GA Akerlof. The Market for "Lemons"：Quality Uncertainty and the Market Mechanism ［J］. Quarterly Journal of Economics，1970，84（3）：488 –500.

［340］Ge W，McVay S. The Disclosure of Material Weaknesses in Internal Control after the Sarbanes – Oxley Act ［J］. Accounting Horizons，2005，19（3）：137 –158.

［341］Ge，Y. ，Qiu，J. Financial development，bank discrimination and trade credit ［J］. Journal of Banking & Finance，2007，31（2）：513 –530.

［342］Giannetti，M. ，Burkart，M. ，Ellingsen，T. What you sell is what you lend? Explaining trade credit contracts ［J］. The Review of Financial Studies，2011，24（4）：1261 –1298.

［343］ Goldfarb A, Tucker C. Digital Economics ［J］. Journal of Economic Literature, 2019, 57 (1): 3 - 43.

［344］ Golnik R. Selection of appropriate location for shared service unit ［J］. World Scientific News, 2017, 78 (1): 102 - 113.

［345］ Gong G, Ke B, Yu Y. Home Country Investor Protection, Ownership Structure and Cross - listed Firms' Compliance with SOX - mandated Internal Control Deficiency Disclosures ［J］. Contemporary Accounting Research, 2013, 30 (4): 1490 - 1523.

［346］ Goold M, Pettifer D, Young D. Redesigning the corporate centre ［J］. European Management Journal, 2001, 19 (1): 83 - 91.

［347］ Gronroos, C. Strategic Management and Marketing in the Service ［M］. Boston: Management and Marketing, 1982.

［348］ Grossman S J, Hart O. Corporate Financial Structure and Managerial In- cen - tives ［J］. Social Science Electronic Publishing, 2004, 1 (1): 107 - 140.

［349］ Gunny, K. The Relation Between Earnings Management Using Real Ac- tivities Manipulation and Future Performance ［J］. Evidence from Meeting Earnings Benchmarks Contemporary Accounting Research, 2010, 27 (3): 855 - 888.

［350］ Ha Bb Ash M, Sindezingue C, Salama A. The effect of audit commit- tee characteristics on earnings management: Evidence from the United Kingdom ［J］. International Journal of Disclosure & Governance, 2013, 10 (1): 13 - 38.

［351］ Hadlock C J, Pierce J R. New Evidence on Measuring Financial Con- straints: Moving Beyond the KZ Index ［J］. Review of Financial Studies, 2010, 23 (5): 1909 - 1940.

［352］ Han S, T Kang, S Salter, et al. A cross - country study on the effects of national culture on earnings management ［J］. Journal of International Business Studies, 2010, 41 (1): 123 - 141.

［353］ Hao Hu, Jianlin Zhang. The Evaluation System for Cloud Service Quality Based on SERVQUAL ［J］. Proceedings of the 2012 International Confer- ence on Information Technology and Software Engineering, 2013: 577 - 584.

[354] Harford J, Mansi S A, Maxwell W F. Corporate Governance and Firm Cash Holdings in the U. S [J]. Journal of Financial Economics, 2008, 87 (3): 535 – 555.

[355] Hart O, Moore J. Incomplete Contracts and Renegotiation [J]. E-conometric Society, 1988, 56 (4): 755 – 785.

[356] Haushalter D, Klasa S, Maxwell W F. The Influence of Product Market Dynamics on the Firm's Cash Holdings and Hedging Behavior [J]. Journal of Financial Economics, 2007, 84 (3): 797 – 825.

[357] Healy P M, Wahlen J M. A Review of the Earnings Management Literature and Its Implications for Standard Setting [J]. Accounting Horizons, 1999, 13 (4): 365 – 383.

[358] Henning S L, Lewis B L, Shaw W H. Valuation of the Components of Purchased Goodwill [J]. Journal of Accounting Research, 2000, 38 (2): 375 – 386.

[359] Herbert I P, Seal W B. Shared services as a new organisational form: Some implications for management accounting [J]. British Accounting Review, 2012, 44 (2): 83 – 97.

[360] Hillman A J, Dalziel T. Boards of Directors and Firm Performance: Integrating Agency and Resource Dependence Perspectives [J]. Academy of Management Review, 2003, 28 (3): 383 – 396.

[361] Howard G, Mari S. The unbundling of corporate functions: the evolution of shared services and outsourcing in human resource management [J]. Industrial and Corporate Change, 2009, 19 (5): 1367 – 1396.

[362] Hyun – Woong Jo, Sang – Wook Kim. A Service Quality Model for the Public Information Service. International Conference [J]. UNESST, 2011: 332 – 340.

[363] J Francis, R Lafond, PM Olsson, et al. Costs of Equity and Earnings Attributes [J]. Accounting Review, 2004, 79 (4): 967 – 1010.

[364] Jackson T. Shared Services: Simple Idea Can be Tricky to Execute [J]. Financial Times, 1997, 19 (1): 1 – 4.

［365］Janssen M, Joha A. Emerging Shared Service Organizations and the Service – Oriented Enterprise ［J］. Strategic Outsourcing: An International Journal, 2008, 1 (1): 35 – 49.

［366］Janssen M, Joha A, Zuurmond A. Simulation and animation for adopting shared services: Evaluating and comparing alternative arrangements ［J］. Government Information Quarterly, 2009, 26 (1): 15 – 24.

［367］Janssen M, Joha A, Grinsven J V. Operational Risk Management as Shared Service Center of Excellence (CoE) ［M］. Finance Bundling and Finance Transformation: Springer Fachmedien Wiesbaden, 2013: 365 – 377.

［368］Janssen M, Schulz V, Brenner W. Characteristics of shared service centers ［J］. Transforming Government People Process & Policy, 2013, 4 (3): 210 – 219.

［369］Jensen M C, Meckling W H. Theory of the Firm: Managerial Behavior, Agency Costs and Ownership Structure ［J］. Electronic Journal, 1976, 3 (4): 305 – 360.

［370］John, T. A. Accounting measures of corporate liguidity leverage and costs of financial distressI ［J］. Financial Management, 1993, 22 (3): 91 – 100.

［371］Jones J. Earnings management during import relief investigations ［J］. Journal of Accounting Research, 1997, 29 (2): 193 – 228.

［372］Keating A S, Zimmerman J L. Depreciation – policy changes: tax, earnings management, and investment opportunity incentives ［J］. Journal of Accounting and Economics, 1999, 28 (3): 359 – 389.

［373］Kennewell S, Baker L. Benefits and Risks of Shared Services in Healthcare ［J］. Journal of Health Organization & Management, 2016, 30 (3): 441 – 456.

［374］Kent P, Routledge J, Stewart J. Innate and discretionary accruals quality and corporate governance ［J］. Accounting & Finance, 2014, 50 (1): 171 – 195.

［375］Kim O, Verrecchia R E. The Relation among Disclosure, Returns, and

Trading Volume Information [J]. Accounting Review, 2001, 76 (4): 633 –654.

[376] Kong, D., Pan, Y., Tian, G. G., et al. CEOs' hometown connections and access to trade credit: Evidence from China [J]. Journal of Corporate Finance, 2020: 101574.

[377] Kontesa M, Lako A, Wendy W. Board capital and earnings quality with different controlling shareholders [J]. Accounting Research Journal, 2020, 33 (4): 593 –613.

[378] Kothari S, Leone A, Wasley C. Performance matched discretionary accrual measures [J]. Journal of Accounting and Economics, 2005, 39 (1): 163 –197.

[379] Kris A., Fahy M. Shared service centres: delivering value from more effective finance and business processes: Financial Times Prentice Hall, 2003.

[380] La Porta R, F Lopez – de – Silanes, A Shleifer, et al. Law and finance [J]. Journal of Political Economy, 1998, 106 (6): 1113 –1155.

[381] Li, D., Lu, Y., Ng, T., et al. Does trade credit boost firm performance? [J]. Economic Development and Cultural Change, 2016, 64 (3): 573 –602.

[382] Li T, Wen J, Zeng D, et al. Has enterprise digital transformation improved the efficiency of enterprise technological innovation? A case study on Chinese listed companies [J]. Mathematical Biosciences and Engineering, 2022, 19 (12): 12632 –12654.

[383] LI Y, GU C, OU J. Supporting a financially constrained supplier under spectral risk measures: the efficiency of buyer lending [J]. Transportation Research Part E: Logistics and Transportation Review, 2020, 136 (1): 1 –21.

[384] Lim M, How J, Verhoeven P. Corporate ownership, corporate governance reform and timeliness of earnings: Malaysian evidence [J]. Journal of Contemporary Accounting & Economics, 2014, 10 (1): 32 –45.

[385] Lindvall J, Iveroth E. Creating a global network of shared service centres for accounting [J]. Journal of Accounting & Organizational Change, 2011, 7

（3）：278 – 305.

［386］Linnenluecke, M. K. , Griffiths, A. , Winn, M. Extreme weather events and the critical importance of anticipatory adaptation and organizational resilience in responding to impacts ［J］. Business Strategy and the Environment, 2012, 21（1）：17 – 32.

［387］Liu J, Liu M, Sun R. Quality Management of Financial Shared Service Center in the Digitalization Context: A Case Study of HX Financial Shared Services Center ［J］. Frontiers of Business Research in China, 2022, 16（2）：207 – 224.

［388］Love, I. , Preve, L. A. , Sarria – Allende, V. Trade credit and bank credit: Evidence from recent financial crises ［J］. Journal of Financial Economics, 2007, 83（2）：453 – 470.

［389］Lusk J S, M J Harmer. Shared Services: Adding Value to the Business Units ［M］. New York,: John Wiley & Sons Inc, 1999: 1 – 320.

［390］M Campello, E Giambona, JR Graham, et al. Liquidity Management and Corporate Investment During a Financial Crisis ［J］. NBER Working Papers, 2010, 24（6）：1944 – 1979.

［391］María de la Cruz del Río Rama, José Álvarez García, Carlos Rueda – Armengot, et al. An Application of SERVQUAL Model in Termas of Chaves ［J］. Action – Based Quality Management, 2014：27 – 41.

［392］Maria Kontesa, Andreas Lako, Wendy Wendy. Board capital and earnings quality with different controlling shareholders ［J］. Accounting Research Journal, 2020, 33（4）：593 – 613.

［393］Martin W. Critical Success Factors of Shared Service Projects – Results of an Empirical Study ［J］. Advances in Management, 2011, 14（1）：21 – 26.

［394］Mcdowell J. Shared services centers can drive significant savings: a study of U. S. integrated delivery systems that used shared services centers found significant reductions in labor costs in key administrative areas ［J］. Healthcare Financial Management, 2011, 65（6）：118 – 124.

[395] McIvor R, Mccracken M, Mchugh M. Creating Outsourced Shared Services Arrangements: Lessons from the Public Sector [J]. European Management Journal, 2011, 29 (6): 448 – 461.

[396] McNichols M F, Stubben S R. Does Earnings Management Affect firms' Investment Decisions? [J]. The Accounting Review, 2008, 83 (6): 1571 – 1603.

[397] Mezihorak P. Competition for control over the labour process as a driver of relocation of activities to a shared services centre [J]. Human Relations, 2018, 71 (6): 822 – 844.

[398] Molina, C. A., Preve, L. A. An empirical analysis of the effect of financial distress on trade credit [J]. Financial Management, 2012, 41 (1): 187 – 205.

[399] Moller P. Implementing shared service in Europe [J]. Treasury Management International, 1997, 6 (7): 121 – 123.

[400] Muhammad Usman Awan, Khalid Mahmood. Development of a service quality model for academic libraries [J]. Quality & Quantity, 2013: 1093 – 1103.

[401] Nikolov B, Whited T M. Agency Conflicts and Cash: Estimates From a Structural Model [J]. Journal of Finance, 2014, 69 (5): 1883 – 1921.

[402] Oler D K, Picconi M P. Implications of Insufficient and Excess Cash for Future Performance [J]. Contemporary Accounting Research, 2014, 31 (1): 253 – 283.

[403] Opler T, L Pinkowitz, R Stulz, et al. The determinants and implications of corporate Cash holdings [J]. Journal of Financial Economics, 1999, 52 (1): 3 – 46.

[404] Owens A. Improving the Performance of Finance and Accounting Shared Service Centres [J]. Journal of Payments Strategy & Systems, 2013, 7 (3): 250 – 261.

[405] Parasuraman. A., A. Zeithaml, L. Berry. A multipleItem Scale for Measuring Consumer Perception of Service Quality [J]. Journal of Retailing,

1988 (64): 12 –40.

[406] Petersen, M. A., Rajan, R. G. Trade credit: theories and evidence [J]. The Review of Financial Studies, 1997, 10 (3): 661 –691.

[407] Petrisor I, Cozmiuc D. Specific Models for Romanian Companies – Finance Shared Services [J]. Procedia – Social and Behavioral Sciences, 2016, 221 (6): 159 –165.

[408] Quinn, B., Cooke, R., Kris, A. Shared services: mining for corporate gold [J]. Financial Times Prentice Hall London, 2000.

[409] Quinn M, Zheo A, Wang D. Technology Enabling Growth Increasing Efficiency, Reducing Costs—The Opportunity for the Finance Team [J]. Working Paper, 2006.

[410] Raudla R, Tammel K. Creating shared service centres for public sector accounting [J]. Accounting, Auditing & Accountability Journal, 2015, 28 (2): 158 –179.

[411] Rialti R, Marzi G, Silic M, et al. Ambidextrous organization and agility in big data era: The role of business process management systems [J]. Business Process Management Journal, 2018.

[412] Rozak H A, Adhiatma A, Fachrunnisa O, et al. Social media engagement, organizational agility and digitalization strategic plan to improve SMEs' performance [J]. IEEE Transactions on Engineering Management, 2021.

[413] Schmidt K M. Managerial incentives and product market competition [J]. The Review of Economic Studies, 1997, 64 (2): 191 –213.

[414] Schuler D A, Cording M. A corporate social performance – corporate financial performance behavioral model for consumers [J]. Academy of Management Review, 2006, 31 (3): 540 –558.

[415] Schulman D S, Harmer M J, Dunleavy J R. Shared services: adding value to the business units [M]. New York: John Wiley & Sons Inc, 1999: 1 –320.

[416] Selden S C, Wooters R. Structures in Public Human Resource Man-

agement Shared Services in State Governments ［J］. Review of Public Personnel Administration, 2011, 31 (4): 349 – 368.

［417］ S. Liang, T. Li. Can Digital Transformation Promote Innovation Performance in Manufacturing Enterprises? ［J］. The Mediating Role of R&D Capability, Sustainability, 2022, 14 (17): 10939.

［418］ Sirmon D G, Hitt M A. Contingencies within dynamic managerial capabilities: Interdependent effects of resource investment and deployment on firm performance ［J］. Strategic Management Journal, 2009, 30 (13): 1375 – 1394.

［419］ Spence M. Signaling in retrospect and the informational structure of markets ［J］. American Economic Review, 2002, 92 (3): 434 – 459.

［420］ Stulz R M, Williamson R. Culture, Openness, and Finance ［J］. Journal of Financial Economics, 2003, 70 (3): 313 – 349.

［421］ Teamur Aghamolaei, Tasnim Eghbal Eftekhaari, Shideh Rafati, et al. Service quality assessment of a referral hospital in Southern Iran with SERVQUAL technique: patients' perspective ［J］. BMC Health Services Research, 2014: 14 – 322.

［422］ Teoh S H, I Welch, T J Wong. Earnings Management and the Long – Term Market Performance of Initial Public Offerings ［J］. Journal of Finance, 1998, 53 (6): 1935 – 1974.

［423］ Thomas W Bates, Kathleen M Kahle, René M Stulz. Why Do U. S. Firms Hold so Much More Cash than They Used To? ［J］. The Journal of Finance, 2009, 64 (5): 1985 – 2021.

［424］ Tianlin Feng. Financial Digital Transformation Research of Chinese Enterprises Based on Financial Sharing Mode ［J］. Creativity and Innovation, 2022 (6): 1 – 3.

［425］ Tong Z. Firm diversification and the value of corporate cash holdings ［J］. Journal of Corporate Finance, 2011, 17 (3): 741 – 758.

［426］ Vaccaro A, Brusoni S, Veloso F M. Virtual design, problem framing, and innovation: An empirical study in the automotive industry ［J］. Journal of Management Studies, 2011, 48 (1): 99 - 122.

[427] Vial G. Understanding digital transformation: A review and a research agenda [J]. Managing Digital Transformation, 2021: 13 - 66.

[428] Wang D, Zhou F. The Application Status and Countermeasures of Enterprise Group Financial Shared Services Model—Pacific Insurance Companies [J]. American Journal of Industrial and Business Management, 2016, 6 (6): 741 - 747.

[429] Wang X., Wu W., Yin C., et al. Trade credit, ownership and informal financing in China [J]. Pacific - Basin Finance Journal, 2019 (57): 101177.

[430] Wu, W., Firth, M., Rui, O. M. Trust and the provision of trade credit [J]. Journal of Banking & Finance, 2014 (39): 146 - 159.

[431] Xia, C., Zhang, X., Cao, C., et al. Independent director connectedness in China: An examination of the trade credit financing hypothesis [J]. International Review of Economics & Finance, 2019 (63): 209 - 225.

[432] Xu N, Li X, Yuan Q, et al. Excess perks and stock price crash risk: Evidence from China [J]. Journal of Corporate Finance, 2014, 25 (4): 419 - 434.

[433] Yang Y, Cui W, He J. An Empirical Analysis of the Correlation between Listed Companies' Financial Shared Services and Corporate Innovation Performance: Based on the Empirical Data of A - Share Listed Companies [J]. Mathematical Problems in Engineering, 2022, 3 (7): 1 - 7.

[434] Yang Y, Liu Q, Song J, et al. The influence mechanism of financial shared service mode on the competitive advantage of enterprises from the perspective of organizational complexity: A force field analysis [J]. International Journal of Accounting Information Systems, 2021, 42 (1): 1 - 21.

[435] Zhang Q, Feng B. Research on Travel Reimbursement Behavior Management Based on Deep Learning in Financial Sharing Mode [J]. Scientific Programming, 2022, 3 (22): 1 - 12.

［436］Zhang Y, Wiersema M F. Stock market reaction to CEO certification: The signaling role of CEO background ［J］. Strategic Management Journal, 2009, 30 (7): 693 – 710.

［437］Zhao X, Sun X, Zhao L, et al. Can the digital transformation of manufacturing enterprises promote enterprise innovation? ［J］. Business Process Management Journal, 2022.

［438］Zhong K, Gribbin D W, Zheng X. The effect of monitoring by outside block – holders on earnings management ［J］. Quarterly Journal of Business and Economics, 2007, 46 (1): 37 – 60.

［439］Zhu L. Financial Risk Control under Financial Sharing Mode ［J］. Academic Journal of Business & Management, 2020, 2 (7): 1 – 8.